Ilona Mayer-Zach (Hrsg.)

Tod und Tafelspitz

Inhalt

Rezepte

PETER HIESS UND WERNER SKIBAR

Blut und Beuschel

(Wien)

Eine Kriminalgeschichte mit Bernd Waidmann und Dr. Trash

»Dr. Trash, wir werden gebraucht.«

»Sind Sie wahnsinnig, Waidmann?! Um die Uhrzeit darf mich nicht einmal die Emma Peel anrufen. Was ist denn, um Gottes willen?«

»Also, erstens einmal ist es drei viertel zwei am Nachmittag, und zweitens haben wir einen Fall. Mord. Vielmehr: mehrere Morde. Und ganz grausliche noch dazu, also genau nach Ihrem Gusto.«

»Dafür ist die Polizei zuständig. Lassen Sie mich schlafen.«

»Meine Exkollegen von der Heh sind total überfordert, deswegen haben sie ja mich angerufen. Und Geld gibt's auch, wenn wir den Täter finden.«

»...«

»Hören Sie zu, Doc? Ich sagte GELD!«

»Wie bitte, wer? Ja, OK, gut, verstehe. Treffen wir uns in einer halben Stunde im Kaffeehaus bei mir unten. Sie können gleich drei große Mokka für mich bestellen.«

*

Trash nimmt schweigend Platz, stürzt die ersten zwei Kaffee herunter, raucht sich eine Marlboro an und gähnt. Dann nimmt er den dritten Mokka zur Hand und wirft über den Rand seiner Sonnenbrille einen ersten Blick auf Bernd Waidmann, der ihm gegenübersitzt und sich an einer Bierflasche festhält.

»Also, was ist?«

»Guten Morgen, Herr Doktor! Bestens gelaunt, wie ich sehe. Da steht alles drinnen, lesen Sie's selber.«

Er schiebt ihm die aktuelle Ausgabe von *täglich Alles* über den Tisch.

Die letzte Schlachtplatte

Dritter Restaurantkritiker in Folge brutal ermordet!

Wien, 17. April 1993. Wie die Polizei der Bundeshauptstadt Dienstagabend bekannt gab, wurde der Gourmetpapst Axel Sirnitz in seiner Wohnung im 1. Bezirk Opfer eines grausamen Verbrechens. Der Leichnam des bekannten Journalisten wurde am Nachmittag von seiner Bedienerin Milica P. aufgefunden. »War furchtbar«, berichtete die vom Schock gezeichnete Frau dem täglich Alles-Reporter exklusiv. »Arme Herr Axel gelegen in viel Blut, wie Abstechen von Schwein.«

Da es in den vergangenen Wochen bereits zu ähnlichen Mordtaten an zwei bekannten Restaurantkritikern gekommen war, gehen die Behörden von einem Serientäter aus. »Wir verfolgen akribisch alle Spuren«, sagt Polizeisprecher Kurt Ludwig. »Derzeit überprüfen wir, ob die Ermordeten gemeinsame Bekannte gehabt haben könnten.«

Trash blickt schmunzelnd von der Lektüre auf. »Hervorragend!«, ruft er aus. »Ich hasse diese Kreaturen, die jeden Abend gratis fressen und saufen gehen, um sich am nächsten Tag verkatert an die Schreibmaschine zu setzen und irgendwelche Bosheiten abzusondern – oder einem Koch, den sie *entdeckt* haben, tief ins Gedärm zu kriechen. Kann ich gut verstehen, dass man solche Leute aus dem Verkehr ziehen will.«

»Sie hassen jeden, Doc«, erwidert Waidmann. »Und verstehen allein reicht nicht, wir sollen den Täter auch finden. Die Angehörigen der ersten beiden Opfer haben hohe Belohnungen ausgesetzt. Die gehören nur uns, wenn wir als Erste den Killer kassieren. Zum Tatort sind wir übrigens auch eingeladen, hat mein alter Freund, der Chefinspektor Gustl, gemeint. Damit wir uns selber ein Bild machen können.«

»Na, dann frisch ans Werk. Hoffentlich gibt's dort was zum Frühstücken.«

*

»Na zack, da stinkts wie am hundertzehnten Tag von Sodom!«, gibt sich Bernd kulturbeflissen. »Pasolini, schau oba ...«

»Servus, Waidmann, grüssie, Herr Doktor«, sagt ein gesetzter älterer Uniformierter zu den Herren und streckt ihnen die Hand entgegen. »Chefinspektor Gustav Horak. Ich hab ja schon viel gsehn in meiner Laufbahn, aber sowas ...« Er deutet hinter sich in das Designerwohnzimmer, wo Blut, diverse Körperflüssigkeiten und Fleischfetzen die schöne schwarzweiße Chrom-, Stahlrohr- und Ledereinrichtung verzieren. »Jedenfalls bin ich froh, dass ihr da seids.«

»Mmmmmhhmmm«, antwortet ihm der Doc, der soeben von seiner mit dicken Blunzenradln gefüllten Semmel abbeißt, dass der Kremser Senf nur so herausquillt. »Mmmm ... Tag. Wo is denn der Tote?«

»Den hamma doch schon längst abtransportiert, Herr Doktor. Aber ich hab unseren Gerichtsmediziner herbestellt, und Fotos haben wir auch da, von allen drei Fällen.«

Trash steigt über eine Blutlacke und bröselt sich auf die Weinvitrine des verstorbenen Hausherrn zu. Die ist zwar stilsicher mit Thermostat und Feuchtigkeitsregler versehen, aber sinnlos, weil die Frontscheibe offenbar schweren Kampfhandlungen zum Opfer gefallen ist. Der Doc greift geschickt zwischen den Glassplittern hindurch, holt eine Flasche Château Lafite heraus, Jahrgang extrem teuer, und drückt den Stoppel in die Flasche. Dann spült er mit einem gesunden Zug seine Blutwurst hinunter.

9

»Wunderbar!«, sagt er frisch und munter. »Also los. Was wissen wir?«

»Opfer Nummer eins: Christian Tannreich, Gourmetkritiker beim *Kurier*«, doziert Horak. »Im Hinterhof seiner Hietzinger Villa erschlagen, wie er grad den Mist rausgetragen hat. Der Täter – den Fußspuren nach war es nur einer, wahrscheinlich männlich – hat ihn dann ins Vorzimmer geschleift, entkleidet und ihm mit einem scharfen Messer die Leber entfernt. Da, schauen Sie sich die Sauerei selber an …«

Er schiebt den Privatermittlern die farbigen Hochglanzfotos hinüber. Bernd wird ein bisserl blass im Gesicht, der Doc isst ungerührt weiter und macht noch einen 400-Schilling-Schluck vom Roten.

»Schaut professionell aus, der Schnitt«, bemerkt Trash.

»Aber nur auf den ersten Blick«, mischt sich da der Gerichtsmediziner ein und borgt sich kurz die Flasche aus. »Gestatten, Wolfmann, Professor Wolfmann. So ein Weinderl wollte ich immer schon kosten … Jedenfalls: Der Mörder ist mit Sicherheit kein Chirurg, wahrscheinlich überhaupt keiner aus der ärztlichen Profession. Die Leber war nicht ganz sauber herausgeschnitten, eher hektisch und ein bissl unsicher. Fast so, als wäre ein Schlachter oder ein Koch am Werk gewesen, der naturgemäß noch nie einen Menschen zerlegt hat …«

»Weißt noch den Fall mit dem Chinesenrestaurant im Sechsten?«, wendet sich Bernd schmunzelnd an seinen früheren Kollegen.

»Ned jetzt«, gibt Horak zurück. »Du störst den Herrn Professor.«

»Kein Problem«, sagt der und rollt genießerisch einen Schluck Rotwein am Gaumen entlang. »Kommen wir zum zweiten Fall: Heinz Hammerl, Redaktion *Leben* im *profil*. Den haben wir im Badezimmer entdeckt, wahrscheinlich hat ihn der Täter in der Wanne ertränkt. Danach wurde das Wasser ausgelassen, und man hat den Hammerl auf den Rücken gedreht und operiert. Diesmal warens die Nieren, alle zwei. Wesentlich schnittsicherer als beim ersten Mal – das Licht war besser, und es bestand auch nicht die Gefahr, dass irgendein Passant oder Nachbar was gehört hat.«

Der Doc betrachtet das Foto des Ermordeten. »Was wächst ihm denn da beim Hintern heraus?«

»Ein Petersilsträußerl«, sagt Chefinspektor Horak. »Das muss ihm der Täter hineingesteckt haben.«

»Oder er war pervers«, gibt Bernd zu bedenken.

»Nein, unser Freund hinterlässt an jedem Tatort ein Geschenk. Dem ersten Opfer hat er ein Achtl Butter in den Mund gelegt. Dafür gibts weder Fingerabdrücke noch Blutspuren von ihm.«

»Und jetzt? Was ist mit dem Gourmetpapst da passiert?«, blickt sich Trash interessiert um.

»Mittlerweile scheint der Mörder auf den Geschmack gekommen zu sein«, erläutert Wolfmann. »Dem Sirnitz hat er zuerst bei lebendigem Leib die Hoden abgeschnitten und dann Essig in die Wunde geträufelt. Blutverlust und Schock dürften dafür gesorgt haben, dass der Mann das Bewusstsein verloren hat. Sein Glück – nachher wurde ihm nämlich der Schädel aufgesägt. Man hat ihn enthirnt.«

»Na ja, die Ausbeute kann nicht groß gewesen sein, bei der Profession«, sagt der Doc. »Danke, meine Herren. Wir schauen uns den Fall an und melden uns bei Ihnen.«

*

»Hier ist es ungefähr so gemütlich wie in einem Operationssaal«, sagt Bernd Waidmann, müht sich auf einen wackligen Barhocker mit Kunstledersitz und umklammert die Theke aus poliertem Stahl. »Was machen wir da, Doc? Und wo haben Sie sich die letzten fünf Tage herumgetrieben?«

»In den Archiven«, antwortet Trash. »Meinen eigenen und denen diverser Publikationen. Ich habe sämtliche Artikel der drei Ermordeten aus den vergangenen zehn Jahren gelesen. Eine schlimmere Qual kann man sich kaum vorstellen; man hätte mir nebenbei die Fußnägel ausreißen können, und es wäre erholsam gewesen, im Vergleich. Arroganz, gepaart mit schlechtem Stil und dem kulinarischen Verständnis einer ostdeutschen U-Boot-Mannschaft. Aber es hat sich ausgezahlt. Das hängt übrigens auch damit zusammen, warum wir uns in diesem Etablissement befinden. Aber dazu muss ich etwas weiter ausholen.«

»Oje«, seufzt Bernd und lässt den Kopf auf die Theke sinken. Der Doc trinkt ungeniert aus seinem Krügel Gin Tonic (»aber nicht mit zuviel Tonic!«) und schaut den Ermittlerkollegen von der Seite an. »Was ist? Soll ich berichten?«

»Wenns sein muss«, antwortet Bernd und bestellt sich ein Bier.

»Also, passen Sie auf. Die betreffenden Herren mussten ja naturgemäß öfter über dieselben Lokale schreiben, wenn grad irgendeine neue Schickimicki-Ausspeisung aufgemacht hat. Vor sechs Jahren allerdings haben sie alle innerhalb weniger Tage unglaublich böse Verrisse über ein Gasthaus namens *Zum Schwarzen Hahn* losgelassen, das die Beislkultur wieder aufleben lassen wollte. Sie wissen schon: Beuschel mit Knödel, Kalbsbries, solche Sachen. Die drei Schmieranten haben weder an der Ausstattung des Lokals noch an der Küche oder der Weinkarte ein gutes Haar gelassen. Vernichtende Kritiken, als ob sie sich's miteinander ausgemacht hätten. Jedes einzelne Gericht des Eröffnungsabends total zerfetzt, wie Hyänen. Grausame Charaktere ...«

»Journalisten halt, Doc.«

»Ja, genau. Aber jetzt kommt's: Was glauben Sie, was es damals zu essen gegeben hat? Leberschöberlsuppe, gefolgt von Nierndln mit Hirn – übrigens ein Leibgericht meines Großvaters selig.«

»Eine einzige Innereienorgie. Mir treibt's gleich das Bier wieder hinaus. Und warum ist das wichtig?«

»Sehen Sie denn das nicht? Unser Killer hat beim ersten Opfer die Leber extrahiert und dem dritten die Eier abgeschnitten. Braucht man beides zur Zubereitung der köstlichen Leberschöberln. Und das mit den Nieren und dem Hirn muss ich Ihnen hoffentlich nicht auch noch erklären, oder?«

»Asoooo!« Waidmann macht sein Heureka-Gesicht. »Das heißt, der Irre muss die Speisekarte von dem Abend gekannt haben. Aber warum die Kräuterspende beim Hammerl? Noch dazu an der markanten Stelle?«

»Weil der Herr Redakteur ein Oasch war. Außerdem: einmal Petersilie, das andere Mal Butter, im dritten Fall Essig – alles Zutaten zu den Gerichten. Der Mörder hat's gegeben, der Mörder hat's genommen.«

»Ihr Humor ist immer wieder erstaunlich, Herr Doktor. Und wie hilft uns das Ganze jetzt weiter?«

»Wenn Sie mich ausreden ließen, wüssten Sie's jetzt schon. Nach dem Erscheinen der Kritiken hatte das Beisl trotz bester Lage praktisch keine Gäste mehr. Leer. Bankrott. Der Wirt hat sich in der Speisekammer erhängt, und sein Sohn hat ihn gefunden.«

»Aha, ein Racheakt! Und wo ist der Bub?«

»Da, hinter der Edelstahlbudl«, antwortet der Doc und deutet auf den Barkeeper mit der frisch geschorenen Glatze und dem Hans-Hass-Bärtchen. »Und wo wir jetzt grad sitzen, hat seinerzeit der schwarze Hahn gekräht.«

»Ein Wahnsinn! Das nenn ich Recherche. Herr Ober!«

»Bitte, Burschen, was kann ich für euch tun?«

»Wir sind keine Burschen, Herr Kranzbichler, wir sind Privatdetektive. Und wir möchten Sie ganz dringend was fragen.«

»Jössas, es wird doch nix passiert sein! Warts, i hol mir ein Achterl.«

Waidmann und Trash setzen sich mit dem Lokalbesitzer an einen Tisch, der ebenfalls so aussieht, als hätte man vor ein paar Stunden noch chirurgische Geräte auf ihm geputzt. Oder einen Lokalkritiker fachmännisch zerlegt.

»Alsdann, was haben Sie an den folgenden Abenden gemacht?« Der Doc zitiert aus dem Gedächtnis die Daten der Mordnächte.

»Na, glaubens leicht, des merk i ma? Aber für was hab i an Kalender? Also, wie war des … Dienst. Dienst. Und amoi die Kathi pudern.«

»Sowas schreibens Ihnen auf?!«, staunt Bernd.

»Na freilich. Ghört ja alles für die Nachwelt festghalten.«

»Und haben Sie Zeugen für Ihren Verbleib an den fraglichen Abenden?« versucht Trash wieder mehr Seriösität in die Diskussion zu bringen.

»Na ja, wenn Dienst war, circa zwanzig bis dreißig Stammgäste, bis in der Früh. Und die Kathi hat mi sicher a ned vergessen, wenns wissts, was i maan … Aber wieso interessiert euch des überhaupt alles?«

Waidmann legt die sorgsam ausgeschnittenen Zeitungsartikel über die Mordfälle vor seinem Gesprächspartner aus. »Diese Personen sind zur betreffenden Zeit ermordet worden«, versucht er sich wieder einmal im Amtsjargon aus seinem früheren Leben. »Das waren zufällig genau die Gourmetkritiker, die Ihren Vater unter die Erd bracht haben. Vielleicht wollten Sie sich ja an denen rächen …«

»Sads deppat, warum hätt i denn sowas machen solln?!«, lacht Kranzbichler und zaust sich den Kinnbart. »I hab die Hüttn und a halbe Million Schilling geerbt, dann hab i die ungmiatliche Szene-Cocktailbar draus gmacht, wo wir jetzt sitzen. Die rennt seit fünf Jahr wie die Hölle. Aber demnächst steig i wieder um – auf a Vinothek, mit Imbisse. Edle Tropfen und kleine Häppchen, wissts eh. Seit die ganzen alten Alternativen und Grünen besser situiert san, fahren die total auf den Bledsinn ab. Je teurer, desto lieber. Des hätts ned glaubt, gell? So, und jetzt miassts mi entschuldigen, i hab andere Gäst a no.«

14

»Wie gesagt, Doc: erstklassig recherchiert. Aber leider alles falsch. Was tun wir jetzt?«

Trash stürzt den letzten Schluck Gin herunter und räumt indigniert seine altmodische Aktentasche ein. »Ich geh mich hinlegen. Und Sie, Waidmann, könnten in der Zwischenzeit die Exkollegen der drei Ermordeten befragen. Vielleicht fällt denen noch was zu der Geschichte ein.«

*

»Für mei nächste Kolumne hab i an, der in Graz mit dem Cobain gwuzzelt hat«, prahlt Willi Reichlich, Promi-Starreporter des *Rennbahn-Express*, und merkt dann, dass er und seine Journalistenfreunde schon wieder auf dem Trockenen sitzen. »Geh, Carlo, bring ma no was zum Trinken!«

Die Bestellung geht in der angeregten Konversation der ebenfalls anwesenden Bank- und Geschäftsleute unter, die beim Mittagstisch in der *Stadt Triest* Pasta und Pizza mit kübelweise Chianti hinunterspülen, um so schnell wie möglich wieder im Büro Richtung Herzinfarkt weiterhackeln zu können. Statt dem Weißen Spritzer bekommt Willi immerhin einen waschechten Privatermittler an den Tisch, ganz klassisch mit Hut und speckigem Ledermantel.

Bernd Waidmann nimmt mit einem jovialen »Griaß eich!« in der Runde der Zeitungsleute Platz und macht sich umgehend Freunde, als er lauthals verkündet: »Die nächste Runde geht auf mich!«

Seine Mission ist simpel: Er klappert sämtliche Stammlokale der Ermordeten ab und hofft dort auf Schreiberlinge zu stoßen, die er ausfratscheln kann. Jetzt ist er fündig geworden. Ein Lifestyle-Experte namens Frank, den aber alle Rudi rufen und der aussieht (und riecht), als säße er seit zweiundsiebzig Stunden ohne Unterbrechung in der Pizzeria, gibt sich äußerst gesprächig.

»Des waren – mit Verlaub – alles Trotteln, die Herren Gourmetkritiker«, lallt er Bernd ins Ohr. »Die Einsteins des guten Geschmacks, so haben sie ihre Partie genannt. Sind immer beinander gehockt und haben übers Essen gestänkert. Der Hammerl war die größte Krätzn. Eigentlich war nur der Armin in Ordnung.«

»Wer is des?«

»Armin Grandegger. So a Riegel, fast zwei Meter groß. Hat für den *Wiener* gschrieben. Der war der Einzige, der dieses Neo-Beisl damals nicht verrissen hat, obwohl er sich das mit seinen Haberern ausgemacht hat. Aber dem hats dort richtig gschmeckt. Besonders die Nachspeise … Über die hat er dann mit dem Berger furchtbar gestritten, weil der in seiner Lokalrezension auch das Dessert vernichtet hat: *Hat nicht nur ausgeschaut wie Gatschkuchen, sondern auch genauso geschmeckt*, ist in dem Artikel gestanden. Jedenfalls, die zwei sind die Einzigen von der Runde, die heut noch leben.«

»Und wo sind die jetzt?«

»Der Berger – Wolfram Berger, glaub ich – sondert seinen Dreck jetzt im *News* ab. Und der Armin ist damals, wegen genau der positiven Kritik, nicht nur aus seinem Freundeskreis rausgeflogen, sondern auch beim *Wiener. Unser Blatt steht immer noch für Zeitgeist, Sie Ewiggestriger!* hat ihn der Geschäftsführer angebrüllt. *Heute isst man Tapas oder Sushi und nicht mehr Cordon bleu und Leberknödelsuppe. Und jetzt schleichens Ihnen.* Er ist dann irgendwo beim ORF untergekommen, Lokalredaktion Wien, was ich ghört hab.«

Na, typisch – im Staatsfunk, denkt Bernd. Wie alle, die nicht wirklich was können, aber sich supergscheit vorkommen. Ganz im Gegensatz zu Trash behält er seine Meinung aber für sich und kippt mit Frank-Rudi lieber noch sechs, sieben Obstler. Geht eh auf Spesen.

*

»Doc, ich hab was herausgefunden!«, grölt Waidmann Stunden später ins Telefon.

»Wo sind Sie? Am Mittelstreifen von der Süd-Ost-Tangente?«

»Nein, beim Italiener. Das Abendgschäft fangt grad an. Aber des is jetzt wurscht. Hören Sie zu: Es gibt noch einen vierten Restaurantkritiker, der den *Schwarzen Hahn* damals in den Ruin getrieben hat. Der könnt das nächste Opfer sein.«

»Warum sagen Sie das nicht gleich?«

»Wolfram Berger heißt die Kanaille. Ich hab schon im Telefonbuch geschaut, aber der steht ned drin. Wahrscheinlich a Geheimnummer. Doc? Doc?«

»Wipplingerstraße 18. Wir treffen uns in fünfundzwanzig Minuten dort. Trinken Sie einen großen Espresso, damit Sie wieder nüchtern werden.«

»Wie haben Sie das jetzt wieder … naja, egal. Bis gleich.«

*

Als Bernd vor dem Haus Wipplingerstraße 18 ankommt, steht Dr. Trash bereits im Eingang und wippt ungeduldig mit dem Fuß.

»Na endlich! Da ist soeben einer reingegangen. Teuer angezogen, hat aber nach hundert Wirtshäusern gestunken und eine Fahne gehabt wie die Sozialisten am ersten Mai vorm Rathaus. Könnte unser Mann sein.«

Bernd versteht wie so oft nur die Hälfte, zieht aber sofort seinen Generalschlüssel aus der Jackentasche und sperrt das Haustor auf. Von oben, aus dem zweiten oder dritten Stock vielleicht, sind schwere Schritte und gelegentliche Rülpser zu hören. Die Ermittler hetzen die Stiege hinauf.

»Herr Berger? Wolfram Berger?« fährt der Doc mit schneidender Stimme das Individuum an, das soeben seine Wohnungstür aufzubekommen versucht. »Wartens a bisserl.«

17

»Wieso, was is denn? Die Freunde und Helfer? Hab i falsch parkt?«

»Nein, aber wir haben Grund zu der Annahme, dass Sie sich in unmittelbarer Gefahr befinden.«

»Ruhig«, mischt sich Bernd auf einmal ein. »Horchts einmal.«

Hinter der Türe ist ein leises Scharren zu hören, dann Schritte und ein Keuchen.

»Kriminalpolizei!«, besinnt sich der Ex-Inspektor auf alte rhetorische Qualitäten. »Wir wissen, dass Sie da drin sind. Ihr Mordplan ist gescheitert. Kummens ausse, sonst holen mir Ihnen mit Gewalt.«

Trash verzieht bewundernd das Gesicht, Berger setzt sich müde auf die Stufen und holt einen Flachmann aus der Innentasche seines Sakkos, Waidmann wartet ab. Plötzlich erklingt ein lautes Krachen, Poltern und Stöhnen aus der Journalistenwohnung.

»Na bravo!« sagt der Doc und wendet sich an seinen Mitermittler. »Machen Sie das, ich hab das gute Schuhwerk an.«

Bernd rollt die Augen, hebt das rechte Bein und tritt zweimal gegen das klapprige Türschloss der Altbauwohnung. Dann zieht er seinen treuen Gummiknüttel aus der Tasche und wagt sich als Erster ins dunkle Vorzimmer, wo das Gestöhne jetzt immer lauter erklingt.

»Als Erstes dreht man das Licht auf«, sagt der Doc von hinten und kippt den Schalter. »Nicht so wie im Fernsehen, wo die Detektive immer im Dunkeln herumtaumeln.«

»Ja ja, is scho guat«, erwidert Bernd ziemlich unkonzentriert. Er ist abgelenkt von dem, was er im gelblichen Schein der Vorzimmerlampe vor sich sieht: Auf dem Boden liegt ein blutender, hochgewachsener Mann, fast vollständig begraben unter gut dreihundert Kilo Äpfeln. Granny Smith. Der Typ, so viel kann man sehen, ist locker zwei Meter groß. Und hinter ihm an der Wand lehnt ein … sargähnliches Gebilde aus einer Art Teig, mit dem Deckel gleich daneben.

»Bist du gelähmt!«, sagt Trash mit einem Anflug von Ehrfurcht und schüttelt den Kopf. »Die lassen sich schon was einfallen heutzutage, die Mörder.«

Bernd beugt sich einstweilen zu dem Mann hinunter, der schwer verletzt am Boden liegt.

»Herr Grandegger, nehme ich an.«

*

»Was machen wir eigentlich da?«, fragt Waidmann, der sich generell nicht gern in Intensivstationen aufhält. »Die Belohnung haben wir doch sowieso schon gekriegt.«

»Für mich ist der Fall nicht abgeschlossen«, antwortet der Doc. »Ich hatte noch keine Gelegenheit, mit dem Täter zu reden.«

»Von mir aus ...«

Die Privatermittler betreten das Krankenzimmer, in dem ein fast vollständig eingegipster Mensch zwischen piepsenden Maschinen und Beatmungsgeräten liegt.

»Ah, da sind Sie ja«, röchelt es zwischen Bandagen hervor. »Ich darf Ihnen dazu gratulieren, dass Sie mich geschnappt haben. War sicher nicht ganz einfach, wie?«

Der Patient lässt ein dünnes, hohes Lachen hören, das wie der Luftzug im Keller einer verlassenen Nervenheilanstalt klingt. Bernd legt Dr. Trash eine Hand auf die Schulter: »Reicht scho wieder, Doc. Wissts was – i geh ane rauchen.«

»Ein Prolet«, lässt sich der Killer wieder vernehmen, als sich die Tür hinter Waidmann geschlossen hat. »Wahres Genie verstehen eben nur Gleichgesinnte, nicht wahr, Herr Doktor?«

Trash schweigt.

»Schon gut, schon gut. Ich kann Ihnen Ihren Unmut nachfühlen. Wahrscheinlich hätten Sie auch lieber abgewartet, bis ich meinen Feldzug vollendet habe. Immerhin ist es mir bei meinen Taten nicht um primitive Regungen wie Rache gegangen – nein, mein Ziel war es, die journalistische und gastronomische Qualität in diesem Land wiederherzustellen.«

»Und deswegen wollten Sie den Berger zu Äpfeln im Schlafrock verarbeiten. Mit einer selbstgebastelten Falle, in die nur ein Bsuff wie Ihr früherer Kumpan hineintappen konnte. Bis Ihnen das ganze Obst schließlich selber auf den Kopf gefallen ist.«

»Ja, leider. Weil Sie und dieser Ungustl mich gestört haben. Aber schauen Sie, mir kann ja sowieso nichts passieren. Wenn meine Verletzungen geheilt sind, habe ich Behindertenstatus, weil gehen werde ich nie wieder können. Für zurechnungsfähig wird mich garantiert kein Richter erklären. Und vom ORF kriege ich eine gute Pension, egal, was ich angestellt habe. Also …«

»Geh, gusch«, unterbricht der Doc den redseligen Mörder und zieht ihm den Luftschlauch aus der Nase. Dann dreht er ordnungsgemäß das Licht ab und verlässt das Krankenzimmer.

Leberschöberl

Zutaten:
10 dag Leber
etwas Majoran, Salz, Pfeffer
2 Semmeln
etwas Zwiebel
Petersiliengrün
5 dag Butter
3 Eier
1 EL griffiges Mehl
2 EL Semmelbrösel

Zubereitung:
Die Semmeln einweichen. Zwiebel und Petersiliengrün fein schneiden und in etwas Fett anschwitzen. Mit den ausgedrückten Semmeln vermengen. Alles zur ausgeschabten Leber dazugeben und passieren.
Butter und Eidotter schaumig rühren, die Lebermasse hinzugeben und mit dem Mehl und den Semmelbröseln vermengen. Danach den steif geschlagenen Schnee aus den drei Eiweiß unterheben.
Backpapier einfetten und die Masse darauf fingerdick ausstreichen. Nicht zu heiß backen, bis das Resultat goldgelbe Farbe annimmt. Nach dem Erkalten in gleichmäßige Stücke teilen. In der heißen Suppe gehen die Schöberl noch auf.

Nierndln mit Hirn

Zutaten:
Schweinsnieren
Zwiebel
Pfeffer, Salz
Kümmel

Prise Mehl
Essig

Zubereitung:
Die Schweinsnieren blättrig schneiden und danach rösten.
Zwiebeln klein schneiden und in heißem Fett anrösten. Die
Nierndln dazugeben. Salz, Pfeffer, feingehackten Kümmel
und eine Prise Mehl beifügen. Sind die Nierndln fertig, ge-
hacktes Kalbs- oder Schweinshirn dazugeben und weiter rösten. Mit Suppe und einigen Tropfen Essig aufgießen und mit
grüner Petersilie bestreut anrichten.

Äpfel im Schlafrock

Zutaten:
20 dag Mehl
10 dag kalte Butter
eine Prise Salz
4 mittelgroße Äpfel
etwas Marmelade
1 Eidotter
Gewürznelke

Zubereitung:
Die Butter wird in das Mehl blättrig geschnitten, eine Prise
Salz dazugegeben und alles mit dem Rollholz zu einem Teig
verarbeitet, den man zu einem Laibchen formt und für die
Dauer einer halben Stunde an einen sehr kalten Ort stellt.
Aus dem dünn ausgerollten fertigen Butterteig Vierecke
schneiden; auf jedes kommt ein geschälter und ausgehöhl-
ter ganzer Apfel. Diesen mit einem Löffel Marmelade füllen.
Den Teig fest um den Apfel herumlegen, sodass die Frucht
komplett eingehüllt ist, und mit Eidotter bestreichen. Mit einer Gewürznelke bestecken und eine halbe Stunde heiß backen.

EVA ROSSMANN

Sunshine ist tot

(Niederösterreich)

Und unser ehemaliger Finanzminister in Haft. Ich sitze vor zwei Zeitungen und trinke Wasser mit einem Schuss Weißwein. Wegen des Geschmacks.

Ich bin Schauspielerin, aber bisweilen ohne Engagement. Dann arbeite ich als Köchin. Oder chille wie momentan in der Plexiglaslandschaft des Gastraums. Sie sieht aus, als hätte der Designer von Raumschiff Enterprise einen Nervenzusammenbruch gehabt. Der Golden Retriever *Sunshine* war beinahe so populär wie sein Frauchen, die Fernsehmoderatorin Maria-Luise Berger mit der perfekten blonden Kurzhaarfrisur. Die Zeitung mit dem kleineren Format bringt auf der Titelseite ein Bild des semmelfarbenen Hundes mit dickem schwarzen Trauerrand. Er sitzt in einer Wiese und lächelt. Darunter steht: »Welche Bestie hat ihn erschossen?«

Das Großformat zeigt Ex-Finanzminister Viktor Hofmann. Er könnte der Onkel des Retrievers sein. So manierlich wie der konnte keiner von einer Jacht lächeln, einem anderen Finanzminister die Hand schütteln, bei einem Galadiner essen. Dass seine vier Firmen nur aus einer Adresse, einer Freundin und Hofmann selbst bestanden haben, ist erst nach dem Regierungswechsel aufgeflogen.

»Lila!«

Ich zucke zusammen. Ich heiße Lila Kaiser. Dass mich meine Eltern in Verehrung für Kaiserin Sisi Elisabeth genannt haben, dafür kann ich nichts.

»Der Chef«, flüstert mein ostdeutscher Sous-Chef Kagu. Abkürzung für Karl-Gustav. Er streckt mir das Telefon entgegen.

Antal Ferenz, gastronomischer Klein-Industrieller mit ungarischen Wurzeln. Ich bin keine Rassistin, aber seit ich ihn kenne, geht mir nicht nur Orban auf die Nerven. Wenig später weiß ich: Ausgerechnet Ferenz ist der aktuelle Freund der Moderatorin mit dem tierischen Todesfall. Seine Hand fühlt sich an wie ein schon lange nicht gewaschener Badeschwamm. Aber die Blonde hat offenbar auch sonst kein gutes Händchen für Lover. Außerdem ist sie Veganerin. Das stand in irgendeiner Illustrierten.

Die Abendnachrichten präsentieren eine knackige Sensation: Es gibt einen Verdacht, wer *Sunshine* auf dem Gewissen hat: Viktor Hofmann. Er hat Maria-Luise Berger bedroht. Sie hat berichtet, wie das mit den Firmen des Finanzministers war. Und wie er für sich und seine Freunde Geld gewaschen hat. Aber Hundemörder! Das gibt ihm den Rest. Ich grinse. Maria-Luise Berger lässt verkünden, sie habe sich für eine Woche zurückgezogen, um den Schock und die Trauer zu überwinden. Dafür tritt mein Boss auf. Mit schwarzer Krawatte, als ob der Hund ein enger Familienangehöriger gewesen wäre. »Es war meine Pflicht, den Drohbrief öffentlich zu machen«, sagt er und versucht, die Melancholie der ungarischen Tiefebene in seinen Blick zu legen. Er glubscht aus zwei zu braun gebratenen Spiegeleiern, flach wie die Puszta.

Am nächsten Tag freue ich mich auf neue Details zur Sensationsstory. Aber alles ist anders. Eigentlich logisch. Ist das einzige Naturgesetz, das ich kenne. Alles ist immer anders. Im kleinen Format das unscharfe Foto eines Mannes, der mit weit aufgerissenen Augen in die Kamera starrt. »Sunshines Mörder! Es war ein Flüchtling!«

Ich reibe mir die Augen und lese weiter: »... der afghanische Asylbewerber Khushal wurde wiederholt vor der Villa von Maria-Luise Berger gesehen. *Sunshine* hat sich ihm mutig entgegengestellt. Kaltblütig schoss er ihm in sein großes

Hundeherz!« Er sei »untergetaucht«. Und Hofmann wieder »auf freiem Fuß«. »Einflussreiche Freunde, die an seine Unschuld glauben« hätten die Kaution von einer Million Euro hinterlegt.

Ich warte auf Kagu, der jammert wieder einmal, dass man ihm wohl alles zumuten dürfe, nur weil er aus dem Osten Deutschlands stamme. Dabei geht es nur darum, Rinderfilets zu parieren. Mach ich sonst gern selbst. Aber das Leben spielt sich woanders ab. Ich will zur Villa von Maria-Luise Berger. In dieser Gegend kenne ich mich nicht besonders aus. Und weil ich mehr auf mein Smartphone als auf die Straße schaue, höre ich das Ungeheuer, bevor ich es sehe. Es hat viele Beine und Arme und Köpfe und Transparente und es steht vor Bergers Haus und ruft Parolen in die blaue Herbstluft. Das Monster bewegt sich auf mich zu, kommt mir in der schmalen Gasse entgegen. »Raus mit den Flüchtlingen!«, schreit einer. »Wir holen Khushal aus seinem Loch!«, schreit ein anderer. »Keine Gnade mit Mördern!«, schreit der eine. »Wir hängen dich auf!«, ergänzt der andere. Auf Papptafeln werden Bilder von *Sunshine* in die Höhe gehalten. Mit Trauerrand. Ganz vorn Fotografen und ein Kamerateam. Was, wenn es wirklich der Afghane gewesen ist? Passt mir nicht, aber es wird auch dort solche und solche geben. Afghane. Hunderasse. Von Hund zu Hund. Ist Rassismus ansteckend? Drei rotnasige Männer, zwei dick, einer dünn, sehen mich misstrauisch an. »Wohnst da?«, fragt der eine drohend. Ich schüttle den Kopf. Lila Kaiser schmähstad. Wortlos. Wie wenig es braucht. Weit hinten im Pulk ein Mann, der telefoniert. Er sieht anders aus als seine Mitdemonstranten, besser angezogen. Was glaubst du, Lila, dass nur Arbeiter rechte Parolen schreien?

Ich sehe mir die Nachrichten am Tablet in der Küche an. Tablet und Tablett. Nie werde ich den entgeisterten Blick von

Berti vergessen. »Tu die Gläser beim Abservieren auf das Tablett«, hab ich gesagt. Siebzehnjährige Neffen des Besitzers sollte man in ihrer virtuellen Welt lassen. Im Fernsehen wirkt die Demo noch viel mächtiger. Und die andere Demo auch. Die vor dem Penthouse des ehemaligen Finanzministers. »Tod dem Tiermörder!«, »Kapitalistenschwein«. Und Antal Ferenz. Der neue Medienstar. Niemand interessiert mehr, dass seine Lokalkette angeblich vor dem Konkurs steht. Jetzt ist er trauernder Angehöriger, Beschützer des tief getroffenen TV-Stars. Gestern noch hat er Hofmann verdächtigt. Jetzt fordert er die Polizei auf, den Flüchtling zu finden. Er selbst habe den Mann beim Grundstück seiner Freundin gesehen, sogar den Waffenschein habe er gemacht, um sich und seine Freundin vor Stalkern und Gesindel zu beschützen. Er zeigt seine dumme Waffe in die Kamera. Er schleppt sie seit Wochen mit sich herum. »Potenzprobleme« hat Kagu konstatiert. Manchmal liegt mein Sous-Chef goldrichtig. Dann hat mir Ferenz die Pistole in die Hand gedrückt, ich bin erschrocken und hab sie fallen lassen. Ferenz war stinksauer, das Ding hatte eine Delle und ich hab ihn gefragt: »Ist es aus Plastik?«

Am Bildschirm eine Archivaufnahme von Ex-Finanzminister Hofmann, wie er seinem deutschen Kollegen die Hand schüttelt. Dazu die Frage aus dem Off: »Reicht der Verdacht gegen den Asylbewerber, um Hofmann zu entlasten?« Hat man ihn ursprünglich nicht wegen etwas ganz anderem verhaftet? Die Männer im Hintergrund sind wohl Hofmanns Mitarbeiter, Sekretäre oder so. Der eine kommt mir bekannt vor, aber der Bildschirm ist klein und dann ist der Beitrag aus und es geht weiter mit den neuesten Bombenanschlägen.

Alle reden sie vom Mord an *Sunshine*. Die einen sind gegen Khushal, den Flüchtling, die anderen gegen Hofmann, den betrügerischen Ex-Finanzminister. Die Demonstrationen wachsen. Tausendköpfige Empörung.

Im Gastraum zu später Stunde Frontalzusammenstoß der Meinungen.

»Der hat sich ein Luxusleben ergaunert!«

»Der geht über Leichen!«

Wer ist gegen wen?

Der, den wir Hofrat nennen, ätzt: »Euer Ferenz ist sein Freund. Sonst wär er schon lange in Konkurs!«

Und der, den wir Doktor nennen, knurrt: »Ein Glück, dass der Hofmann seine Leute überall hat. Man muss sich wehren!«

Bild vor meinen Augen: Der Mann, der auf der Demo telefoniert hat. Zweites Bild: Hofmann und sein Gefolge. Der auf der linken Seite. Es war derselbe Mann. Zum Glück hab ich auch so meine Freunde. Einer ist beim Fernsehen und bereitet Auslandsberichte auf.

»Was ist jetzt mit der Veltliner-Brot-Suppe?«, ruft der Hofrat.

»Wird's nicht mehr lang geben, wenn die Muslims uns umerziehen!«, gibt der Doktor zurück.

Zum doppelten Glück reagiert der Hofrat prompt. So muss ich dem Pseudo-Akademiker keine reinhauen und kann unbemerkt davon.

Fensterloser Regieplatz. Wir sehen den Beitrag durch. Stimmt. Den Typen habe ich heute auf der Demo der Flüchtlingsfeinde gesehen. Willi weiß, wer er ist: ehemaliger Pressesprecher von Hofmann. Er wird aufgeregt. Wenn die Sache mit dem Asylbewerber getürkt ist, um Hofmann zu entlasten ... Aber was ist mit Antal Ferenz? Der hat Hofmanns Drohbrief hergezeigt. Und am nächsten Tag den Flüchtling beschuldigt. Willi spielt den Beitrag noch einmal ab. Langsam.

Er spielt ihn bis zur Stelle, an der Ferenz mit seiner Waffe herumfuchtelt. »Stopp«, sage ich. Ich starre auf die Waffe. Keine Delle. Er muss die Waffe gewechselt haben. Warum?

Hofmann war Finanzminister, als Ferenz den Deal mit dem Restaurant im Ministerium durchzog.

Zeitungsverkäufer Ali. Wenn meine verwöhnten Gäste die besten Dinge stehen lassen, dann stelle ich ihm bisweilen ein nettes Menü zusammen. Er hat gute Kontakte. Wenn, dann kann er den Afghanen finden. Wir erfahren von ihm, dass Khushal auf Afghanisch Glück heißt. Willi wittert die Story seines Lebens.

Ferry-Dusika-Stadion. Ein paar hundert Asylbewerber eingepfercht in zwei Hallen. Eine für Familien, eine für Männer.

»Das ist kein Leben«, sagt Ali. Ich habe ihn nie gefragt, woher er stammt. Wir sehen den Männern ins Gesicht. Einige lachen, andere reagieren wütend, den meisten scheint es egal zu sein. Andere Unterkünfte. Westbahnhof. Eine Frau mit zwei kleinen Kindern. Sie hält das Foto eines attraktiven schwarzhaarigen Mannes hoch. Ob wir ihn gesehen hätten? Sie habe ihn verloren.

Es ist sechs in der Früh, als wir uns voneinander verabschieden.

Zu spät, um schlafen zu gehen. Ich fahre zur Villa der Moderatorin. Zaun, Büsche, Bäume, weiter hinten das Haus, eigentlich keine Villa, zumindest im fahlen Morgenlicht sieht es grau wie die anderen Häuser aus. Dahinter beginnen die Felder. Khushal, der in der Dämmerung versucht, einzubrechen. Ein Afghane, der Glück heißt und keines hat. Khushal, der über den Zaun schaut und von Ferenz fotografiert wird. Was findet Maria-Luise Berger an dem?

Ich blinzle. Das Doppelgaragentor öffnet sich. Ein schwarzer Geländewagen schiebt sich rückwärts heraus. Mein Boss. Ich renne zur Fahrerseite, klopfe an die Scheibe. Er starrt mich an. Ich renne ums Auto, reiße die Beifahrertür auf, sitze neben ihm.

»Ihre Pistole hatte eine Delle. Jetzt hat sie keine Delle mehr«, keuche ich.

»Sind Sie verrückt?«

»Sie haben die Waffe beseitigt und sich eine neue besorgt. Oder Hofmann hat es getan. Er hat *Sunshine* erschossen. Sie kennen ihn. Hat er Sie erpresst? Hat er Ihre Waffe gestohlen?«

»Raus!«, brüllt Ferenz.

Ich sehe ihn so cool wie möglich an. Er kann ja nicht wissen, wie mein Herz rast, ich bin neugierig, aber nicht mutig. Leider. »Besser, Sie decken Hofmann nicht. Die Demonstration gegen den Asylbewerber ist gelenkt. Der ehemalige Pressesprecher von Hofmann hat sie organisiert.«

»Das Foto ist echt. Die Polizei hat es. Er hat bei uns herumgeschnüffelt. Und außerdem: Sie sind entlassen!«

»Nur seltsam, dass Ihnen das mit dem Foto erst einen Tag später eingefallen ist«, sage ich.

Ich steige aus, knalle die Tür zu und mache mich auf den Weg zum Lokal. Ich hab nicht mehr zu holen als meine guten Messer. Und dem Hofrat werde ich das Rezept für die Veltliner-Brot-Suppe aufschreiben.

Ich bleibe stehen. Wäre nicht jetzt die beste Gelegenheit, mit Maria-Luise Berger zu reden? Falls sie öffnet. Willi hat mir ihre Mobilnummer gegeben. Ich gähne. Ich stelle mich zum zweiten Mal an den Gartenzaun und spähe zum Haus. Kein Licht. Der Wind rüttelt am Gebüsch. Mich fröstelt. Bloß: Da ist kein Wind. Nicht einmal ein Lüftchen. Ich schleiche zu den Büschen. Ein Schatten löst sich, rennt auf das Feld zu, der Mensch stolpert, ich bin bei ihm.

»Sprechen Sie Deutsch?«, sage ich langsam.

Khushal starrt mich an.

»Ich bin eine Freundin.« Ich mache eine Geste, die beruhigend wirken soll. Ich glaube, ich habe sie bei Winnetou und Old Shatterhand gesehen.

»Ich spreche Deutsch und Englisch und Russisch«, sagt Khushal mit starkem Akzent. »Ich habe für Amerikaner gearbeitet. Und für Deutsche. Jetzt jagen mich Taliban.«

»Würden Sie Veltliner-Brot-Suppe verbieten?«

Er starrt mich an. »Ich esse gerne Wein.«

»Sie haben den Hund erschossen?«

Khushal schüttelt den Kopf und rappelt sich auf. »Alles war Unglück.«

Ich bin eher eine Sprinterin, er hat Ausdauer. Ich keuche hinter ihm drein. Am Ende der Siedlung höre ich eine mir bekannte Melodie, mächtig, laut. Khushal schlägt einen Haken. »Sie töten mich«, keucht er. »Er war selbst!«

»Wer?«, schreie ich. Der Boden im Feld ist tief, wir bewegen uns, als hätte die Erdanziehung plötzlich um ein Vielfaches zugenommen. Wer war es selbst? Der Hund? Sehr witzig. Wer weiß, was er gemeint hat. Ich hole ihn nicht ein. Hinter uns das Lynchkommando, es müssen Tausende sein, eine Schlammlawine. Khushal rennt auf die Industriehallen zu.

Offenbar kriegt mein Hirn nicht genug Sauerstoff. Ein anderer Mann auf der Flucht. Und hinter ihm ein aufgeregt surrender und fauchender Schwarm mit Transparenten und Trillerpfeifen und jemandem, der mit überschnappender Stimme in ein Megaphon schreit: »Gleich haben wir ihn!«

Der schwarze Geländewagen von Ferenz. Er hat sich mit Hofmann getroffen. Seine Feinde haben ihn aufgespürt.

Khushal und Hofmann hetzen aufeinander zu, sie sind so mit ihrer Flucht beschäftigt, dass sie einander erst im letzten Moment bemerken. Ein Augenblick. Dann rennen sie zu einer Hintertür, ich hinter ihnen her. Ich blinzle. Baumarkt. Vorbei an Zementsäcken und einem Schild, auf dem für verbilligten Fertigbeton geworben wird, vorbei an einem Verkäufer, den selbst das nicht aus der Ruhe zu bringen scheint. Warte nur, bis die Hunderächer kommen, denke ich schadenfroh. Hofmann ist im Gang für Kleinwerkzeuge. Gegröle von der Baustoffabteilung her. Ich kann nicht erkennen, um welche Demonstrantengruppe es sich handelt. Ich muss Maria-Luise Berger erreichen. Ich hoffe, die Nummer stimmt. Lampenabteilung. Anrufbeantworter. Sie bittet mit ihrer kühlen Fernsehstimme um eine Nachricht. Ich keuche ihr drauf, dass sie sofort kommen soll, ich wisse, was mit ihrem Hund passiert sei und auch einiges über Hofmann.

Ströme von Demonstranten schieben sich jetzt durch die Gänge, als ob es alles zum halben Preis gäbe. »Die haben sich verschanzt!«, schreit einer durch ein Megaphon.

Dann passieren zwei Dinge gleichzeitig.

Aus einem Lagerraum kommt ein Hubstapler, darauf sitzt Khushal mit finster entschlossenem Gesicht. Er fährt über die Teppiche der Teppichabteilung, auf dem Hubstapler steht eine zwei Meter hohe Kiste.

Maria-Luise Berger mit einem Kameramann. Ein Raunen, und die Demonstranten formieren sich wieder. Rechts von der Teppichabteilung die gegen Khushal, links die gegen Hofmann. Man erkennt einander an Frisur und Transparenten. Khushal fährt weiter, ein Demonstrant schleudert einen Schraubenschlüssel in seine Richtung, er trifft bloß den Hubstapler, lautes Klirren. Maria-Luise Berger schreitet ihm entgegen. Neben ihr der Kameramann. Sie weicht nicht. Fünf Meter Abstand. Drei Meter. Zwei Meter. Der Gabelstapler steht. Und Maria-Luise Berger sagt mit lauter Stimme: »Jetzt haben Sie Gelegenheit, uns zu erzählen, wie es war.«

Khushal sieht sich gehetzt um. Die Arme der Demonstranten haben sich gesenkt. Das Licht der Kamera richtet sich auf den Mann aus Afghanistan.

»Er war es selbst«, sagt er. »Er hat Angst gehabt, Ihr Freund mit schwarzem Auto. Er hat Geräusch gehört und geschossen. Es war Hund, der in Büschen war.«

Maria-Luise Berger starrt Khushal an. Aber ihre Stimme bleibt kühl und professionell. »Warum sind Sie geflohen? Wo ist der Beweis?«

»Er gesehen, dass ich gesehen habe, hat Foto gemacht, gesagt, jeder wird sagen, ich war es. Ich habe Ehre verkauft.«

»Wodurch?«

»Er hat 2.000 Euro gegeben, wenn ich nichts sage. Ich habe Geld genommen.«

»Antal Ferenz«, Maria-Luise Berger spricht den Namen aus, als handle es sich um irgendjemanden, »hat zuerst Viktor Hofmann verdächtigt. Können Sie sich erklären, woher sein Sinneswandel kam? Wissen Sie, wo Viktor Hofmann jetzt ist?«

»Er mächtiger als ich. Ich besser für Verdacht«, sagt Khushal mit hoch erhobenem Kinn. »Ich will noch sagen über afghanische Friedensbewegung, bitte. Deswegen war bei Ihrem Haus. Mit Ihnen reden.«

Da fällt die Kiste um. Sie birst. Aus der Kiste krabbelt Hofmann, weiß bestäubt, als hätte man versucht, ihn in Zement zu gießen. Statue des einst strahlenden Finanzministers.

Maria-Luise Berger sieht ihn kühl an. »Wahrscheinlich hatte Antal Ferenz zuerst vor, Sie mit dem dummen Drohbrief zu erpressen, aber dann hatten Sie gemeinsam eine bessere Idee. Antal Ferenz hat versprochen, Ihnen zu helfen, wenn Sie und Ihre einflussreichen Freunde dafür sorgen, dass sein Gastro-Unternehmen nicht pleitegeht.«

Hofmann steht langsam auf. Er schüttelt den Kopf und lächelt in die Kamera. »Nie würde ich mit einem Hundemörder gemeinsame Sache machen.«

»Ich muss über Lage in Afghanistan sagen …«, beginnt Khushal, aber die Kamera bleibt auf Maria-Luise Berger. »Ein tragischer Fall ist geklärt. Jedes Lebewesen hat ein Recht auf Leben. Aber es geht weiter. Wer immer an den Machenschaften von Viktor Hofmann beteiligt war, ob auch der Gastronom Antal Ferenz mit illegalen Geldflüssen zu tun hatte: Wir bleiben dran.«

Ihre Frisur sitzt makellos.

Veltliner Brotsuppe

Drei Versionen – eine vegan (auch für Sunshines Frauchen), eine vegetarisch, eine mit allem

Zutaten:
200 ml Weinviertler Veltliner
400 ml Gemüsefond (ersatzweise Wasser, das mit vegetarischer Gemüsewürze 15 Minuten verkocht wird)
250 g Vorschussbrot (es kann auch Weißbrot oder Mischbrot sein, man kann auch sehr gut altbackenes Brot verwenden)
1 große Zwiebel
3 Knoblauchzehen
6 TL Olivenöl (oder statt der Hälfte des Olivenöls Butter)
100 ml Obers (für Veganer keines)
Schwarzer Pfeffer aus der Mühle, Salz, Muskatnuss
100 g luftgetrockneter Schinken, ganz fein aufgeschnitten (für Schweinefleischesser)
100 g dünn geschnittenes Pastrami (für Rindfleischesser)

Zubereitung:
Brot in zirka drei Zentimeter große Würfel schneiden. Wenig Olivenöl auf ein Backblech träufeln, die Brotwürfel darauf geben, mit wenig Olivenöl beträufeln und das Brot im vorgeheizten Rohr bei 220 Grad knusprig backen. In der Zwischenzeit die Zwiebel schneiden und in der Butter (oder in Olivenöl) anschwitzen, Knoblauch fein schneiden und ganz kurz mitbraten. Die knusprigen Brotwürfel dazugeben, umrühren und mit dem Veltliner ablöschen. Mit Gemüsefond, schwarzem Pfeffer aus der Mühle und Salz abschmecken. Eine Viertelstunde auf kleiner Flamme kochen lassen. Mit dem Mixstab pürieren. Obers beifügen (für Veganer nicht), mit dem Mixstab aufschäumen. In heißen Suppentassen anrichten, Muskatnuss über die Suppe reiben. Mit Schinken garnieren, für Vegetarier den Schinken weglassen.

Der Käferbohnensalat des Grauens

(Steiermark)

»Wissen Sie, die *sogenannte* steirische Küche ist in Wahrheit ein Riesenbetrug!«

Helmut Klug zeichnete bei »sogenannte« mit den Fingern Gänsefüßchen in die laue Abendluft am Osthang des Reinischkogels und rollte dabei mit den Augen. Seine ausländischen Gäste lachten bemüht über die kleine Darbietung.

»Ich will nicht über die Steirer spotten. Ich bin ja selbst ein Steirer! Aber so ehrlich muss man schon sein, die kulinarischen Erfindungen der Steiermark wären ohne Impulse von außen gar nicht möglich. Die Steirer sind ein eher rückständiges Völkchen. Wussten Sie das? Die Steiermark war früher für seine *kropferten* Leute bekannt. Der Kropf, die Struma, Sie wissen schon, durch Jodmangel ausgelöste Vergrößerung der Schilddrüse. Ekelhaft. Früher hat die Hälfte aller Steirer ausgesehen, als wäre ihnen ein Kürbis im Hals stecken geblieben. Hahaha!«

Helmut Klugs Gäste rangen sich ein Lächeln ab. Außer Herr Stiebke, ganz Preuße und eine Kanone in seinem Beruf, Herr Stiebke lächelte nicht. Er hielt auch unauffällig die anderen Leute in der Buschenschank im Blick, deren Mienen sich ganz im Gegensatz zum prächtigen Oktoberwetter in der Weststeiermark ziemlich wolkenverhangen präsentierten.

»Jetzt sagense mal, guter Mann, wat habense gegen Ihre eigenen Leutchen?«

Doch Helmut Klug kam gar nicht dazu, eine Antwort zu geben. Frau Müller nahm nämlich den ersten Schluck Schilcher ihres Lebens. Sie war eine erprobte Managerin eines schwäbischen Tiefbauunternehmens und daher dem typischen Charme des weststeirischen Roséweins chancenlos ausgeliefert. Frau Müller verzog die Miene, als ob sie Ameisensäure gurgelte.

»Meine Güte, der Wein ist herb.«

Helmut Klug lachte polternd los.

»Schilcher kann man nur für zwei Dinge verwenden. Erstens zum Gerben von Leder. Zweitens zum Einlegen toter Ratten in der veterinärmedizinischen Präparation.«

Helmut Klug lachte als Einziger. Frau Müller nahm noch einen Schluck. Ihre Miene spiegelte Erkenntnis. Sie trank jetzt beherzt und schaute in die Runde.

»Na ja, wenn man mal verstanden hat, worum es geht, eigentlich köstlich erfrischend.«

Die fünf Gäste des Geschäftsmannes hoben erfreut die Augen, als die beiden Kellnerinnen die Speisen auftrugen, Brettljause, Verhackert, Käseplatte und Käferbohnensalat. Helmut Klugs Ansinnen war, seine Gäste durch Vorführung der rückständigen Küchenkultur seines Landes zu namhaften Investitionen zu bewegen. Er hatte große Pläne – Zementwerke, chemische Industrie, eine zweite Landebahn des Grazer Flughafens, mindestens eine weitere Autobahn und wie früher ein paar Stahlwerke in der Mur-Mürz-Furche – und er wollte überall seine Finger im Spiel haben. Seine Vision war die Rückholung der Industrie von China nach Mitteleuropa. Immer nur Wellness-Tourismus und Gute-Laune-Küche sicherte doch keine Arbeitsplätze. Klug zeigte auf den Käferbohnensalat in der Schüssel vor sich.

»Hier haben Sie den Beweis für die Hilflosigkeit der Steirer. Käferbohnensalat mit Kernöl gilt gemeinhin als die Vorzeigespeise der Steiermark. Na gut, das Rezept wurde hier entwickelt, aber woher kommt die Käferbohne? Aus Südamerika! Und woher kommt der Kürbis für das Kernöl? Aus Südamerika! Woher kommt die Zwiebel? Aus Zentralasien. Woher der Weizen für das Brot? Aus dem Nahen Osten. In der Steiermark wachsen ja von Natur aus nur Bäume. Und auf den Bäumen leben die Affen. Die Steirer! Hahaha!«

Bester Laune, immerhin wähnte er seine Gäste mürbe für die Vertragsunterzeichnung, spießte Helmut Klug eine der dicken Käferbohnen auf die Gabel. Da war sie wieder, die Rückständigkeit seiner Landsleute, die Bohne knackte beim Aufspießen und knirschte beim Kauen, nicht einmal Bohnen konnten sie richtig kochen. Höchste Zeit, hier ordentlich zu betonieren. Helmut Klug schluckte den Happen. Eigentlich verdammt gut. Er langte beherzt zu.

*

Fredi Schandor saß mit zwei seiner langjährigen Freunde im Schatten. Er, der Kommandant des Polizeipostens, dann Vinzenz Reinbacher, der örtliche Feuerwehrhauptmann, und Sabine Lampl, die Dienststellenleiterin des Roten Kreuzes. Die drei hatten vor vielen Jahren gemeinsam die Schulbank gedrückt. Sie tranken Schilcher und schmierten von Zeit zu Zeit Liptauer und Verhackert auf ihre Brote. Der Abend war warm und der Dienst lag fern. Leider drangen vom Nebentisch Wortfetzen zu ihnen, die die gemütliche Stimmung störten.

Vinzenz Reinbacher verfügte über ein gutes Gehör.

»Wenn dea Tuscha ned bold aufheart zan bled redn, klesch i eam ane eini.«[1]

Fredi Schandor hatte sich in vielen Jahren des Polizeidiensts ein recht unempfindliches Gehör erarbeitet. Er zuckte langmütig mit den Schultern und nahm einen Schluck Wein.

»Lass den Klugi dampfplaudern. Seine Geschäftsideen nimmt eh keiner ernst.«

»Was ist, wenn doch?«, hakte Sabine Lampl nach.

Schandor winkte ab.

»Hör auf, niemals.«

---

1 Übersetzung aus dem Weststeirischen: „Wenn der unterbelichtete Mitmensch seine ungebührlichen Reden nicht für sich behält, riskiert er ein akzentuiert platziertes Hämatom in Augennähe."

»Jetzt dreht er völlig durch«, sagte Reinbacher.

Schandor und Lampl schauten zum Nebentisch. Helmut Klug stützte sich mit beiden Händen auf den Tisch, er schnappte mit hochrotem Kopf nach Luft. Seine ausländischen Gäste zeigten sich bestürzt über den Stimmungswandel ihres Gastgebers. Sabine Lampl sprang hoch.

»Das ist ernst!«

Auch Schandor und Reinbacher erhoben sich beunruhigt. Inzwischen wechselte die Gesichtsfarbe des einfallsreichen Unternehmers Helmut Klug von hochrot zu schmutziggrün. Die in vielen Ernstfällen erprobte Sanitäterin Sabine Lampl hievte Klug vom Stuhl und begann mit lebenserhaltenden Maßnahmen. Klugs Augen rotierten in ihren Höhlen und seine Gesichtsfarbe wechselte auf wachsgelb.

»Jetzt ist er gleich dahin!«, rief Reinbacher.

Die Gäste der Buschenschank scharten sich rund um Klug und Lampl. Schandor stand etwas abseits, drückte sein Telefon ans Ohr und setzte einen Notruf ab. Die neugierigen Gäste schätzten die bedrohliche Lage ein.

»Mei, was hat er denn, der schiache Teifl?«

»An seine bleden Sprüch verschluckt.«

»Der simuliert. Wie immer, der Klugi simuliert. War schon damals im Bundesheer so. Was der sich immer gedrückt hat.«

»Bei dem Ungustl möchte ich keine Mund-zu-Mund-Beatmung machen. Bestenfalls hänge ich ihm den Kompressorschlauch in den Hals.«

»Fredi, hast du die Rettung schon gerufen?«

»Freilich wohl, hab ich.«

Während sich die Menge äußerst besorgt zeigte, griff Schandor zu seinem Weinglas und nahm einen Schluck. Nicht weil er dem Schicksal des Unternehmers besonders hartherzig gegenüber stand, sondern weil sich der gut gekühlte Wein im schlimmsten Fall erwärmen könnte. An einem warmen Abend eine bedeutende Gefahr. Und selbst mit dem Auto fahren musste er ja heute nicht. Schandor stellte sich abseits in den Schatten und sinnierte über die versteckten Gefahren des Alltags.

Der Wirt Sepp Herunter trat in den Gastgarten und versuchte die aufgebrachte Menge zu beruhigen. Was ihm kaum gelang. Wenig später sauste ein Krankenwagen mit Blaulicht heran. Die Sanitäter sprangen aus dem Wagen, hievten Helmut Klug auf eine Bahre und trugen ihn zum Krankenwagen. Die schaulustige Menge folgte ihnen.

Nicht die Kellnerinnen, vielmehr der Wirt räumte den verwaisten Tisch der Geschäftsleute. Schandor nahm noch ein Schlückchen. Interessanterweise tat Sepp Herunter heimlich und inspizierte die Salatschüssel, aus welcher Helmut Klug gegessen hatte. Wobei er nicht bemerkte, dass er von Schandor beobachtet wurde. Der Wirt schaute hinüber zum Krankenwagen und eilte dann in die Küche.

Schandor grübelte. Warum hatte der Mann nicht auch die anderen benutzten Teller und geleerten Gläser abserviert? Eine zutiefst kriminalistische Frage, wie Schandor meinte, und das an seinem freien Abend. Ärgerlich. Und doch unausweichlich. Er stellte sein Weinglas ab (leer natürlich, das Achtel Schilcher würde nur mehr wohltuend durch Körperwärme temperiert werden) und heftete sich zügig an die Fersen des Wirtes. Schandor rammte die Schwingtür zur Küche auf.

»Halt!«

Sepp Herunter fuhr erschrocken herum.

»Sag einmal, Fredi, bist du jetzt komplett narrisch geworden, mich so zu erschrecken!«

»Was bist du denn so schreckhaft?«

»Ich und schreckhaft? Sicher nicht. Aber wenn du da herumplärrst wie auf einem Kasernenhof, darf man sich schon mal wundern.«

Schandor drängte sich an Herunter vorbei und schnappte nach der abgestellten Salatschüssel. Vielmehr, er wollte danach schnappen, wurde dabei aber von Herunter behindert, der sich dem Postenkommandanten in den Weg stellte.

»Sepp, geh zur Seitn.«

»Auf was hinauf?«

»Ich muss was kontrollieren.«

»Bist du jetzt bei der Lebensmittel- und Hygienepolizei?«

»Blödsinn. So eine Fachgruppe gibt es gar nicht.«

»Na, dann wird es Zeit, dass du dorthin versetzt wirst.«

»Sepp, ich warne dich, wenn du mich weiter so bedrängst, fasse ich das als Tätlichkeit auf.«

»Ist das meine Küche oder deine?«

»Deine.«

»Na bitte. Wenn du dich weiter in meiner Küche herumtreibst, dann fasse ich das als Besitzstörung auf.«

»Ich will sofort die Salatschüssel inspizieren!«

»Hast du einen Durchsuchungsbefehl?«

»Gefahr in Verzug.«

»Bist du im Dienst?«

»Hab ich meine Uniform an?«

»Zivilisten haben in einem Hygienebereich keinen Zutritt.«

»Wenn ich mich da umschaue, frage ich mich aber schon, wo da die Hygiene sein soll. Das ist keine Küche, das ist ein VW Diesel.«

»Ich hau dir eine rein.«

»Dann hau ich zurück.«

Da trat die Küchengehilfin Velika ein, entdeckte die schmutzige Salatschüssel mitten auf der von zuvor gesäuberten Arbeitsfläche und murrte in ihrer Muttersprache. Von den zwei sich beinahe prügelnden Männern nahm sie keine Notiz. Sie arbeitete seit zwanzig Jahren in Gasthausküchen und fand eine Schlägerei in der Küche ganz normal. Velika schaute in die Glasschüssel.

»Da sich bewegt was.«

Schandor und Herunter starrten die Frau an.

»Blödsinn! Wie soll sich in einem Käferbohnensalat was bewegen?«, rief Herunter.

Endlich schaffte es Schandor, sich Platz zu verschaffen. Er trat neben Velika.

»Tatsächlich, da rührt sich eine Bohne. Schau an, die Bohne hat sechs Beine und versucht panisch aus dem Kernöl zu entfliehen. Hoppla, jetzt ist die Bohne mit Beinen abghaut.«

Schandor bückte sich, fing die laufende Bohne, wickelte sie in sein Taschentuch und steckte sie ein. Er fixierte den Wirt streng. Dieser schaute betreten aus dem Fenster.

»Mehr Käfer als Bohne, nicht wahr, lieber Sepp?«

»Aber zum Verwechseln ähnlich.«

»Was ist denn das für ein Käfer?«

»Ein Endemit vom Oberlauf des Amazonas.«

»Geh hör auf. Und wie kommt so ein Endemit vom Amazonas in einen steirischen Käferbohnensalat?«

»Ich war ja voriges Jahr auf Rundreise. Die grauslichen Viecher sind mir in den Koffer gekrochen. Und wieder zurück habe ich schon eine ganze Familie gehabt.«

»Und jetzt streckst du den Käferbohnensalat damit?«

»Ich strecke und pansche nicht!«

»Ist der Käfer am Ende giftig?«

»So eine blöde Frage!«

»Und wie machst du das, dass der Käfer die Beine einzieht?«

»Zwei Stunden im Kühlschrank.«

»Und hast du den Klugi um die Ecke gebracht, weil er so blöd geredet hat?«

»Seit fünfzehn Jahren kommt der Lump in meine Buschenschank und schimpft über alles, was mir heilig ist. Heute ist das Fass übergelaufen.«

»Wie viele hast denn reingemischt?«

»Drei. Zwei hat er gegessen. Tödliche Dosis. Sie schauen perfekt nach Käferbohnen aus und schmecken sogar so ähnlich.«

Fredi Schandor schüttelte resignierend den Kopf.

»Sepp, dass du dich zu solchen Ideen hinreißen lässt, hätte ich nicht gedacht.«

Der Wirt zuckte mit seinen Schultern.

Schandor griff in seine Hosentasche, entnahm das Taschentuch mit dem Käfer, öffnete ein Küchenfenster und schüttelte das Taschentuch aus.

Der Wirt und die Küchengehilfin starrten Schandor ungläubig an.

»Nimmst du mich jetzt gar nicht fest?«

»Bin ich im Dienst, du Rindvieh?«

»Das nicht. Aber …«

»Zwei Dinge!«

»Und zwar?«

»Erstens: Um den Helmut Klug weint eh keiner. Zweitens: Käferbohnensalat mit Kernöl esse ich jetzt ein paar Wochen nicht. Fühle mich traumatisiert.«

Aus der Küche drang sinisteres Gelächter wie aus einer verrufenen Piratenkneipe am dunklen Ende der Welt.

Steirischer Käferbohnensalat

Zutaten (für 4 Personen):
200 g Käferbohnen (getrocknet)
Zwiebeln
Salz, Pfeffer
Apfelessig
Steirisches Kürbiskernöl
Wahlweise Kren, Rettich, Kohlrabi

Zubereitung:
Die getrockneten Käferbohnen über Nacht in kaltem Wasser einweichen. Am nächsten Tag in reichlich Wasser weich kochen (etwa eine Stunde) und danach kalt abschrecken. Das Wasser nicht salzen! Während der Garzeit sollte das Wasser nur leicht köcheln. Die noch lauwarmen weichen Bohnen in eine Schüssel geben, mit gehackten Zwiebeln, Salz, Pfeffer, Apfelessig und Kürbiskernöl abschmecken.
Den Salat mit Kren, Rettich und / oder Kohlrabi verfeinern.

SUSANNE SCHUBARSKY

Klagenfurter Intermezzo

(Kärnten)

Der Bus bleibt endlich stehen. Ich kämpfe mich zum Ausgang. Dabei müssen zwar drei oder vier der senilen Deppen dran glauben, aber das ist mir so was von egal. Ich will nur raus aus dem rollenden Altersheim. So eine saublöde Idee! Mit dem Bus nach Klagenfurt. Nur weil Irene mir eine WhatsApp-Nachricht geschickt hat, dass sie mich braucht, und ich gerade nichts Besseres zu tun habe. Die Bar ist abgebrannt, wieder mal, also ist nichts mit Tanzen oder Anschaffen. Die 20 Euro für den Bus hatte ich gerade noch und nach Klagenfurt wollte ich eh schon immer mal. Dass 60 Tattergreise zwischen 100 und Verwesung auf dieselbe Idee kommen würden, konnte ja niemand ahnen. 60 Grufties mit 600 Krankheiten und mindestens 6.000 Beschwerden. Und futzikleinen Blasen.

Ich gehe ein paar Schritte zum nächsten Unterstand, zünde mir eine an und schaue mich nach Irene um. Sie wollte mich abholen, hat sie versprochen. Na gut, die Pünktlichste war sie noch nie. Nach dem vierten Tschick werde ich grantig und hole das Handy raus.

Nicht erreichbar. Depperte Oide! Mich hier einfach stehen zu lassen. Ihre Adresse habe ich mir irgendwo aufgeschrieben. Also muss ich wohl dorthin latschen. So eine Dummtussi! Sie weiß doch, dass ich keine Kohle habe und mir kein Taxi leisten kann.

Aber was soll's. Ich schnappe mir meine Tasche und stapfe los in den Regen. Da bleibt ein Mercedes direkt neben mir stehen. Das Fenster fährt runter und ein Mann quatscht mich an. Bin ich da am Straßenstrich gelandet? Auch egal, ich will weg von hier und brauche sowieso Geld. Das wird in Kärnten wohl auch nicht anders funktionieren als daheim in Wien. Nein, neben dem Typen sitzt eine Frau. Na gut, wenn sie einen Dreier wollen, kostet es halt extra. Ich gehe zum Auto und beuge mich zum Fenster hinunter. Er plappert los. Irgendwie klingt das zwar wie Deutsch, aber ganz komisch, fast so, wie wenn Klapcek im Club daheim probiert, mit den Freiern Russisch zu reden. Er plappert weiter und dazwischen höre ich was, das ganz deutlich wie »Irena« klingt. Erleichtert steige ich in den Wagen. Irene hat mir jemanden geschickt, um mich abzuholen. Die beiden grinsen mich an. »Gud iefning«, sage ich in meinem besten Englisch. Das war so eine plötzliche Eingebung. Der Typ will Russisch mit mir reden, aber das kann ich nicht. Bleibt nur Englisch und das muss ich sowieso üben. Weil das nämlich immer wichtiger wird, Fremdsprachen und so. Jetzt, wo die ganzen Anzugträger aus dem Osten in die Bar kommen und meistens lieber reden wollen statt vögeln. »I am happy to bi hier.«

Die beiden grinsen noch heftiger und beginnen gleichzeitig, auf mich einzureden, in dieser strengen Sprachmischung. Keine Chance, das zu verstehen. Ich lasse die zwei weiterquatschen und murmle hin und wieder ein »very gud«, während wir durch Klagenfurt kurven.

Nach einer Viertelstunde Dauergeplapper in dem entsetzlichen Kauderwelsch merke ich, dass ich mich langsam daran gewöhne und immer mehr verstehe. Es geht um ein Abendessen, sehr gut, einige Gäste und eine russische Frau, auf die alle warten, damit sie etwas ganz Besonderes vorführt. Als ich plötzlich kapiere, dass ich diese russische Frau sein soll, hält der Wagen vor einer Villa.

Bist du deppert, Oida! So eine Hütte lasse ich mir gefallen. Ich halte erst mal die Klappe und beschließe abzuwarten, was die eigentlich von mir wollen. Essen muss ich sowieso und in dem Luxusschuppen ist auf jeden Fall was zu holen, wenn ich mich nicht allzu dumm anstelle.

Die vier Gäste warten schon im Speisezimmer und ich bin nicht sonderlich überrascht, dass Irene nicht darunter ist. So viel ist mir mittlerweile klar geworden: Die beiden Geldsäcke sind nicht von Irene geschickt worden, um mich abzuholen, sondern sie haben mich mit irgendeiner Russin verwechselt, die vermutlich Irena heißt. Also bin ich jetzt halt mal Irena. Klingt sogar fast besser als Melanie. Russisch kann ich natürlich nicht, aber das wird wohl niemandem auffallen, weil mein Englisch ja eh ursuper ist.

Ein Mädel in einer geilen Dienstmädchenuniform direkt aus dem Fetischladen bringt uns Suppe. Eine weiße Suppe, die urfad aussieht und nach Zimt schmeckt. Nach zwei Löffeln schiebe ich meinen Teller unauffällig weg, weil ich Zimt echt nur im Glühwein mag, aber allen anderen scheint es zu schmecken. Dabei labern sie ohne Pause. Jetzt, wo sie untereinander reden, klingt das fast wie richtiges Deutsch. Fast.

Als die Suppenteller abserviert werden, habe ich noch nicht viel erfahren. Nur dass es weiter regnen wird und irgendein politisches Zeugs, das mich nicht interessiert. Und dass alle drei Ehepaare irgendwie verwandt sind, Brüder und Schwestern. Vielleicht werden sie beim Hauptgang besser, das Essen und die Gesprächsthemen.

Eine Platte mit riesigen Fleischlaberln erscheint auf dem Tisch. Fleischlaberln? Als Hauptgang in so einem Luxusschuppen? Ich habe zwar noch nie davon gehört, dass die Kärntner Küche besonders berühmt wäre, aber wenigstens kann man bei Fleisch nicht viel verhauen. Ich höre was von Maischalan. Was soll das denn sein? Mittlerweile bin ich aber wirklich hungrig und haue voll rein. Schmeckt nicht schlecht, nur irgendwie anders als richtige Fleischlaberln. Ich mampfe zufrieden vor mich hin und höre mit einem Ohr der Gastgeberin zu, wie sie stolz berichtet, dass es immer schwieriger wird, die Zutaten für die Maischalan aufzutreiben. Kein Fleischer verkauft mehr Lunge, Herz und Schweinsnetz. Ich springe mit vollem Mund auf und renne hinaus, damit ich nicht das ekelhafte Zeug auf dem Tisch verteile. Wie pervers kann man sein und Gedärme futtern!

Das Klo ist praktischerweise gleich auf dem Gang und ich kann alles wieder ausspucken. Das mit dem Essen war ein kompletter Reinfall. Aber was soll's. In der Bude ist so viel zu holen, dass man dafür schon mal hungrig bleiben kann. Ich öffne vorsichtig die Klotür. Die Luft ist rein.

Sogar der Vorraum ist vollgepflastert mit Bildern und Skulpturen, die irre teuer aussehen. Die mitzunehmen wird nicht einfach, aber mit Sicherheit liegt auch jede Menge Schmuck herum. Den ich gleich mal suchen werde.

Da läutet es an der Tür.

Niemand kommt aufmachen.

Nach dem dritten Läuten trabe ich halt hin, wenn ich schon direkt danebenstehe. Ich bin ja ein netter Mensch. Immer hilfsbereit und so.

Vor der Haustür wartet eine Frau mit langen blonden Haaren, die mir irgendwie ähnlich sieht. Nicht so hübsch, logisch, aber ja, irgendwie ist da eine Ähnlichkeit. Sie quasselt sofort aufgeregt los. Mit russischem Akzent.

Aha. Alles klar.

Ich lächle freundlich und nehme sie am Arm. »Come with mi, pliese.«

Ich schleppe sie hinter mir her und öffne aufs Geratewohl die erste Tür. Eine Bibliothek. »Wait hier, pliese.« Aber sie will nicht. Redet weiter, fuchtelt mit den Armen. Von der Tussi werde ich mir die Tour sicher nicht vermasseln lassen! »Wait hier, I say! One moment. I am back with the boss in one moment. Hear you?« Endlich setzt sie sich in den großen Ohrensessel neben dem Kamin.

Ich sause raus und reiße gleich die Tür nebenan auf. Irgendwo wird schon was Hilfreiches zu finden sein. Eine Kammer mit urviel Gewand. Ich schnappe mir einen Gürtel und ein paar Krawatten und renne zurück in die Bibliothek. »One more moment, the boss is coming. Wait.« Ich gehe zu ihr hin, greife mir unterwegs einen urschweren Kerzenständer und ziehe ihn ihr mit voller Wucht über den Kopf. Sie grunzt einmal und ist hinüber. Ich fessle sie mit ein paar Krawatten an den Stuhl, stopfe ihr eine besonders hässliche mit Paisleys in den Mund und verschwinde wieder. Den Schlüssel ziehe ich ab.

Wie lange war ich jetzt weg? Keine fünf Minuten, schätze ich. Als sich mein Puls wieder beruhigt hat, trabe ich zurück ins Esszimmer.

Dort warten alle schon nervös auf mich. Die Türglocke haben sie anscheinend gar nicht gehört, uff, Glück gehabt. Alle sechs schauen mir zu, wie ich mich langsam hinsetze und ganz unauffällig die Maischalan wegschiebe, die noch immer auf mich warten.

»So, when are we beginning?« Nachdem ich noch immer keinen Plan habe, worum es hier eigentlich geht, muss ich endlich etwas tun.

Plötzlich reden alle gleichzeitig: tote Großmutter, vor ein paar Monaten gestorben. Münzen. Viele Münzen. Sehr wertvoll. Versteckt. Alle suchen überall. Erfolglos.

Ich verstehe mittlerweile den seltsamen Dialekt mit den russischen Anwandlungen fast einwandfrei. Nur nicht, was ich dabei soll.

Dann klickt es. Erst kann ich es nicht glauben, aber als immer wieder von Kontakt gesprochen wird, bleibt mir nichts anderes übrig. Die haben doch tatsächlich eine Hellseherin engagiert. Mich. Na ja, die Russin. Die ich jetzt bin, weil die echte gerade verhindert ist.

Na bravo. Ich soll also die tote Großmutter beschwören und ihr die Schatzkarte herauslocken. Ursuper.

Während die liebe trauernde Familie weiter auf mich einredet, denke ich an alle Geisterfilme, die ich schon mal gesehen habe. Hm. Was tun diese Hellseher immer in den Filmen? Augen zu und mit verstellter Stimme Blödsinn reden. Das kann ich locker. Und wenn alles vorbei ist, räume ich in Ruhe das Haus aus.

»Let us begin.« Ich breite die Arme aus und schiebe dabei, ganz unabsichtlich, den Teller mit den Innereien noch weiter weg von mir.

Niemand sagt ein Wort. Alle starren mich an. So, so. Jetzt, wo es ernst wird, sind auf einmal alle schmähstad. Ich grinse, aber nur nach innen, und sage noch einmal: »Let us begin«, weil es beim ersten Mal schon so urwichtig geklungen hat.

Die Hausherrin ruft nach dem Dienstmädchen, damit sie abserviert, das Licht wird gedimmt, und jemand zündet ein paar Kerzen an. Ich sitze regungslos da, mit ausgebreiteten Armen und ernstem Gesicht. Eine Minute. Zwei. Das weiß ich vom Strippen: Lass sie warten. Ganz lange. Erst dann wird es richtig gut.

Nach fünf Minuten tun mir die Arme weh. Zeit anzufangen. »I call ...«

Jemand flüstert »Nada«.

Nada? Was ist denn das für ein Name?! Aber gut:

»I call Nada to come hier to us!«

Stille.

»Nada, come. Somebody has a question for you.«

Nichts.

Na ja, alles andere hätte mich jetzt auch echt überrascht.

»I feel, I feel, someone is hier in this room.« Nicht mal gelogen. Es sitzen schließlich sechs Leute herum, die entweder laut schnaufen oder die Luft anhalten.

Ich öffne vorsichtig das linke Auge. Alle halten sich an den Händen und schauen voll konzentriert auf mich. Ganz im Hintergrund lungert noch jemand herum. Wahrscheinlich hat sich das Dienstmädchen hereingeschlichen, um sich das Spektakel nicht entgehen zu lassen. Kann ich gut verstehen. So was würde ich auch gern sehen.

»Speak to us, ghost from Nada«, schreie ich.

»I am here. What do you want to know?« Meine hohe Piepsstimme scheint's genau getroffen zu haben. Mehrere Leute schnappen laut nach Luft.

»Your question, quick«, sage ich mit meiner normalen Stimme.

Der Hausherr kriegt sich als Erster wieder ein. Er fragt seine Großmutter, wo sie die römischen Goldmünzen versteckt hat.

Bist du deppert! Römische Goldmünzen! Damit hätte ich ausgesorgt.

Er erklärt noch, dass sie jetzt alle viel vernünftiger sind als damals, und dass es eine dumme Idee war, die Münzen klauen zu wollen.

Aha. Ich verstehe. Aber was soll ich jetzt tun? Ich will die Münzen! Bloß wie? Erst mal Zeit schinden. Mir wird schon was einfallen. Mir ist noch immer irgendetwas eingefallen. »She is not hier longer. We must wait.« Ich lasse meine Arme sinken, in denen ich mittlerweile fast kein Gefühl mehr habe, und stehe auf. »I am back in one moment. Wait.«

Beim Hinausgehen sehe ich aus den Augenwinkeln die Gestalt im Hintergrund, die irgendwie doch nicht so aussieht wie das Dienstmädchen. Bevor ich fragen kann, höre ich ein Rumpeln von draußen. Oh, oh. Die Russin. Ich renne in die Bibliothek.

Die echte Hellseherin ist aufgewacht und versucht sich zu befreien. Dabei hat sie den Ohrensessel umgeschmissen. Glücklicherweise habe ich von Klapcek gelernt, wie man jemanden wirklich gründlich fesselt und knebelt. Sie hat keine Chance, so wie ich damals.

Damit keiner hört, wie der Sessel immer wieder gegen die Wand knallt, schnappe ich mir eine besonders hässliche Vase von einer Kommode und knalle sie der Russin über den Schädel.

Ups.

Das war keine Vase.

Als das Ding zerbricht, steigt eine gewaltige Staubwolke auf.

Noch mal: Ups.

Aber eigentlich egal. Die verbrannte Leiche kratzt es sicher nicht mehr, ob ihre Asche in einer Urne dumm herumsteht, oder ob sie über eine bewusstlose Russin verstreut ist. So hat sie zumindest noch einen guten Zweck erfüllt.

Da sehe ich etwas Weißes mitten in dem Aschehaufen.

Ein Zettel.

„Meine lieben Enkelkinder."

Ich überfliege das Blabla von verletzten Gefühlen und notwendigen Maßnahmen und dass die Liebe zum Nachwuchs oft schwere Entscheidungen notwendig macht. Mehr Blabla. Dann wird es interessant. Die tote Oma hat die Münzen versteckt. Na ja, das habe ich schon gewusst. Alles nur zum Wohl ihrer Enkel. Genau. Aber zumindest verrät sie dann auch wo. Blöderweise hilft mir das überhaupt nicht weiter. Was ist verdammt noch mal eine Gironcoli-Skulptur?

Da höre ich Stimmen. Jemand ruft nach Irena. Das bin ja ich!

Ich schaue raus auf den Gang. Gut, sie sind alle noch im Esszimmer. Rasch versperre ich die Tür und mache mich auf den Weg zurück.

Im Speisezimmer wartet man schon total gespannt auf mich. Na, dann werde ich den habgierigen Haufen nicht enttäuschen.

Ich setze mich bedeutungsvoll hin, soweit man seinen Arsch halt bedeutungsvoll irgendwohin platzieren kann, und warte, bis das Licht aus ist. Dann rufe ich wieder nach der toten Oma.

Die ganz gehorsam sofort erscheint und urviel zu sagen hat, über verletzte Gefühle und notwendige Maßnahmen und dass die Liebe zum Nachwuchs oft schwere Entscheidungen notwendig macht. Schon in der Volksschule habe ich mir all die saublöden Gedichte nach dem ersten Lesen gemerkt.

Dann greife ich mir effektvoll an die Stirn und fasle etwas von einer schlechten Verbindung, dass ich nur mehr einzelne

Wörter verstehe. Irgendetwas von Tschironkolli, dann ist die Verbindung ganz unterbrochen. Behaupte ich halt.

Die heiß geliebten Enkerl reden wild durcheinander. Es geht um Skulpturen und den netten Onkel Bruno. Aber was hat das alles mit dem oder der Gironcoli zu tun? Erst als der Schnauzer schreit, dass er immer schon vermutet hat, dass die Großmutter eine Affäre mit Bruno Gironcoli gehabt hat, fällt bei mir der Groschen.

Super. Jetzt weiß ich zwar, wo die Münzen versteckt sind, aber die Erben auch, und die haben den großen Vorteil, dass sie eine Ahnung davon haben, wie so eine Gironcoli-Skulptur aussieht, und vor allem, wo die stehen könnte.

Da stürmen sie auch schon los. Ich renne hinterher und sehe sie gerade noch durch eine Tür in einen großen Garten verschwinden.

So viel dazu. Die Münzen kann ich abschreiben.

Aus dem Garten kommen laute Diskussionen. Irgendjemand holt einen Hammer. Dann geht der Lärm los, als damit auf irgendetwas Großes, Schweres eingedroschen wird.

Ich nutze die Gelegenheit.

Die Schmuckkassette steht wie vermutet im Schlafzimmer. Nette Klunker. Ich schütte alles in eine fette Reisetasche, die in der Gegend herumsteht. Den Safe finde ich zwar, aber nicht die Kombination für das Schloss. Schade. Dafür ist unter der Matratze ein dicker Packen Geldscheine versteckt. Dann wird es langsam Zeit, von hier abzuhauen. Noch wird im Garten wild gehämmert, aber sie werden das Ding wohl bald zertrümmert haben und sich auf die Suche nach ihrer Hellseherin machen. Die dann schon ganz weit weg ist.

Ich schleiche aus dem ersten Stock wieder hinunter. Niemand zu sehen. Auch das Dienstmädchen ist vermutlich in den Garten gelaufen. Nur aus der Bibliothek kommen seltsame Geräusche. Ach ja. Die Russin. Soll ich ...?

Nö, sicher nicht. Die wird schon früher oder später gefunden.

Im Esszimmer streife ich noch schnell das Silberbesteck in die Reisetasche. Dort ist es noch immer dunkel, die paar Kerzen geben nur wenig Licht. Ganz hinten an der Wand steht jemand. Scheiße. Die sind doch alle draußen und ganz gierig nach ihrem Goldschatz. Ich mache vorsichtig einen Schritt rückwärts. Und noch einen. Nichts passiert. Vielleicht hat mich die Person ja gar nicht gesehen? Noch ein Schritt. Da winkt mir die Frau zu. Ja, es ist eine Frau, aber keine der Schwestern, Ehefrauen, Schwägerinnen oder wer auch immer von vorher.

Sie kommt auf mich zu. Scheiße. Nichts wie weg hier. Aber da zeigt sie auf eine urhässliche Metallskulptur, die auf der Anrichte steht, deutet darauf und nickt mir zu. Was will sie? Wieder nickt sie. Na gut, dann nehme ich das depperte Ding halt auch mit. Als ich es in die Reisetasche stopfe, hebt sie den rechten Daumen in einer »Ursuper-Geste« und löst sich in Luft auf. Einfach so.

Bevor ich noch eine Gänsehaut bekommen kann, fällt mir auf, dass der Lärm aus dem Garten aufgehört hat. Stattdessen voll grantiges Gebrüll.

Ich renne.

Zwei Wochen später.

Ich habe Irene inzwischen aus der strengen Kammer in dem Puff befreit, wo ihr Zuhälter sie zur Strafe tagelang an das Andreaskreuz gebunden hat, aber das ist eine ganz andere Geschichte. Den Schmuck und die Münzen, die natürlich in der hässlichen Skulptur versteckt waren, haben wir beide gleich verscherbelt und uns mit der Kohle noch ein paar urlässige Kneipentouren durch Klagenfurt geleistet.

Jetzt bin ich wieder daheim und zünde in aller Ruhe eine Kerze für Nada an.

Danke, altes Haus!

Irgendwann habe ich dann mal das Rezept für die Maischalan gegoogelt. Nicht, dass ich das nachkochen will, aber vielleicht gibt es ja Menschen, die so was mögen:

Kärntner Maischalan

Zutaten (für 8 Personen):
800 g Rollgerste (gekocht)
300 g Schweinelunge
200 g Schweineherz
300 g Schweinekopffleisch
1–2 EL Schweineschmalz
100 g Zwiebeln (fein gehackt)
1 TL Majoran
1 TL Bohnenkraut
2 TL Basilikum
1 Messerspitze Piment (Neugewürz)
1 Knoblauchzehe (fein gehackt)
Salz
1 Schweinenetz (beim Fleischer vorbestellen)
Schweineschmalz (zum Braten der Maischalan)

Zubereitung:
Lunge, Herz und Kopffleisch gut wässern, danach in Salzwasser etwa eine Dreiviertelstunde kochen. Das Fleisch nach dem Abkühlen grob faschieren, in der Zwischenzeit die Rollgerste weich kochen. Aus der Gerste und den angeführten Gewürzen eine Mischung herstellen. Zu dieser Masse kommen die fein gehackten Zwiebeln und der Knoblauch, nachdem sie in heißem Schweineschmalz leicht angeröstet wurden.
Salzen und alles sehr gut vermengen. Nun Kugeln von etwa 20 Dekagramm (200 Gramm) herstellen. Das Schweinenetz wässern, trocken tupfen und in passende Stücke schneiden. Die Maischalan-Kugeln damit umwickeln, flach drücken und in Schweineschmalz herausbraten.

HELMUT GEKLE

Ganslkrieg

(Burgenland)

Mit leuchtenden Augen steht der Trbala Fredl, ein boden-
ständiger burgenländischer Wirt, vor einer Ganslwiese und
beobachtet seine zukünftigen Martinibraten. Schnatternd
pflügen die herrlich weiß gefiederten Vögel durch das saftige
Grün einer leicht ansteigenden Wiesenlandschaft. Keine Wol-
ke trübt den herbstlichen Himmel, der Gedanke an ein bal-
diges Ableben ist den Tieren so fern wie dem Trbala ein Aus-
bleiben seiner Gäste beim novemberlichen Ganslverputzen.

Dem Wirt rinnt schon das Wasser im Mund zusammen,
wenn er an die saftig-dunklen Fleischstücke denkt, die er zu
Martini wieder zuhauf in den Ofen schieben wird. Zart ge-
dünstetes Rotkraut mit Maronistücken und Serviettenknödel
werden den Gästen das Festmahl verfeinern, garniert wird
mit Preiselbeeren und einer Orangenscheibe. Der Trbala
schwört auf sein Rezept des scharfen Anbratens in Schmalz
und des langsamen Fertiggarens bei höchstens 120 Grad.
Alle paar Minuten gießt er die Fleischstücke auf, damit sie
möglichst zart vom Knochen fallen, die Haut aber trotzdem
knusprig bleibt.

Da der Trbala äußerst zufrieden mit der heranwachsenden
Martiniganslgeneration ist, schlendert er wieder zu seinem
etwas abseits geparkten Opel-Kombi zurück. Leicht vergällt
wird ihm der Rückweg durch den Anblick von François
Pernambeau, der ebenfalls die weidenden Gänse betrachtet. Dem bodenständigen Trbala verursacht der Anblick des
selbstgefälligen Haubenkochs ein paar ordentliche Magen-
krämpfe. Als sein Intimfeind ihm dann auch noch jovial zu-
winkt, möchte er am liebsten auf die althergebrachte Tradition des laut klatschenden Ohrfeigenausteilens zurückgreifen.

Mit einem ziemlichen Grant hockt sich der Trbala hinters Steuer, um möglichst rasch sein Wirtshaus zu erreichen und ein Achterl Veltliner oder auch zwei zu zwitschern. »François Pernambeau, du arroganter Hund, Saufutter sollte man aus dir machen«, brummt er mürrisch vor sich hin. Seine Pupillen verengen sich anständig beim Gedanken an seinen ehemaligen Schulkollegen Franz Böckl, der ebenfalls den Beruf des Kochs erlernt hatte, in die weite Welt hinausgezogen und als François Pernambeau wieder zurückgekehrt war.

Dessen Glück, als Beikoch in einem Hotel in Nizza auf ein Töchterchen aus feinsten Nouvelle-Cuisine-Kreisen zu treffen, selbiges zu heiraten, deren Namen anzunehmen und im Restaurant deren Vaters sein kaum vorhandenes Kochlöffeltalent auf Haubenkreativität zu verfeinern, treibt dem Trbala bei jedem Treffen die Zornesadern auf die Stirn. Noch dazu, wo der Böckl in der Ehe schon nach wenigen Monaten erbärmlich gescheitert ist, daraufhin vom Schwiegervater auf der Stelle geschasst und mit Schimpf und Schande aus dem feinen Haus gejagt wurde.

Mit seiner angeborenen Frechheit kehrte er einfach wieder ins alte Heimatdorf zurück und eröffnete den Gourmettempel »Vive la France«. Auch noch als François Pernambeau! Ein Umstand, der dem Trbala immer wieder schlaflose Nächte bereitet. Von den Zeitungen hochgejubelt und von Wiener B-Promis überrannt, feiert sich der ehemalige Böckl Franzi, als ob er der einzige Spitzenkoch des Burgenlands wäre.

Dass er den bodenständigen Trbala so nebenbei als Bauernwirt bezeichnet, trägt nicht wirklich zu einem freundschaftlichen Verhältnis bei. Das muss man jetzt auch sagen: In seinen schlaflosen Nächten hat der Trbala Fredl schon das eine oder andere Mal ans Abkrageln gedacht. Nein, nein, nicht ein Ganserl, sondern den falschen Franzosen. Meist hat er dann doch noch einschlafen können, der Trbala, nachdem er seinen Intimfeind anständig gewürgt hat.

Das erste Achterl Veltliner leert der Trbala mit einem Zug, beim zweiten nimmt er sich ein wenig mehr Zeit. Als dann schön langsam die Gäste in seinem Wirtshaus eintrudeln, verabschiedet er sich in die Küche und kommt seiner Lieblingstätigkeit nach, dem Kochen. Regionale Produkte verwendet er dabei am liebsten, ohne viel Schnickschnack, grundehrliche Gastronomie halt.

Während er so vor sich hinarbeitet, ereignet sich auf der Ganslwiese gar Fürchterliches. Es macht einen Schnalzer und François Pernambeau geht mit einem lauten Schmerzensschrei zu Boden. Eine abgefeimte Schrotladung hat ihn voll in den Allerwertesten getroffen. Mit zittrigen Fingern greift er nach seinem Handy und alarmiert die Rettung und die Polizei, ehe er sich hingebungsvoll seinem Schmerzgebrüll zuwendet. Aufgeschreckt durch den Schuss kommt sofort die Besitzerin der Weidegänse, die Zauner Mitzerl, gelaufen. Als sie den Verwundeten erblickt, fährt sie entsetzt mit den Händen zum Mund.

»Ja, Franz, was is denn dir passiert? Bist hingfallen?«, fragt sie ein wenig einfältig nach. Dem ehemaligen Böckl rinnt der Schweiß von der Stirn. Am liebsten möchte er der Mitzerl ob der blöden Frage auch eine gehörige Portion Schrot verpassen.

»Irgend so eine Drecksau hat mir eine Ladung Schrot in den Arsch gepfeffert. Ich wette, das war der Trbala. Ich hab diesen Bauernwirt vorhin herumschleichen sehen. Wahrscheinlich wollt er eine Gans für seine zwielichtigen Tschecheranten stehlen.«

Die Zaunerin mag den Fredl gern und hat auch schon gute Geschäfte mit ihm gemacht, daher traut sie ihm so eine Freveltat nicht zu. Energisch schüttelt sie den Kopf, der Böckl ignoriert sie. Wutenbrannt starrt er ins Leere. Seine Gedanken sind alles andere als fromm.

Da in der Ferne bereits der Klang von Folgetonhörnern zu vernehmen ist, geht die Zaunerin gar nicht mehr ins Haus zurück, um Verbandszeug zu holen. Stattdessen begibt sie sich zum Straßenrand und weist die ankommenden Sanitäter und die kurz darauf eintreffende Polizeistreife ein. »Dort hinten liegt der Böckl Franz mit einer Ladung Schrot im Hintern.« Mit der ausgestreckten Hand weist sie die Richtung, eilig laufen die Rettungssanitäter zum Verwundeten. Die Polizisten lassen sich da schon ein bisschen mehr Zeit. Es hat fast den Anschein, als ob sie schelmisch vor sich hin grinsten.

Bäuchlings wird der Böckl auf die Bahre gehoben, ab und zu wimmert er ein wenig. Die Sanitäter beruhigen ihn mit standardisierten Floskeln. Die Polizisten stellen ein paar Fragen, doch der Weidwunde kann nur auf einen Pumperer mit kurz darauf folgenden brennenden Schmerzen verweisen. Den Hinweis, dass die Drecksau, auf deren Konto dieses feige Attentat gehe, kein langes Leben mehr habe, überhören sie geflissentlich. Der Name Trbala brennt sich ihnen allerdings ins Gehirn. Eilig wird François Pernambeau ins nächstgelegene Spital gebracht.

Die Polizisten verständigen das Landespolizeikommando und warten auf die Ankunft der Tatortgruppe. Bis diese eintrifft, suchen sie den Tatort ab und werden beim Gänsestall fündig. Eine Schrotflinte liegt im Gras, der Schnuppertest zeigt, dass aus ihrem Lauf vor Kurzem geschossen wurde.

Die Zaunerin hat zwar für den Schuss keine Erklärung, doch kennt sie den Besitzer der Waffe – es ist ihr Mann. Da selbiger allerdings seit dem frühen Morgen am Bauernmarkt in St. Kathrein weilt, rückt der Trbala immer weiter ins Visier der Beamten.

Selbiger ahnt natürlich nichts von diesen infamen Verdächtigungen. Zufrieden hebt er ein Schnitzel nach dem anderen aus der Schmalzpfanne, als sich urplötzlich gehörige Unruhe im Gastraum breit macht. Eilig kommt die Kellnerin in die Küche: »Fredl! Stell dir vor, dem Burgenlandfranzosen haben s' eine Schrotladung verpasst. Angeblich mitten in seinen Allerwertesten!«

Dem Trbala huscht ein zufriedenes Lachen über das Gesicht, er gibt sogar eine Lokalrunde aufgrund dieses freudigen Ereignisses aus. Allerdings bleibt ihm sein kräftiger Schluck Wein im Hals stecken, als die Polizei überfallsartig den Schankraum entert.

»Hast du dem Pernambeau eine Abreibung verpasst?« Auf der Stelle ist es mucksmäuschenstill im Wirtshaus. Der Trbala, sich seiner Unschuld vollkommen bewusst, lässt sich einige Zeit mit der Antwort. »Im Traum schon oft, in der Realität leider noch nie!« Lautes Lachen belohnt seine Antwort. Auch der Trbala klopft sich vor Vergnügen kräftig auf die Schenkel. Allerdings ist dann Schluss mit lustig und ab geht es auf die Polizeiinspektion. Dort wartet schon Chefinspektor Max Mösel von der Kriminalabteilung der Landespolizeidirektion. Jeder im kleinen Burgenland weiß, mit dem Mösel ist nicht gut Kirschen essen. Gar nicht gut!

Wortlos fixiert er den Trbala mit seinen wässrigen graublauen Augen. Dem Fredl wird ein wenig mulmig zumute. Er denkt, der Mösel will Erfolg und sei es auf Kosten eines Unschuldigen. Sicherheitshalber wartet der Fredl erst einmal. Einige Zeit geht der Chefinspektor in der Wachstube auf und ab, immer wieder klopft er mit dem Zeigefinger der rechten Hand auf den Schreibtisch. Endlich bequemt er sich, die Vernehmung zu beginnen.

»Und, Trbala? Wie man hört, bist du ja nicht der beste Freund vom Haubenkoch, oder?« Der Fredl überlegt, mehrmals setzt er zu einer Antwort an, schließlich entkommt ihm ein kurzes: »Nein!« Der Mösel lacht ihn überlegen an, sagt aber nichts. Bewundernd starren die beiden Streifenpolizisten den Kriminalisten an. Ja, ja, der Mösel, der ist schon ein harter Hund. Diesem Ruf gerecht werdend, lässt er den Fredl vorerst einmal anständig dunsten, ehe er ihn lauthals anherrscht: »Gib's zu!«

Seine Wasseraugen drohen bei dieser brutalen Verbalattacke auf den wehrlosen Trbala beinahe aus den Höhlen zu hüpfen. Doch der Angebrüllte lässt sich nicht so schnell aus der Ruhe bringen. »Was soll ich zugeben?« Dem Chefinspektor Mösel verdreht es ordentlich die Glubschaugen. »Die Tat!«, brüllt er den Fredl an. »Die Tat!« Dieser schüttelt nur den Kopf »Nein, das war ich nicht! Hätte ich geschossen, wäre der Froschfresser jetzt kalt!«

Finster starrt der Mösel seinen Hauptverdächtigen an. »Volles Programm! Schmauchspuren, DNA – alles, was wir für solche Früchtchen im Talon haben!«, weist er die Polizisten an. Diese nicken ehrfürchtig. Dem Trbala gefällt diese Behandlung gar nicht. »Und wer von euch Schnüfflern wird dem unschuldigen Fredl den Verdienstentgang bezahlen?« Der Mösel kann nur mehr japsen vor lauter Ärger. Die ortsansässigen Polizisten kennen den Wirt nur zu gut und grinsen vor sich hin. Sorgsam sind sie darauf bedacht, nicht ins Blickfeld des Chefinspektors zu kommen.

»Bist wohl ein kleines Scherzkeks, Trbala?« Das Gesicht vom Mösel nähert sich bedrohlich dem Kopf des Beschuldigten. »Wenn du meinst!« Das Duzen missfällt dem Chefinspektor ebenfalls anständig. »Für dich Herr Chefinspektor, Trbala!« Der Gemaßregelte grinst seinem Kontrahenten trocken ins Gesicht.

»Du kannst mich mal, du Würstel! Entweder du hast Beweise gegen mich oder ich gehe jetzt wieder zu meiner Arbeit zurück!« Ein wenig hilflos schaut der Mösel zu den Polizisten, doch diese zucken nur mit den Schultern. »Kannst verschwinden!«, gibt er sich schließlich großzügig. »Aber wir sind noch nicht fertig!«

Höflich verabschiedet sich der Trbala. »Ihr könnt nach Dienstschluss vorbeikommen, das Gratisgetränk gilt auch für euch!« Der ältere Polizist hebt den Daumen, dem Mösel versagt fast der Kreislauf.

Im Wirtshaus geht es nach der Freilassung vom Fredl hoch her und es wird abgefeiert, als ob es kein Morgen gäbe. Zu später Stunde kommen sogar die beiden Streifenpolizisten vorbei und genehmigen sich ein kühles Bier. Der Mösel verweigert allerdings die Einladung. Er liegt mit leicht angeschlagenem Nervenkostüm in seinem bescheidenen Pensionszimmer.

»Die Tatortgruppe ist noch immer bei der Zauner Mitzerl, ihr Chef meint, es könnte eine gehörige Überraschung geben!« Da die Polizisten auch nicht mehr darüber wissen, nehmen die Spekulationen kein Ende, und das heizt den Umsatz beim Fredl anständig an. Erst bei Tagesanbruch versuchen die letzten Tschecheranten, ihre Schlafstätten zu finden. Unter ihnen natürlich auch der Trbala, der einen festen Dulliäh hat.

Zeit zum Ausschlafen findet er keine. Bereits am frühen Morgen klopfen die beiden Streifenpolizisten kräftig an seine Tür. »Fredl! Fredl! Komm heraus! Der Fall wurde gelöst!« Trotz seiner Restberauschung ist der Trbala mit einem Mal stocknüchtern.

»Stell dir vor, eine Gänseschar hat bei der Futtersuche die Schrotflinte umgestoßen und dabei hat sich unglücklicherweise ein Schuss gelöst. Den Zauner können wir leider nicht aus der Pflicht nehmen, der wird sich für die Verletzung vom Böckl verantworten müssen. Die Büchse ist wegen dem depperten Fuchs mit gespanntem Hahn an der Stallwand gelehnt, hat er gesagt.«

Der Trbala grinst die Polizisten freundlich an. »Im alten Rom hat eine Gänseschar mit ihrem Geschnatter vor den anrückenden Galliern gewarnt, und jetzt haben sie mit diesem heroischen Schuss eine weitere Heldentat gesetzt. Faszinierende Viecher! Glaubt mir, heuer werde ich sie mit besonderem Respekt in den Bratofen schieben!« Der Fredl wünscht den Beamten einen schönen Tag und geht bald darauf ins nächste Geschäft, um ein weiches Polsterl für dem François Pernambeau sein weidwundes Hinterteil zu kaufen. Die kleine Aufmerksamkeit lässt er per Boten mit den besten Genesungswünschen zustellen. Mein lieber Schwan, dem Beschenkten ist das Geimpfte nach Erhalt der kleinen Aufmerksamkeit ganz schön aufgegangen! Und man kann nur von Glück reden, dass der Trbala nicht in seiner Nähe war.

Martinigansl à la Trbala:

Zutaten:
1 Gans, ca. 4 1/2 kg
Salz, Pfeffer
50 g Butter (zum Bestreichen)
5 EL Honig
1 Prise Chili, 1 Schuss Sojasauce

Zutaten Fülle:
10 alte Semmeln (in Würfel geschnitten)
Milch zum Übergießen
Mehl zum Binden
1 Bund Petersilie
5 Eier, 3 Zwiebeln

Zubereitung:
Für den Trbala ist langsames und schonendes Garen das Um und Auf seiner Zubereitung. Davor brät er die Gans in Schmalz kräftig an, danach gibt er sie bei 100 bis 120 Grad in den Backofen. Der Fredl setzt die Gans auf ein Backofengitter und stellt eine Fettfangschale darunter.
Je nach Größe bleibt die Gans bis zu sechs Stunden im Ofen. Die Haut bestreicht er immer wieder mit etwas Salzwasser, so wird sie schön knusprig. Etwa 20 Minuten vor Ende der Garzeit streicht der Trbala die Gans mit einer Marinade aus Honig, Butter und ein klein wenig Chili ein. Auf Oberhitze umschalten und die Martinigans findet ihre perfekte Vollendung. Auf die Hautbräunung achten!
Als Fülle kommt für den Trbala nur die klassische Semmelfülle infrage: Semmeln würfeln, in Milch einweichen, je nach Masse Eier und gehackte Petersilie dazugeben, salzen, pfeffern, mit reichlich angebratener Zwiebel vermengen und mit Mehl bestäuben, sodass eine griffige Masse entsteht.

ERNST SCHMID

Nie wieder Leber!

(Tirol)

Kurz nach zwölf Uhr betraten Kurt Denk und seine Frau den Gasthof »Zum Alpenblick«. Das Essen in ihrem Hotel war zwar vorzüglich, aber der Koch schien ein Anhänger der veganen Küche zu sein. Nach drei fleischlosen Tagen stand ihnen der Sinn nach etwas deftigerer Kost.

In der Stube ging es hoch her. Fast alle Tische waren besetzt. Volkstümliche Musik schallte aus riesigen Lautsprecherboxen. Die Kellnerinnen trugen Dirndl und der Wirt eine kurze Lederhose. Sein rot kariertes Hemd war aus dem gleichen Stoff wie die Tischtücher gefertigt. Ihnen wurde ein Platz in der Nähe des Eingangs zugewiesen. Als Denk die Speisekarte aufschlug, staunte er nicht schlecht. Von jeder Speise gab es eine Abbildung, wie in dem chinesischen Lokal, das sie gelegentlich in Linz aufsuchten. Doch damit nicht genug. Von einheimischer Kost konnte hier keine Rede sein. Zumindest, was die Namen der Speisen anbelangte. Es gab Hackbraten mit Kartoffelstampf, Zillertaler Klöpse, Innsbrucker Maultaschen, Eisbein mit Sauerkraut und Buletten. Tiroler Leber suchte er vergeblich. An ihrer Stelle wurde eine Leber aus Berlin angeboten. Diese ähnelte auf dem überbelichteten Foto jedoch eher einem verbrannten Kaiserschmarrn, der in der Speisekarte allerdings als zerrissener Pfannkuchen angepriesen wurde.

»Das Essen auf den Bildern schaut nicht sehr einladend aus«, meinte Elfi.

»Ich verstehe auch nicht, warum man Fleischlaibchen als Buletten oder Faschiertes als Hack bezeichnen muss. Vielleicht sollten wir uns ein anderes Lokal suchen.«

Plötzlich wurde die Tür aufgerissen. Ein Mann stürmte herein. Er war etwa in Denks Alter und machte einen heruntergekommenen Eindruck.

»Jetzt schau sich einer die vielen Leute an!«, donnerte er in den Raum. »Wie machst du das nur, Steiner? Setzt ihnen diesen Fraß vor und verdienst auch noch etwas dabei. Hackbraten, Klöpse, Frikadellen. Allein wenn ich das höre, dreht sich mir der Magen um.«

Der Wirt baute sich vor dem Mann auf.

»Roither, was fällt dir ein, meine Gäste zu belästigen? Du hast hier Hausverbot. Wenn du nicht auf der Stelle verschwindest, rufe ich die Polizei.«

»Nur zu! Dann können sie dich gleich mitnehmen. Wer so viel Dreck am Stecken hat wie du, gehört nämlich hinter Schloss und Riegel.«

In der Wirtsstube war es totenstill geworden. Alle verfolgten gebannt das Wortgefecht der beiden.

»Zum letzten Mal! Verlass sofort mein Haus, sonst passiert etwas!« Der Wirt packte den Mann am Arm, um ihn vor die Tür zu setzen, doch dieser riss sich los.

»Nicht so schnell, Steiner! Lass dir noch eines sagen: Endlich kann ich eure Betrügereien beweisen. Bald wird alle Welt erfahren, welche Gauner ihr seid. Spätestens dann wird dir das Lachen vergehen.«

Kurz flackerte Angst in den Augen des Wirts auf. Aber er hatte sich schnell wieder im Griff. Er stieß einen lauten Pfiff aus, worauf zwei Burschen erschienen. Sie stürzten sich auf den Störenfried und begannen, auf ihn einzuschlagen.

»Lassen Sie den Mann in Ruhe!«, empörte sich Denk, der unmittelbar daneben saß. Er sprang hoch, um Roither zu Hilfe zu kommen, aber einer der Burschen stieß ihn rüde zur Seite. »Misch dich nicht ein!«, zischte er Denk an und drohte ihm mit der Faust. Die Burschen packten Roither an den Armen und warfen ihn hochkant hinaus.

Angewidert schüttelte Denk den Kopf.

»Komm, Elfi, wir gehen! Mir ist der Appetit vergangen.«

Roither lag auf dem Gehsteig und krümmte sich vor Schmerzen.

»Brauchen Sie einen Arzt?«, erkundigte sich Denk besorgt.

Der Mann schaute ihn verwundert an.

»Warum haben Sie sich eingemischt? Das hätte auch für Sie ins Auge gehen können.«

»Ich weiß mir schon zu helfen, wenn es darauf ankommt, aber ich kann doch nicht tatenlos zuschauen, wenn jemand öffentlich zusammengeschlagen wird. Außerdem haben Sie mit Ihrer Kritik Recht. Als einheimische Küche kann man das, was in diesem Wirtshaus angeboten wird, sicher nicht bezeichnen. Irgendwo werde ich schon eine richtige Tiroler Leber zu essen bekommen.«

»Aber nicht in diesem Gasthaus«, ergänzte Elfi. »Die sehen mich sicher nie wieder.«

»Eine gute Entscheidung. Ich würde dort auch nichts anrühren. Das Fleisch ist von mangelhafter Qualität und alle Saucen sind Fertigprodukte. Wenn Sie Lust haben, lade ich Sie auf eine richtige Tiroler Leber ein.«

»Das macht doch viel zu viele Umstände«, erwiderte Denk.

»Überhaupt nicht. Sagen wir um fünf Uhr bei mir! Aber kommen Sie nicht zu spät, sonst wird die Leber zäh und schmeckt nicht viel besser als dort drinnen.«

»Und wo finden wir Sie?«

»Ich wohne in dem alten Holzhaus am Ende des Ortes. Das können Sie nicht verfehlen.«

Als sie wieder im Hotel waren, erzählte Denk ihrem Unterkunftgeber von dem Vorfall.

»Der Roither kann es einfach nicht lassen«, meinte dieser. »Irgendwann wird das noch ein schlimmes Ende nehmen. Jeden Tag sucht er einen der drei Gasthöfe im Ort auf und lässt seine Tirade vom Stapel. Obwohl ich seinen Ärger gut nachvollziehen kann.«

»Wegen der deutschen Bezeichnungen für die Speisen? Das scheint nicht nur in diesem Wirtshaus so gehandhabt zu werden, sondern ein landesweiter Wahn zu sein.«

Es war in ihrem Hotel nämlich nicht anders.

Der Mann schaute ihn unglücklich an.

»Stimmt schon, aber das ist einfach unseren vielen deutschen Gästen geschuldet. Wenn man ihnen Vertrautes präsentiert, fühlen sie sich wie zuhause und kommen wieder. Außerdem beugt man so Missverständnissen vor. Sie können sich gar nicht vorstellen, wie oft ich schon gebeten worden bin, die Aprikosenkonfitüre beim Palat-Schinken wegzulassen und diesen doch mit ein wenig geriebenem Meerrettich zu servieren. Seit die Palatschinken Eierpfannkuchen heißen, versteht das jeder.«

»Und Roither hat dieser Verunglimpfung der Sprache den Kampf angesagt?«

»Auch. Aber das ist nicht der Hauptgrund für seine Störaktionen. Die drei Wirte haben ihn vorsätzlich in den Ruin getrieben. Der Roither hatte selbst ein Wirtshaus. Eine alte Kaschemme, aber das hat die Gäste nicht gestört, weil das Essen hervorragend war. Das war den anderen natürlich ein Dorn im Auge. Deshalb hat der Brenner vom »Zillertaler Königshof« ihm in seiner Funktion als Bürgermeister die Lebensmittelpolizei auf den Hals gehetzt. Die Beamten haben festgestellt, dass die Küche nicht mehr den Hygienevorschriften entspricht, und die Schließung des Lokals veranlasst. Darauf hat der Roither um einen Kredit angesucht, um sein Lokal renovieren zu lassen. Sein Pech war, dass die beiden anderen Wirte, der Steiner und der Hofer, im Vorstand der Bank sitzen und den Kredit nicht gewährt haben. Darauf musste er sein Wirtshaus endgültig zusperren. Das hat er natürlich nicht verwunden und geschworen, es den drei anderen heimzuzahlen.«

»Er hat dem Steiner auch angedroht, dass er ihre Betrügereien endlich beweisen kann. Geht es dabei um diese Sache?«

Der Hotelbesitzer schüttelte den Kopf.

»Das hat mit dem Gammelfleischskandal zu tun, der voriges Jahr in Kärnten und Teilen Tirols aufgeflogen ist.«

Er schaute sich verstohlen um und vergewisserte sich, dass sie niemand belauschte.

»Angeblich waren auch die drei Wirte an diesem Handel mit verdorbenem Fleisch beteiligt, aber die Untersuchungen sind sehr schnell wieder eingestellt worden. Die drei haben mächtige Freunde, wenn Sie verstehen, was ich meine. Der Roither hat alles darangesetzt, diese Sache aufzudecken. Würde mich nicht wundern, wenn er fündig geworden ist.«

»Ein mutiger Mann«, erwiderte Denk. »Hoffentlich auch ein guter Koch. Kann man bei ihm trotz der hygienischen Mängel bedenkenlos etwas zu sich nehmen?«

»Ich wage zu behaupten, dass niemand in Tirol eine Leber besser zuzubereiten versteht als er. Freuen Sie sich, dass Sie eingeladen worden sind!«

Gegen halb fünf machte Denk sich allein auf den Weg. Elfi wollte lieber im Hotel speisen. Eine Viertelstunde später stand er vor Roithers ehemaligem Wirtshaus. Da die Haustür nur angelehnt war, trat er ein. Die Stube machte einen desolaten Eindruck. Auf den Tischen und Stühlen lag eine fingerdicke Schicht Staub. Die Farbe blätterte von den Wänden ab. Alles starrte vor Dreck. Kurz überlegte Denk, ob er wieder umdrehen sollte, entschied sich jedoch dagegen und rief Roithers Namen. Als dieser sich nicht meldete, begab er sich in die Küche, die hinter der Ausschank lag. Roither saß vor dem Küchentisch und wandte ihm den Rücken zu. Sein Kopf ruhte auf dem Schneidbrett. Denk berührte ihn an der Schulter, worauf der leblose Körper zur Seite kippte. Aus der Brust des Toten ragte der Griff eines Fleischermessers. Auf der Tischplatte hatte sich das Blut, das aus dem Mund des

Toten gesickert war, mit dem der Leber vermengt. Alles war rot von gestocktem Blut. Die Wunden in Roithers Gesicht, die Denk im ersten Moment für Schnitte gehalten hatte, stellten sich als Leberstreifen heraus, die dort haften geblieben waren. Denk stürzte ins Freie und sog gierig frische Luft ein. Als Gruppeninspektor der Linzer Kriminalpolizei war er einiges gewöhnt, aber das übertraf alles, was er bisher erlebt hatte.

Gemeinsam mit den Kollegen der örtlichen Polizei untersuchte er den Tatort. Im Wohnzimmer waren alle Kommoden und Kästen durchwühlt worden. Eigenartigerweise waren die Schränke im Schlafzimmer unangetastet geblieben.

»Das war sicher niemand von hier«, meinte einer der Beamten. »Ich tippe auf Raubmord. Höchstwahrscheinlich ist der Täter gestört worden und hat daraufhin die Flucht ergriffen.«

»Oder er hat gefunden, was er gesucht hat«, gab Denk zu bedenken. »Ich wäre mir jedenfalls nicht so sicher, dass ein Unbekannter für diese Tat verantwortlich zeichnet.«

»Haben Sie einen Verdacht?«

Denk nannte dem Beamten die Namen der drei Wirte. Ihm entging nicht, wie die Kollegen erschrocken zusammenzuckten. Er wusste auch, warum. Niemand legte sich gern mit den mächtigsten Männern im Ort an. Wenn man dabei einen Fehler beging, kostete einen das Kopf und Kragen. Deshalb bot er ihnen an, die Befragung der drei Personen durchzuführen.

Zwanzig Minuten später nahm der Bürgermeister im Verhörzimmer Platz. Denk stellte sich vor und setzte ihn von Roithers Ableben in Kenntnis.

»Roither erstochen! Wie furchtbar!«

Plötzlich hielt er inne und starrte Denk empört an.

»Wollen Sie etwa andeuten, dass ich etwas mit dieser abscheulichen Sache zu tun habe? Das ist lächerlich.«

»Dann können Sie mir sicher sagen, wo Sie heute Nachmittag waren.«

»Ich war in meiner Jagdhütte. Ein russischer Millionär will mit mir auf die Pirsch gehen. Dazu musste ich einige Vorbereitungen treffen.«

»Gibt es dafür Zeugen?«

»Nein, und die brauche ich auch nicht. Können Sie mir verraten, wie Sie auf die irrsinnige Idee kommen, ich hätte etwas mit Roithers Tod zu tun?«

»Es stimmt doch, dass er Sie in der letzten Zeit ständig belästigt und sogar öffentlich bedroht hat?«

»Das ist richtig«, bestätigte der Bürgermeister. »Aber zeigt das nicht deutlich, dass ich das Opfer bin? Nicht ich habe ihn bedroht, sondern umgekehrt.«

»Roither hat sich allerdings auch damit gebrüstet, dass er Beweise hat, die Ihnen schaden könnten. Wäre es nicht möglich ...«

Weiter kam er nicht.

»Das Gespräch nimmt eine Wendung, die es mir notwendig erscheinen lässt, meinen Anwalt zu Rate zu ziehen. Ohne ihn sage ich jedenfalls kein Wort mehr.«

»Das ist Ihr gutes Recht«, gestand ihm Denk zu. Er ließ Brenner in einen anderen Raum bringen. Die Befragung würde er fortsetzen, sobald dessen Anwalt eingetroffen war.

Als Nächsten vernahm er Georg Hofer.

»Roither tot!«, rief dieser überrascht aus, als er erfuhr, was passiert war. »Unglaublich! Ein Mord mitten unter uns. Was für eine Tragödie. Ausgerechnet Sie, ein Kriminalkommissar aus Oberösterreich, haben den Leichnam entdeckt. Wie absurd! Darf man erfahren, warum Sie Roither aufgesucht haben?«

»Weil er mich zum Essen eingeladen hat. Dazu ist es dann natürlich nicht mehr gekommen.«

»Sie Armer«, schmunzelte Hofer. »Finden nicht nur einen Toten, sondern sind auch noch um Ihr Essen gebracht worden.«

»Ihre Witze können Sie sich sparen«, sagte Denk scharf. »Wo waren Sie eigentlich zur fraglichen Zeit?«

»Im Bett. Wir haben bis zwei Uhr in der Früh geöffnet. Das halte ich nur durch, wenn ich mich nachmittags ausruhe.«

»Allein?«

»Leider. Frau Hofer hat schon vor einigen Jahren mit einem Jüngeren das Weite gesucht. Seither bin ich Single und muss mich selbst um mein Wohlergehen kümmern.«

Wieder kicherte er.

Denk gingen die Späße des Wirts allmählich auf die Nerven.

»Ist Ihnen überhaupt klar, dass Sie zum Kreis der Verdächtigen zählen?«

Hofer schüttelte belustigt den Kopf.

»Das ist doch lächerlich. Roither war ein Störenfried und Querulant. Aber deswegen bringt man doch niemanden um. Er hatte sogar das Zeug, zu einem Original im Ort zu werden. Das ist gut fürs Geschäft. Dafür nimmt man auch die eine oder andere Unannehmlichkeit gerne in Kauf.«

»Sie hat nicht gestört, dass er vor Ihren Gästen die Qualität Ihrer Speisen herabgewürdigt hat?«

Hofer machte eine wegwerfende Handbewegung.

»Meine Gäste sehen das anders. Überzeugen Sie sich doch selbst und kommen Sie heute Abend vorbei! Sie sind herzlich eingeladen.«

Denk bedankte sich für die Einladung und bat Georg Hofer, wieder draußen Platz zu nehmen.

Als Letzten befragte er Ewald Steiner. Dieser war für ihn nach dem Vorfall im Gasthof der Hauptverdächtige.

»Herr Steiner, wo waren Sie heute Nachmittag?«

»In den Bergen.«

»Bei diesem Wetter.«

»Das bisschen Regen hält jemanden, der hier geboren ist, nicht von einer kleinen Bergtour ab.«

»Waren Sie allein?«

Steiner gab sich weiter wortkarg und nickte lediglich. Denk beschloss, ihn aus der Reserve zu locken.

»Das ist nicht gut für Sie. Sie sind nämlich dringend des Mordes an Alois Roither verdächtig.«

»Dafür haben Sie keinen Beweis.«

»Aber es gibt Anhaltspunkte, die diesen Schluss nahelegen. Immerhin hat Roither heute Mittag angedroht, Ihre angeblichen Betrügereien öffentlich bekannt zu machen. Worum geht es dabei eigentlich?«

»Keine Ahnung! Das hätten Sie ihn fragen müssen, solange er noch am Leben war. Für mich war das nur heiße Luft. Jedenfalls kein Grund zur Besorgnis.«

»Dafür war Ihre Reaktion allerdings sehr heftig.«

»Die Abreibung hat er sich längst verdient.«

»Und Sie haben nie mit dem Gedanken gespielt, ihn zu beseitigen?«

»Soll ich ehrlich sein? Ich weine dem Kerl keine Träne nach. Aber ich hätte ihn sicher nicht erstochen, sondern mit einem Schuss aus meinem Jagdgewehr erledigt.«

»Woher wissen Sie, dass Roither erstochen worden ist? Ich habe das nicht erwähnt.«

»Der Brenner hat es uns gesagt, als ihn Ihre Kollegen vorbeigeführt haben.«

Denk unterbrach die Befragung. Er musste überprüfen, ob Steiners Aussage der Wahrheit entsprach. Wenn nicht, dann hatte sich der Täter eben selbst verraten.

Zu seinem Leidwesen bestätigte der Bürgermeister, dass er den beiden anderen zugeraunt hatte, wie Roither ums Leben gekommen war.

Denk musste sich eingestehen, dass die Befragung nichts erbracht hatte, was eine weitere Verwahrung der drei Verdächtigen rechtfertigte. Deshalb entließ er sie unter der Auflage, sich bis zur endgültigen Klärung des Verbrechens zur weiteren Verfügung zu halten.

Beim Verlassen der Polizeistation erinnerte ihn Georg Hofer an die Einladung zum Essen. Da Denk den ganzen Tag noch nichts zu sich genommen und die Hotelküche um diese

Zeit bereits gesperrt hatte, nahm er die Einladung an und begleitete den Wirt in das Restaurant. Hofer führte ihn in ein Extrastüberl und versprach, ihm etwas Besonderes zu kredenzen.

»Ich hoffe, das ist ganz nach Ihrem Geschmack«, meinte er süffisant, als er eine Viertelstunde später mit einem Teller den Raum betrat. »Für Sie eine Tiroler Leber. Eigenhändig von mir zubereitet. Das hätte Roither auch nicht besser hinbekommen.«

Grinsend stellte er die Speise vor Denk auf den Tisch. Dieser schob angewidert den Teller zur Seite. Nie wieder würde er eine Leber hinunterbringen. Doch plötzlich hellte sich seine Miene auf.

»Ich muss Ihnen für Ihre Mithilfe danken«, erwiderte er lächelnd. »Ohne Sie hätten wir vielleicht nie herausgefunden, wer Roither getötet hat.«

Der Wirt schaute ihn verunsichert an. Mit Genugtuung stellte Denk fest, dass ihm das Lachen vergangen war.

»Ich glaube, ich verstehe nicht.«

»Dann werde ich Ihnen auf die Sprünge helfen. Sie haben sich gerade selbst verraten. Welche Speise Roither für mich zubereiten wollte, kann nämlich nur der Mörder wissen.«

Tiroler Leber

Zutaten:
500 g Kalbsleber
2 Zwiebeln
2 Äpfel
2 Suppenwürfel
1 Schuss Weißweinessig
200 ml Sauerrahm
2 EL Schmalz
schwarzer Pfeffer, Salz

Zubereitung:
Leber in Streifen schneiden. Apfel schälen und in Würfel schneiden. Zwiebel fein hacken. Die Leber kurz in der heißen Pfanne mit Schmalz anbraten. Dabei gut pfeffern. Leberstreifen herausnehmen und in Alufolie warm halten. In derselben Pfanne die gehackte Zwiebel anbraten. Etwas später die Apfelwürfel hinzugeben und mit Wasser aufgießen. Suppenwürfel und einen Schuss Essig hinzugeben und stark aufkochen lassen.
Sauerrahm nach Bedarf mit Mehl eindicken und dazumischen. Leber in die Sauce geben und etwa zwei Minuten aufwärmen. Erst am Schluss die Leber salzen.

Ilona Mayer-Zach

Große Fische

(Steiermark)

»Helene, pack zusammen. Wir fahren heute auf die Alm«, hatte meine Freundin Karin am frühen Vormittag entschieden und mich keine Stunde später abgeholt. Wir schwebten mit der Seilbahn hoch über den Baumwipfeln den Berg hinauf. Es war kurz nach elf, die Sonne schien bereits unerwartet kräftig für diese Jahreszeit.

Oben angekommen, brauchten wir eine Weile, bis wir die Wiese durchwandert hatten, die zum Wirtshaus führte. Eine Herde Kühe graste dort und sah beiläufig zu, wie wir Städterinnen über Erdlöcher und Kuhfladen sprangen.

Als Belohnung winkte uns ein freier Tisch auf der Terrasse, die einen herrlichen Panoramablick über die umliegenden Berge bot. Und die Vorfreude auf frische steirische Forellen, die hier auf alle möglichen Arten zubereitet wurden. Ich entschied mich für die gebratene Variante mit Kürbiskernkruste mit Petersilkartoffeln. Außer uns saß eine Runde munterer Pensionistinnen da, wenig später trudelten noch zwei weitere Frauen ein. Gewissermaßen war heute Damentag.

Das Einzige, was die Idylle trübte, war die Schlagermusik, die aus den Lautsprechern dröhnte: Eine Frau sang von unglücklicher Liebe, Schmerz und Hoffnung. Ich konnte nachfühlen, was sie durchmachte: Auch ich hoffte – nämlich, dass der Wirt die Dudelei bald abstellen möge. Wie hätte ich ihn dafür geliebt. Stattdessen schmerzten meine Ohren.

»Ob der Wirt die Katzenmusik deshalb so laut spielt, damit die Gäste bereits vor Mittag im Alkohol Erlösung suchen?«, grinste Karin und bestellte für jede von uns einen Weißen Spritzer.

Als ein roter Opel Ascona laut quietschend vor dem Eingang des Gasthauses bremste und ein Mann mit ebensolcher Gesichtsfarbe laut »Wo ist der Ferdl?« brüllte, drehte der Wirt die Musik ab. Alle verstummten. Nur die Vögel zwitscherten weiter. Ich hätte den Ankömmling küssen mögen. Von mir aus war das die perfekte Idylle. Doch meine Freude sollte nur von kurzer Dauer sein. Der Mann bewegte sich in einem Tempo, das ich seiner pummeligen Gestalt nie zugetraut hätte, wutentbrannt auf den überraschten Wirt zu, packte ihn am Kragen und donnerte ihm die Faust aufs Auge. »Ferdl, du ... du mieser Wölli, du!«

Die Damen an den Nebentischen tuschelten aufgeregt. Tatkräftiges Einschreiten war von ihnen nicht zu erwarten.

»Entschuldigen Sie«, wandte ich mich an den Angreifer. Karins Hand, die mich zurückhalten wollte, schüttelte ich ab und ging zu den Streithanseln. Der Mann ließ für einen Moment vom Wirt ab und fuhr nun zu mir herum. Schweißtropfen glitzerten auf seiner Stirn, seine Augen drohten aus den Höhlen zu springen.

»Wos is, Oide?«, fuhr mich der Kerl an. Ich hatte erst vor Kurzem meinen 50er gefeiert und fühlte mich alles andere als alt. Aber die Ader auf seiner Stirn war gefährlich geschwollen und er baute sich mächtig vor mir auf, die Hände in die Seiten gestemmt.

Wider jede Vernunft trat ich nicht den Rückzug an. »Lassen Sie gefälligst den Wirt in Ruhe. Was hat er Ihnen denn getan, dass Sie ihm mir nichts dir nichts ein Veilchen verpassen?«

Der Mann starrte mich ungläubig an. Seine Lippen bebten, seine Augen wurden wässrig. »Der Müller Ferdl hat mein' Teich auslossn. Und jetzt san olle meine Forellen weggschwommen. Solche Fisch warn des...«, bei diesen Worten deutete er mit seinen Händen eine Größe an, die nur genmanipulierte Forellen erreichen könnten. »Die Fischerln warn mei ganzer Stolz«, jammerte er und angelte ein zerknittertes Taschentuch aus seiner Lederhose, in das er sich laut schnäuzte.

Der Wirt raffte sich auf: »Geh, Jakob, spinnst jetzt komplett? Deswegen prügelst auf mi ein? I hab dacht, weilst draufkommen bist, dass i damals, als du no mit der Lizzi zammen warst, a mit ihr ... ähm ... aber i würd dir doch nie den Teich auslossn! Bei aller Feindschaft. I brauch doch deine Fisch für meine Gäst! Frag lieber die Anni, die du vorigen Monat so mir nix dir nix außigschmissen hast. Das hat sie dir wirklich sehr übel gnommen. Und weißt ja eh, die Weiberleut san viel fantasievoller als wir Männer, wenns um Rache geht.«

»Redets ihr grad blöd über mi?« Besagte Anni stand unvermittelt hinter uns. Als ich mich zu ihr umdrehte, konnte ich meinen Blick nicht mehr von ihrer Oberweite abwenden. Anni hatte mehr als genug Holz vor der Hütte. Ihr Dirndl spannte derart über den prallen Brüsten, dass ich befürchtete, die metallenen Knöpfe würden bald ihrer ehrgeizigen Aufgabe nicht mehr gewachsen sein, mit Karacho wegspringen und mich treffen.

»Der Herr meinte, dass jemand seinen Fischteich ausgelassen hätte und vielleicht Sie ...?«, versuchte ich freundlich zu vermitteln.

»Wer san denn Sie, dass Sie si in unsre Angelegenheiten mischen?«, schnitt Anni mir das Wort ab, drängte mich auf die Seite, pflanzte sich vor den Männern auf und schimpfte: »Ihr beide seids ja solche Trotteln! Glaubts ihr wirklich, dass i so an Schwachsinn machen tät? Okay, der Jakob sollt mir in nächster Zeit net in ana dunklen Gassn begegnen! Aber net amal für den George Clooney würd i was Unrechtes tun und mi einsperrn lassn. Das is doch gar ka Mannsbild wert.«

Bevor ich mir Gedanken darüber machen konnte, ob Anni ernst meinte, was sie gesagt hatte, oder ob sie nur von sich ablenken wollte, gab sie schon einen neuen sachdienlichen Hinweis: »Vielleicht war es die Lizzi? Die wird dem

Jakob sicher net so bald verzeihn, dass er sie so mies abserviert hat.«

Wenn man von der Sonne spricht ... Aufs Stichwort erschien die Kellnerin Lizzi auf der Terrasse. Die Rothaarige mit den Sommersprossen im Gesicht balancierte mehrere reichlich beladene Teller auf ihren Armen. Ihre elfenhafte Erscheinung im hellblauen Dirndl stand im starken Gegensatz zur robusten Anni. »Für wen is der bratene Fisch mit Kürbiskernkruste?«, fragte sie fröhlich in die Runde.

Ich versuchte auf mich aufmerksam zu machen: »Ich bekomme den, bitte.« Doch Lizzi hörte mich nicht, und so schnell konnte ich gar nicht schauen, wie eine der Frauen, die erst nach uns gekommen war, die Hand in die Höhe riss und meinen Fisch in Empfang nahm. Neidvoll sah ich zu, wie sie sich genussvoll über ihn hermachte.

Als Lizzi alle Speisen abgeladen hatte, winkte der Wirt sie zu sich.

»Was is denn, Ferdl?«, rief sie von der Terrasse herüber, ohne Anstalten zu machen, zu ihm zu gehen. »I hab im Moment wirklich ka Zeit zum Tratschen. Siehst ja eh, die nächsten Gäste kommen schon«, ergänzte sie und deutete auf die Wiese, über die Karin und ich gekommen waren. Tatsächlich strebten einige Neuankömmlinge in Richtung Hütte. Einer sprang wie von der Tarantel gestochen herum und versuchte offensichtlich, seine Schuhsohle in der Wiese abzuwischen.

»I muss schnell noch in die Küche ...« Lizzi machte Anstalten, im Haus zu verschwinden.

»Kommst jetzt bitte her, aber dalli«, mahnte sie der Wirt eindringlich.

Widerwillig drehte sich die Kellnerin um und schwebte anmutig auf uns zu. Für Jakob Gruber hatte sie nur einen herablassenden Blick übrig.

»Sag, Lizzi, du bist doch heut erst gegen elf Uhr kommen?« fragte Ferdl Müller.

»Ja, und? Die halbe Stund, die ich zu spät kommen bin, kannst mir gern abziehen.«

»Geh, was redst denn da? I mein ja nur: Warst vielleicht vorher beim Jakob und hast ihm sein Teich auslossn?« Dabei grinste der Wirt übers ganze Gesicht. »Kannst es ruhig sagn. I beschütz di schon vor dem da.« So wie der Ferdl Lizzis himmelblaue Augen anschmachtete, hätte es mich nicht gewundert, wenn er sie gleich in seine starken Arme genommen hätte.

Die Lizzi starrte zuerst den Ferdl, dann den Jakob verdutzt an. »Was soll des? Der Lift war heut bis Mittag außer Betrieb, drum hab i den ganzn Weg zu Fuß auffi gehn müssn. Lassts mi ja aus eure depperten Streitereien raus. Ich hab wirklich Besseres zu tun, als dass ich mei Wut aufn Jakob an seine armen Fischerln ausloss!« Lizzi dreht sich um und eilte in die Küche.

Ich hatte versucht, dem Gespräch zu folgen. Kein einfaches Unterfangen. Nicht nur, weil die steirischen Dialekte mitunter eine Herausforderung waren, sondern auch, weil ich nicht verstand, was aus Sicht der Forellen so schlimm daran war, dass sie endlich schwimmen konnten, wohin sie wollten, anstatt in der Pfanne zu schmoren.

»Na, und weißt schon, wer es war?«, empfing mich Karin mit einem Grinsen, als ich an unseren Tisch zurückkehrte.

»Ja, schon«, murmelte ich. Mein Magen knurrte und dementsprechend hatte ich keine Lust, mich zu unterhalten. Vielmehr hoffte ich, dass ich noch so viel Glück hatte und meine gebratene Forelle bei der nächsten Lieferung aus der Küche serviert wurde. Dass ich wusste, wer den Teich ausgelassen hatte, machte mich nämlich nicht satt.

»Dann red schon. Wer wars?«

In dem Moment kam Lizzi aus der Küche. »Sodala, noch eine bratene Forelle mit Kürbiskernkruste. Für wen is die?« Meine Hand schoss hoch. »Für mich!«, machte ich auch akustisch auf mich aufmerksam. Diesmal würde mir keiner meinen Fisch vor der Nase wegschnappen. Lizzi schenkte mir ein strahlendes Lächeln und stellte den Teller vor mich hin. »Wohl bekomms!«, wünschte sie mir gut gelaunt. Und schon war sie wieder weg.

»Jetzt mach es nicht so spannend. Wer wars? Die Anni? Der trau ich alles zu. Oder der Wirt?« Karin trommelte ungeduldig mit den Fingern auf dem Tisch.

»Na, die Lizzi natürlich«, murmelte ich, während ich mir die knusprige Delikatesse auf der Zunge zergehen ließ.

»Bist du dir sicher? Wenn man die so ansieht, könnte man glauben, dass dieses liebreizende Mädel kein Wässerchen trüben kann. Andererseits, wenn man es genau nimmt, hat sie das Wasser ja auch nicht getrübt, sondern nur – ausgelassen«, lachte Karin. »Wie kommst du drauf, dass sie es gewesen ist?«, ließ meine Freundin nicht locker.

»Sie hat gelogen, was den Grund für ihr Zuspätkommen anbelangt. Der Lift war nämlich nicht bis Mittag außer Betrieb, sonst hätten wir beide ihn ja nicht benutzen können.« Zufrieden kauend blickte ich in die wunderschöne Landschaft. Ich konnte den Erzherzog Johann gut verstehen. Auch mir gefiel es in der Steiermark besser als im Wiener Großstadtdschungel.

»Und jetzt? Ist das nicht eine strafbare Handlung? Dauerhafte Entwendung fremden Eigentums oder so?«, ließ Karin mir keine Ruhe. Sie nervte schon fast genauso wie vorhin die Rumtata-Musik. Schade, dass sie immer so sehr auf ihre schlanke Linie achtete. Sonst würde sie wie ich im siebenten lukullischen Himmel schweben, anstatt neidisch auf meinen Teller zu starren.

»Schon, ja«, nickte ich. »Aber diese Anni hat ja vorhin zu mir gesagt, dass ich mich nicht in ihre Angelegenheiten einmischen soll. Drum behalte ich es halt für mich. Mahlzeit!«

Steirische Forelle mit Kürbiskernkruste

Zutaten:
2 frische Forellen
4 EL feines Mehl
6 EL Semmelbrösel
6 EL gehackte Kürbiskerne
8 EL Kürbiskernöl
5 dag Butter
2 EL Fischgewürz

Zubereitung:
Die Forellen gut waschen und abtrocknen. Auf beiden Seiten mit Kernöl dünn bepinseln. Innen und außen mit Fischgewürzmischung würzen und mit Mehl bestäuben, nochmals mit Kernöl bepinseln und mit Bröseln und den gehackten Kürbiskernen bestreuen. 2 Esslöffel Kürbiskernöl und die Butter in einer ausreichend großen Pfanne bei mittlerer Stufe erhitzen und die Forellen zunächst auf einer und dann auf der anderen Seite bei offenem Deckel langsam knusprig braten (durch das Kernöl fällt die Panier dunkler aus). Die Forellen auf vorgewärmten Tellern anrichten und mit Petersilerdäpfeln servieren. Dazu passt besonders gut steirischer Veltliner oder Schilcher.

Petersilerdäpfel
Die Erdäpfel kochen, schälen und vierteln. Butter in einer Pfanne erhitzen, die Erdäpfel hineingeben, mit Salz und gehackter Petersilie bestreuen und gut durchschwenken.

EDWIN HABERFELLNER

Im Tod sind alle Menschen gleich

(Oberösterreich)

Vinzenz ließ die Schaufel sinken und wischte sich mit dem bloßen Arm die Schweißtropfen von der Stirn. Er blinzelte in die Sonne. »So eine verdammte Hitze«, brummte er.

Seine fleischigen Backen waren hochrot angelaufen, und auf dem T-Shirt hatten sich unter den Armen, auf der Brust und dort, wo sein beachtlicher Bauch am weitesten vorstand, bereits dunkle Flecken gebildet. Die Zunge klebte ihm am Gaumen. Irgendwo da drüben musste die Flasche Bier sein, die er erst vor kurzem geöffnet hatte. Es wollte ihm nur gerade nicht einfallen, wo. Vermutlich lag das daran, dass es nun bereits seine fünfte war, seit er nach dem Mittagessen die Arbeit wieder aufgenommen hatte.

Außer ihm war kein Mensch auf dem Friedhof. Jedenfalls keiner, der noch lebte. Einer der Kollegen hatte sich die Hand an der Winde gequetscht, mit der die Särge in die Gräber hinuntergelassen wurden. Er würde wohl für die nächsten drei Wochen ausfallen. Ein anderer machte Urlaub mit seiner neuen Freundin: Wandern in den Bergen.

»Da bist du ja!«

Vinzenz fand endlich seine Flasche wieder. Sie ruhte im Schatten, zu Füßen eines Engels, der mit weit ausgebreiteten Flügeln, gesenktem Kopf und einer marmornen Träne im Auge eine der protzigen Grüfte bewachte.

Er nahm einen großen Schluck, dann ließ er prüfend den Blick über den weitläufigen Gottesacker wandern. Gestern Morgen, als es noch schön kühl gewesen war, hatte einer der Arbeiter mithilfe des friedhofseigenen Kleinbaggers drei Gräber ausgehoben.

Zwei Stunden später hatte das erste Begräbnis stattgefunden. Eine lange Schlange von Trauergästen folgte dem Sarg. Der Pfarrer hielt seine Predigt, gleich drei Redner rühmten die Taten des Verblichenen in den höchsten Tönen, und zwischendurch gab eine Musikkapelle getragene Stücke zum Besten.

Vinzenz liebte diese Art von Musik. Sie war so feierlich. Er saß im Schatten einer der hohen Trauerweiden, biss herzhaft in sein Jausenbrot und dachte daran, wie schön es wäre, wenn er ebenso wie die feine Trauergesellschaft später zu Gast beim Leichenschmaus sein könnte. Vinzenz stellte sich vor, dass man, wie üblich bei Begräbnissen, Rindfleisch mit Semmelkren reichen würde. In Gedanken ließ er sich das zarte Fleisch vom Tafelspitz auf der Zunge zergehen. Das einfache Schwarzbrot mit der groben Wurst wollte ihm gar nicht mehr schmecken.

Die trauernde Witwe war noch jung. Sie trug ein wunderschönes schwarzes Kleid. Dass es sehr viel gekostet haben musste, erkannte sogar Vinzenz. Die ganze Zeit über vergoss sie keine einzige Träne. Als sie beim Weggehen an ihm vorbeikam, hörte Vinzenz, wie sie zu dem vornehmen Herrn sagte, bei dem sie sich untergehakt hatte, wie erleichtert sie sei, dass nun endlich alles vorbei wäre und der alte Tyrann zu guter Letzt das Zeitliche gesegnet hätte, bevor sie alt und grau war. Als jemand auf sie zukam und ihr mit leiser Stimme kondolierte, machte sie dagegen wieder ein unendlich trauriges Gesicht. Vinzenz verstand nicht viel davon, aber irgendwie gewann er den Eindruck, dass der Mann im Eichensarg nicht bei jedem gleichermaßen beliebt gewesen war.

Kurz darauf tauchte der nächste Trauerzug auf, der jedoch diese Bezeichnung nicht recht verdiente. Vorneweg ging ein gebückter kleiner Mann mit einem Kreuz, das an einer langen Stange befestigt war. Dann kam der einfache Holzsarg auf einem Rollwagen, gefolgt vom Pfarrer und nur einem Mann vom Bestattungsinstitut. Eine dünne, bleiche Frau in einem abgetragenen schwarzen Kleid stolperte hinterdrein und weinte sich die Augen aus dem Kopf.

Es spielte keine Musik, es gab keine Ansprachen und keine teuren Kränze, die sich vor dem Grab türmten. Nur die Frau in Schwarz stand gebückt am offenen Grab und ließ schluchzend und mit zittrigen Händen eine rote Rose auf den Sarg hinunterfallen. Nach einer Viertelstunde war das Begräbnis zu Ende und sie waren wieder abgezogen.

Das dritte Grab war heute noch leer und Vinzenz war ganz allein. Niemand hatte sich die Mühe gemacht, ihm zu zeigen, wie man mit der kleinen Baggermaschine umging. Er war auch nicht sicher, ob er begriffen hätte, wie das Gerät funktionierte. Es blieb ihm gar nichts anderes übrig, als zur Schaufel zu greifen.

Die Erde war trocken und deshalb leicht. Die Hitze der letzten Tage hatte ihr alle Feuchtigkeit entzogen. Ein Vorteil für Vinzenz beim Schaufeln, ein Vorteil auch für die Hinterbliebenen, weil sie nicht lange darauf warten mussten, bis die Umrandung und der Grabstein aufgestellt werden konnten. Der Steinmetz hatte bereits alles geliefert. Die Teile lagerten hinter der Begräbnisstätte, in dem der teure Eichensarg ruhte. Hinter der Grabstätte daneben steckte in der ausgehobenen Erde ein schlichtes Holzkreuz. Es würde wohl kaum jemals gegen einen ansehnlichen Grabstein ausgetauscht werden.

Vinzenz warf ein paar Schaufeln Erde auf den teuren Sarg in der Grube. Danach näherte er sich neugierig dem massiven Marmorblock, der zum Schutz mit Holzplanken verkleidet war. An der Vorderseite der Kiste war ein Stück von den Fichtenbrettern abgesplittert. Wohl beim Transport, wie Vinzenz vermutete. Er kniete sich davor nieder, zwängte die beschädigte Latte noch etwas mehr zur Seite und konnte einen Teil der Gravur entziffern, die »Dr.« und irgendetwas mit »Kommerzial« lautete.

Ein Stück weiter drüben entdeckte er das einfache Holzkreuz, auf dem der volle Name des wohlhabenden Verblichenen zu lesen war. Man hatte sich erst gar nicht die Mühe gemacht, das einfache Ding in die Erde zu stecken. Sein marmornes Monument würde ohnehin bald aufgestellt werden.

»Klar, so wer kann sich so etwas leisten«, murmelte Vinzenz und fing an, das Grab zuzuschütten. Dabei umfasste er den Schaufelstiel noch fester als zuvor.

Vinzenz ließ die harten, trockenen Erdbrocken auf die gebürstete Eiche donnern, bis nach und nach die gesamte Oberfläche des Sarges bedeckt war. Die Luft flimmerte über dem weißen Kiesweg. Die Hitze war noch drückender geworden. Vinzenz nahm einen Schluck aus der Flasche.

»Buh, ist das warm«, schimpfte er.

Er ließ die Schaufel zu Boden fallen und umkreiste das Holzkreuz des Armen, das schief und armselig in der Erde steckte. Vinzenz versetzte ihm einen Tritt mit seinem harten Stiefel. Es wackelte ein wenig. Ein weiterer Tritt – es blieb für kurze Zeit senkrecht stehen, aber dann fiel es nach vorne hin um. Vinzenz konnte das Holzkreuz gerade noch auffangen und verhindern, dass es in die Grube, auf den einfachen Sarg, hinunterstürzte.

»Blödes Ding!« Zornig stieß er es zur Seite.

Es flog ein Stück weit durch die Luft und landete neben dem Kreuz des begüterten Toten.

Vinzenz nickte. Der arme Kerl da unten hatte wohl sein ganzes Leben lang genauso wenig zu lachen gehabt wie er selbst. Der Wohlhabende hingegen hatte vermutlich alles besessen, was man sich vorstellen konnte. Der hatte sicher niemals eine Arbeit verrichten müssen wie beispielsweise in der sengenden Sonne ganz allein zwei Gräber zuzuschaufeln.

Er war mit einer jungen Frau verheiratet, war von Menschen umgeben gewesen, die ihn bewundert hatten, nicht einmal sein Tod hatte daran etwas geändert. Selbst wenn es ihm jetzt nichts mehr nützte, würde er dennoch unter einer Tonne blütenweißen Marmors liegen, der von seinem Ansehen zeugte.

Der arme Schlucker neben ihm lag in einem Armengrab mit einem Holztäfelchen am Kreuz, das nach zwei Wintern so verwittert sein würde, dass kein Mensch mehr seinen Namen entziffern könnte.

Das ist eben unser Schicksal, dachte Vinzenz.

Spätestens nach fünf Jahren würde das Grab aufgelassen werden, weil sich die Witwe die Gebühr nicht mehr leisten konnte. Das Skelett dieses Bonzen hingegen würde in hundert Jahren noch immer da unten liegen, da war sich Vinzenz ganz sicher.

»Die Welt ist ein Jammertal«, seufzte er.

Das hatte er vom Herrn Pfarrer. Es bewahrheitete sich immer wieder. Bis zum bitteren Ende ein Jammertal. Wie sich zeigte, auch darüber hinaus.

Vinzenz stapfte hinüber zum Marmorengel, schielte ihn mit glasigen Augen an und zog die letzte Flasche Bier aus seinem Schatten.

»Was glotzt du so?«, herrschte er ihn an. »Was weißt du denn schon?«

Vinzenz trank die Flasche in einem Zug leer.

Dann wankte er zu seinen drei Gräbern zurück. Er baute sich breitbeinig davor auf, stützte die Arme in die Hüfte und legte seinen Kopf schief. Er hielt kurz inne, dann lachte er laut.

»Genau, das mache ich jetzt!«, rief er und hob seine Schaufel auf.

Mit einem Mal hatte er es ziemlich eilig, seine Arbeit zu beenden. Er schaufelte, dass ihm der Schweiß nur so von der Stirn herabrann. Der spärliche Haarkranz, der seinen Schädel noch bedeckte, war schon triefend nass. Vinzenz war das jedoch einerlei, er bemerkte es nicht einmal.

Dann war er endlich fertig. Er schlug abschließend die lose Erde, erst auf dem einen, dann auf dem anderen Grab, mit der Schaufel flach und grinste triumphierend. Vinzenz schaute sich um. Er hatte plötzlich das Gefühl, als wäre er nicht mehr allein auf dem Friedhof, aber er entdeckte niemanden.

Vinzenz hob das Kreuz des armen Schluckers hoch und flugs rammte er es in das Grab des reichen Toten. Wieder ein prüfender Blick nach hinten, dann steckte das Kreuz des Reichen im Grab des Armen.

Vinzenz war mit sich zufrieden. Er rieb sich die Hände und nickte immer wieder.

»Was machst du denn da?«

Die gellende Stimme ließ ihn erschaudern. Sein Glücksgefühl war mit einem Mal wie weggeblasen. Er drehte sich um und hinter ihm stand eine kleine alte Frau. Er erkannte sie sogleich. Unwillkürlich nahm er eine aufrechtere Haltung an. Die weißen Haare, das spitze Kinn, die knorrigen Hände, die damals das lange schwere Holzlineal so kunstvoll geschwungen hatten, bevor es schmerzhaft auf seine empfindlichen Kinderhände niedergefahren war, das alles war ihm plötzlich wieder so gegenwärtig und dabei so unendlich verhasst, als wäre es erst gestern gewesen.

»Was du da tust, habe ich dich gefragt!«

»Nichts, gar nichts, das Grab zuschütten, ehrlich«, antwortet Vinzenz. Er war kein großer Redner. Immer wenn es drauf ankam, brachte er keinen Ton über die Lippen, wenngleich er sich das, was er sagen wollte, schon fertig in seinem Kopf zusammengereimt hatte. Aber die Worte kamen einfach nicht aus seinem Mund heraus und falls doch, hörte es sich an wie das unverständliche Gestammel eines Kindes.

»Ich beobachte dich schon seit einiger Zeit. Nicht nur, dass du dich während deiner Arbeit betrinkst, jetzt vertauschst du auch noch die Kreuze.« Sie schüttelte so heftig ihren hageren Kopf, dass die schlaffe Haut an ihrem Hals nur so hin und her flog.

»Tut mir leid«, stotterte Vinzenz. »Das war ein Irrtum, das war wirklich keine Absicht.« Er starrte zur Bekräftigung treuherzig in ihre kalten hellgrünen Augen.

Sie zögerte kurz, dann musterte sie ihn mit einem ungläubigen Blick.

»Das darf doch einfach nicht wahr sein. Du hast das wirklich absichtlich gemacht. Ein Skandal! Das kann ich nicht durchgehen lassen!«

Sie stützte ihre Hände in die Hüften. Die Handtasche, die sie umklammert hielt, baumelte seitlich an ihrem Körper hin und her wie das Pendel einer Uhr.

»Du bist ja nicht nur einfältig, sondern dazu auch noch bösartig. Ich gehe jetzt sofort zum Friedhofsdirektor und werde ihm dein niederträchtiges Verhalten melden.«

»Aber ich wollte doch nur ...«

»Sei still! Und keine Lügen mehr! Für so etwas gibt es keine Entschuldigung«, fauchte sie ihn an.

Dann prasselten ihre Worte wie Hagelkörner auf Vinzenz nieder. Seiner alten Lehrerin, Fräulein Koberg, verdankte er es, dass er nie auch nur die Spur einer Chance gehabt hatte, mehr als die neunklassige Volksschule besuchen zu können. Nun führte sie ihm erneut die Armseligkeit seiner Existenz in aller Deutlichkeit vor Augen. Ihre hohe, alles durchdringende Stimme dröhnte in seinem Kopf, dass er dachte, er würde ihm platzen.

Der neue Direktor, der vor einem Jahr den Friedhof übernommen hatte, war ein sehr strenger Mann. Wenn die alte Koberg Vinzenz verriet, würde er ihn sofort entlassen. Wovon sollte er denn dann seinen Unterhalt bestreiten? Kein Mensch würde ihm mehr eine Anstellung geben.

Er sah ihren schmalen Mund auf- und zuklappen, starrte auf ihre falschen Zähne, die, wenn sie ihn anschrie, ein gutes Stück vom Zahnfleisch rutschten.

Der Schweiß lief Vinzenz in die Augen und verschleierte seinen Blick. Die kleine keifende Frau vor ihm war mit einem Mal umgeben von einer leuchtenden Aura. Er grub seine Fingernägel in den Holzstiel. Dann hielt er es nicht mehr länger aus. Er riss die Schaufel hoch, und als Fräulein Koberg einen besonders schrillen Ton von sich gab, holte Vinzenz weit aus und schlug zu, so fest er konnte.

Das Schaufelblatt traf sie im Magen. Die Wucht, mit der Vinzenz den Schlag ausführte, war so groß, dass Fräulein Koberg von den Füßen gerissen und in die dritte, noch offene Grube katapultiert wurde. Sie schlug mit dem Rücken auf und mit einem kaum vernehmbaren Knacken brach ihr Genick.

Vinzenz wartete ein wenig, dann trat er vorsichtig an den Grubenrand und schaute hinunter. Die alte Lehrerin starrte ihn mit gebrochenem Blick und erstauntem Gesichtsausdruck an. Ihr Mund stand halb offen, als wollte sie über den Tod hinaus noch weiterschimpfen. Mit einer Hand hielt sie nach wie vor ihre Tasche fest.

Es war wieder so angenehm ruhig. Vinzenz verspürte keine Reue und machte sich ans Werk. Für die alte Koberg würde es keinen Leichenschmaus mit Tafelspitz und Semmelkren geben. In Windeseile schaufelte Vinzenz die Grube zu und ebnete sorgfältig die Oberfläche, bis niemand mehr erkennen konnte, dass an dieser Stelle bis vor kurzem noch ein tiefes Loch gewesen war. Dann häufte er die Blumen und Kränze darüber, die beim Begräbnis des wohlhabenden Toten abgelegt worden waren. In ein paar Tagen würde die Erde unter dem vermodernden Grünzeug so aussehen, als wäre das der Grund gewesen, dass das Gras abgestorben war. Man würde Vinzenz dann damit beauftragen, Grassamen zu streuen, damit alles wieder ordentlich aussah.

Plötzlich kam ihm jedoch in den Sinn, dass es sicher auffallen würde, wenn das dritte Grab nicht mehr da war. Er verfluchte die alte Lehrerin. Wegen ihr würde er nach dieser ganzen Plackerei auch noch ein riesiges Loch ausheben müssen. Ach, hätte er doch nur gelernt, mit der kleinen Baggermaschine zu fahren.

Vinzenz ging ein Stück zur Seite und wollte schon damit anfangen, die Grasnarbe zu entfernen, als er stockte.

»Nein, das geht an dieser Stelle nicht«, murmelte er, »das gehört sich einfach nicht.«

Wie pflegte der Herr Pfarrer immer zu sagen?

»Oh Herr, gib ihnen die ewige Ruhe, und das ewige Licht leuchte ihnen.«

Das hier war nämlich jene Stelle, an der Vinzenz vor etwa einem Jahr den früheren Friedhofsdirektor begraben hatte, nachdem er ihm mit seiner Schaufel den Schädel eingeschlagen hatte. Es war Vinzenz damals gar nichts anderes übrig geblieben. Der Direktor hatte ihm angedroht, ihn wegen seiner Sauferei zu entlassen, und er hatte es sehr ernst damit gemeint. Auch für den Direktor hatte es keinen Leichenschmaus mit Rindfleisch gegeben. Er galt nach wie vor als vermisst.

Vinzenz ging ein paar Meter weiter und begann dort zu graben. Er würde die Ruhe des Direktors nicht stören, auch wenn er ihn verachtet hatte. Wie jeder Tote hatte auch er ein Recht darauf, in Frieden zu ruhen, denn im Tod sind alle Menschen gleich.

Während Vinzenz die Grube im Schweiße seines Angesichts aushob, reifte in ihm ein Entschluss: Er würde nach getaner Arbeit zum Friedhofswirt gehen, sich in den Schatten des großen Kastanienbaums setzen und sich ein gutes Glas Wein und eine Stärkung gönnen. Vielleicht einen Tafelspitz mit Semmelkren.

Tafelspitz mit Semmelkren

für 6 Personen
(für größere Begräbnisgesellschaften sollte man entsprechend mehr nehmen. Man will doch keine schlechte Nachrede, nicht wahr?)

Zutaten:
1 Tafelspitz (ca. 2 kg mit heller Fetteindeckung)
750 g Rindsknochen
3 Karotten
3 gelbe Rüben
1 Sellerie (klein)
1 Zwiebel
2 Lorbeerblätter
10 Pfefferkörner
2 Wacholderbeeren
Salz
Schnittlauch (zum Bestreuen)

Zubereitung:
Etwa fünf Liter kaltes Wasser aufkochen lassen. Rindsknochen waschen, zugeben und aufkochen lassen. Tafelspitz von Sehnen und Häuten befreien, die Fetteindeckung dabei belassen. Das Fleisch mit Lorbeerblättern, Pfefferkörnern und Wacholderbeeren in den Topf zu den Knochen geben und etwa zweieinhalb Stunden bei schwacher Hitze – knapp unter dem Siedepunkt – köcheln lassen und währenddessen den sich bildenden Schaum wiederholt abschöpfen.
Eine ungeschälte Zwiebel halbieren und in einer Pfanne ohne Fett an den Schnittflächen dunkelbraun rösten. Das Gemüse in grobe Würfel schneiden und gemeinsam mit der Zwiebel in den Topf mit dem köchelnden Fleisch zugeben. Noch etwa eine knappe Stunde weiterkochen, bis das Fleisch wirklich weich ist. (Stupft man das Fleisch mit einer

Gabel an, sollte sich die Gabel leicht in das Fleisch drücken lassen.)

Das Fleisch herausheben, die Suppe abseihen und das Fleisch in der Suppe noch etwas ziehen lassen. Danach den Tafelspitz in Scheiben schneiden, auf vorgewärmten Tellern anrichten, etwas Suppe angießen und mit Salz sowie Schnittlauch bestreuen. Mit extra servierten knusprigen Rösterdäpfeln, Schnittlauchsauce und Semmelkren servieren.

Tipp:
Solange der Tafelspitz noch in der Suppe gart, darf diese keinesfalls gesalzen werden. Das Fleisch wird sonst rot und trocken.

Semmelkren

Zutaten:
1 1/2 l Rindsuppe
1 1/2 EL Kren (frisch gerieben)
Salz
2 EL Sauerrahm
700 g Semmelwürfel

Zubereitung:
Semmelwürfel in einen großen Topf geben, heiß werden lassen und mit der abgeseihten Suppe nach und nach übergießen. Dabei ständig rühren. Den frisch geriebenen Kren und den Sauerrahm zufügen und mit Salz abschmecken.

CHRISTIAN KLINGER

Ein letztes Wiedersehen

(Wien)

Als ich erwachte, drang eine Stimme an mein Ohr, gedämpft, als trüge ich Kopfhörer: »Da, er kommt zu sich!«, sagte sie.

Ich spürte, wie meine Wange auf etwas Hartem ruhte, feucht und kalt war es auch, doch meine Gedanken schwirrten umher wie ein Schwarm aufgeschreckter Vögel. Erst nach und nach realisierte ich, dass ich vornüber gekippt war, das Gesicht auf den Teller, den Oberkörper auf die Tischplatte geknallt. Ich sog tief Luft ein und richtete mich langsam auf, dabei stützte ich mich mit den Armen, die zu kribbeln begannen, an der Tischkante ab. »Der Arzt soll ihn sich dann auch noch ansehen.« Eine zweite Stimme von hinten sagte das. Sie war tiefer, sonorer als die erste, die ich im Nachhinein einer Frau zuordnete. Ich erkannte langsam den Raum, in dem ich mich befand, und mein Gegenüber. Mein Blick traf auf den von Beatrice, doch der ihre war tot. Ihre Augen starrten an mir vorbei zur Decke. Ihr Kopf war umkränzt von ihrem langen, gewellten Haar, ebenholzschwarz wie jenes von Schneewittchen.

Ich dachte nur an Abendessen, unser letztes Abendmahl.

Eine Hand legte sich auf meine Schulter. »Können Sie uns erklären, was hier passiert ist?« Es war die helle Stimme, die mich das fragte. Ich drehte mich um und blickte einer jungen Frau um die dreißig, schmale Wangen, große Augen und die Haare zu einem Pagenkopf gestutzt, ins Gesicht. Sie war nicht sehr groß, anders als der Mann, der sich nun zu uns gesellte und sich als Abteilungsinspektor Zettinig vorstellte. Die Polizei war also hier.

Irgendetwas war schiefgelaufen.

Jetzt erst nahm ich die ringsum bestehende Geschäftigkeit wahr, sah die Spurensicherer, die über die Glasplatte des

Couchtisches pinselten, den Fotografen, der die nummerierten Bezugspunkte neben den Champagnergläsern ablichtete, und beobachtete den Arzt, der im Hintergrund seine Tasche aufklappte, wohl um mich anschließend zu untersuchen – gleich nachdem ich Vera Kaiser, wie die Polizistin sich nun vorstellte, ihre abermals gestellte Frage versucht hatte zu beantworten. Wenn ich es gekonnt hätte! Die Erinnerung an den gestrigen Abend war geschmolzen wie Kunstschnee im heurigen Dezember. Ich erkannte meine Wohnung, natürlich, und ich erkannte Beatrice, auch klar, an beide hatte ich genügend Erinnerungen und verband mit jeder von ihnen ausreichende Assoziationen. Was aber nicht half, mir den gestrigen Abend ins Gedächtnis zu rufen. Von der Einladung zum Abendessen, die ich ausgesprochen hatte, wusste ich noch, auch, was ich dabei vorgehabt hatte. Das gewünschte Ergebnis war zwar eingetroffen, aber dann doch ganz anders.

Mein Blick flatterte durch den Raum. Zur Couch, zum Flatscreen, zur Küche, die über den wuchtigen, glänzenden Block mit Herd und Esse zum Wohnbereich hin verbunden war. Ich schleckte mir über die Lippen und schmeckte dabei etwas Süßliches. Kraut klebte mir im Gesicht. Jetzt konnte ich mir auch den etwas strengen Geruch erklären, der in der Luft lag. Ich sah, wie ein Overallträger der Kriminaltechnik den Inhalt der Pfanne in eine Plastiktasche leerte. Krautfleckerl, schoss es mir ein. Sie hatte sich Krautfleckerl gewünscht. Ich fand das nicht unbedingt die passende Speise zum Wiedersehen für ein Dinner zu zweit, aber es war ihr ausdrücklicher Wunsch gewesen. Man muss das verstehen. Wenn man sich so häufig wie wir beide auf dem Parkett der Spitzengastronomie bewegen muss – allein schon der Kunden wegen – dann freut man sich auch einmal über Bodenständiges oder über Hausmannskost, wenn sie entsprechend zubereitet ist.

Die Krautfleckerl meiner Kindheit schmeckten ja ganz anders, was daran lag, dass meine Mutter sich das Kraut beim Gemüsehändler in hauchdünne Streifen raspeln ließ, wodurch das Ganze eine Konsistenz wie feines Sauerkraut erhielt, das meine Mutter dann mit Zwiebeln anröstete und mit den Teigwaren vermischte. Ich liebte den feinen Geschmack des Krauts, das derart geschnitten nicht diesen derben, an kommende Blähungen erinnernden Eigengeschmack hatte, wie Kinder ihn sonst nicht leiden können. Vor allem aber war bei dieser Art der Zubereitung kein von mir gehasster Strunk enthalten, aus dem Kraut waren ganz feine Fäden geworden. Leider gab es den Gemüsehändler ums Eck irgendwann nicht mehr, und meine Mutter verfluchte mich seit diesem Tag, an dem der grüne Metallrollladen wie eine Guillotine für immer zu Boden gesaust war. Denn von nun an bekam sie ständig von mir zu hören, dass sie das Kraut zu dick geschnitten oder ich ein Stück vom Strunk erwischt hatte.

»Wer von Ihnen hat gekocht?« Zettinig, der Polizist, katapultierte mich ins Jetzt zurück.

»Ich glaube, ich«, sagte ich. Dabei war ich mir noch gar nicht so sicher. Warum mir nur manche Erinnerung an den gestrigen Abend fehlte? Verwischt wie Kreide auf einer Schultafel, fanden sich ab dem Moment, als wir zu essen begonnen hatten, nur mehr ein paar Schlieren in meinem Gedächtnis.

»Krautfleckerl? Für ein intimes Abendessen?« Der etwas überhebliche Tonfall in der Stimme Kaisers entging mir nicht. Dabei hatte sie sonst ein durchaus angenehmes Vibrieren in ihrem Timbre, wahrscheinlich rauchte sie. Ich suchte nach der verräterischen Ausbuchtung in ihrer Uniformbluse, sie bedachte mich dafür mit einem strafenden Blick. Wahrscheinlich dachte sie, ich starre ihr plump auf den Busen. Auch das Adjektiv »intim« hätte ich hinterfragen wollen, aber Beatrices tief dekolletiertes Abendkleid in Schwarz hätte zu einem Wiedersehen unter guten Freunden wohl nicht gepasst. Ich kehrte zum Hauptgang zurück.

»Es war ein ausdrücklicher Wunsch«, erwiderte ich, beinah etwas eingeschnappt. Auch wenn das der Wahrheit entsprach, hätte ich erzählen können, was ich wollte. Die Einzige, die meine Aussage hätte Lügen strafen können, lag mir gegenüber hingestreckt, war tot und nur mehr Gegenstand forensischer Untersuchungen. Und was immer man dabei zutage förderte, es könnte knapp für mich werden. Irgendetwas war schiefgelaufen!

Beatrice wurde von der Gerichtsmedizin abgeholt. Der Arzt wandte sich nun an mich, maß den Blutdruck, prüfte meine Reflexe, indem er mir kurz in die Augen leuchtete, und nahm mir zum Abschluss etwas Blut ab. Währenddessen versuchte ich den beiden Polizisten zu erklären, wie mein Verhältnis zur Toten war.

Ich hätte ihnen etwas von Leidenschaft und Hingabe erzählen können, von Brutalität oder Verstellung – alles Fertigkeiten, die wir beide an den Tag hatten legen müssen, tat es jedoch nicht. Stattdessen sagte ich nur: »Wir waren so etwas wie Kollegen.« Nur auf anderen Seiten, dachte ich mir dabei.

»Sie sind also Schriftsteller?«, fragte Zettinig. Ich sah, dass er einen meiner Reisepässe in der Hand hielt und darin blätterte. Ich nickte. Ich sagte oft, dass ich Schriftsteller war. Dieser Berufsgruppe nimmt man es am ehesten ab, dass sie ihr Quartier nicht verlassen, um einer geregelten Arbeit nachzugehen, die halbe Nacht auf sein können, den Vormittag im Bett verbringen und dennoch über ausreichende Geldmittel verfügen, um ihren Lebensunterhalt zu fristen.

»Ich habe von Ihnen noch nichts gelesen, Herr Ulrich.«

»Ich publiziere unter einem Pseudonym.«

Zettinig starrte mich an und hob zugleich Arme und Schultern. »Musil«, sagte ich und Zettinig entspannte sich. Der Name sagte ihm offenbar nichts.

Oder doch. Mit etwas Verzögerung wie ein Silvesterböller mit feuchter Lunte ging er nun in die Luft. »Es reicht!«, brüllte er, hieb seine Faust auf den Tisch, worauf die Platte sich aus der Fixierung löste und zu drehen begann. Ich zuckte zusammen, das Bild des gedeckten Tisches, der sich schnell um die eigene Achse drehte, kam in mir auf. Was war passiert? Die Frage war nicht, warum Beatrice dalag, denn das war der Plan gewesen und auch der Auftrag, sondern, wieso ich bewusstlos und beinah ohne Erinnerung war. Hatte ich die Tischplatte einmal zu oft gedreht? Nur so konnte es gewesen ein. Ich musste irrtümlich selbst das Glas mit den K.-o.-Tropfen erwischt haben. Aber ich hatte sie ihr doch in den Champagner getan. Und die Kriminaltechnik würde die Reste in Beatrices Glas finden. Ich spürte, wie sich die Schlinge enger um meinen Hals zog.

»Wollten Sie verreisen? Daraus wird jetzt nichts«, sagte Kaiser, ihren Blick auf den Koffer an der Wand gerichtet.

Sie nahmen mich mit und ich verbrachte die nächsten Stunden auf der Wache in einem grau gestrichenen Vernehmungsraum, wo sie mich warten ließen. Ich nutzte die Zeit, um nachzudenken. Natürlich war der Auftrag eigenartig gewesen, noch nie war ich auf einen Kollegen oder, wie in diesem Fall, auf eine Kollegin angesetzt worden. Wir sind ja so etwas wie die grauen Schatten im Hintergrund der jeweiligen Syndikate. Wir treten nie offiziell in Erscheinung, die Polizei kennt uns nicht, sie bringt uns nicht mit einem Clan oder einer Organisation in Verbindung. Wir schlagen nur selten, dann aber effizient zu, wenn es um Feinarbeit geht. Die übliche Drecksarbeit erledigen die hauseigenen Schlägertrupps. Beatrice arbeitete meist für die Russen, ich oft für die Türken. Jeder suchte sich halt seine Heimmannschaft aus. Wir gingen uns auch bewusst aus dem Weg und nur selten miteinander ins Bett. Ich hätte stutzig werden müssen, als sie mich kontaktierte und fragte, ob wir uns treffen wollten, am besten bei mir zu einem gemeinsamen Abendessen. Wir liebten uns einmal in Odessa, einmal in Agadir und einmal in Athen, und jedes Mal taten wir vorher unseren Job. Jeder erledigte sein Ziel und erst danach kam das Vergnügen. Anders als in diesem Hollywoodfilm wussten wir voneinander, dass wir gedungene Killer waren, die für Geld töteten. Und das, was gestern Abend zwischen uns in der Luft geknistert hatte

– als unausgesprochenes Versprechen –, hatte nicht stattgefunden. Ich hatte es auch nicht vorgesehen, denn zuerst kam die Arbeit. Diese bestand zunächst darin, einen mittelgroßen Kopf Weißkraut fein zu schneiden. Ich bevorzuge es fächrig, und natürlich ist das jetzt keine große Überraschung: ohne Strunk. Das Ganze mit Zwiebel glasig anschwitzen, dann mit Zucker karamellisieren, damit das Kraut schön braun und süß wird, würzen und mit etwas Flüssigkeit garen. Ein wenig Kümmel soll späteres Zwicken dämmen. Die Nudeln in der Zwischenzeit gekocht, eignet sich das Nudelwasser perfekt, um das Kraut damit fertig zu dünsten. Eigentlich ganz klassisch, auch das Süße – Wiener Tradition. Wie eigentlich in Wien vieles, das woanders herb, resch oder sauer gegessen wird, gezuckert wird: die Paradeissauce, der Salat, um nur einige Beispiele zu nennen.

Ich servierte die Krautfleckerl auf wuchtigen Pastatellern, deren Rand ich mit fein gehackter Petersilie und rosa Pfeffer garniert hatte. Was ich gar nicht mag, ist es, diese Komposition mit einem Batzen Sauerrahm zu verunstalten, wie man es manchmal gut gemeint in so manchem Vorstadtgasthaus serviert bekommt. Der schöne Gupf mit den Fleckerln braucht nicht auch noch so ein »Sahnehäubchen«.

Daher war ich auch einigermaßen entsetzt, als Beatrice mir unbedingt etwas Rahm auf den Teller geben wollte und es letztlich auch tat, als ich aus der Küche den Weißwein holte. Einen wunderbar gekühlten Morillon aus der Südsteiermark. Ich musste einen Weg finden, den schrecklichen Gupf von meinem Essen zu entfernen. Sie hatte den Rahm offenbar selbst aus dem Kühlschrank geholt. Der Ausweg aus der Bredouille zeichnete sich für mich ab, als ich sah, dass sie selbst noch keinen auf ihren Teller getan hatte. Kurzerhand opferte ich ein Glas des köstlichen Weins, indem ich es ungeschickt streifte und umwarf, wodurch sein Inhalt auf ihrem Kleid landete. Sie schreckte auf, gab einen spitzen Schrei von sich, fand aber schnell zu ihrem Lächeln zurück, als sie sich entschuldigte, um sich das Kleid an der Küchenspüle mit einem Geschirrtuch abzutupfen. Blitzschnell löste ich die Klemme unter der runden Tischplatte, hob meinen Teller auf, drehte die Platte und damit ihren Teller zu mir. Den Rahm hatte ich zuvor mit den Fleckerln vermischt, damit sie nicht erkennen konnte, dass ich die Portionen vertauscht hatte. Wir hatten ja noch nicht zu essen begonnen. Ich behielt ihren Teller, stellte meinen auf ihrem Platz ab und drehte die Platte nochmals um 180 Grad, sodass mit Ausnahme der Teller wieder alles beim Alten war. Sie kam zurück und meinte nur, dass wir jetzt anfangen sollten, bevor die Krautfleckerl kalt wären. Sie schob mir ihr Weinglas hin und sagte, dass sie mit dem Auto gekommen sei und daher nach dem Champagner mit dem Trinken etwas aufpassen müsste. Also erhob ich das mir gereichte Glas und sprach einen Toast aus. Auf unser Wiedersehen und alles, was uns verband. Das war das Letzte, bevor bei mir das Licht ausging, der Rest ist bekannt.

»Sie können gehen, aber halten Sie sich zu unserer Verfügung, wir werden nochmals Ihre Aussage brauchen.« Es war einer der Kriminalbeamten des Polizeikommissariats, der mich in die Freiheit entließ. Man habe festgestellt, dass man uns beiden gestern Hydroxibuttersäure – auch bekannt als Liquid Ecstasy – verabreicht hätte, wobei die Dosis, die Beatrice abbekommen hatte, so stark war, dass es bei ihr zu einem Atemstillstand gekommen war. Der Rahm hätte eine hohe Konzentration davon aufgewiesen. Ein Schauer rann mir über den Rücken.

Auf dem Weg zurück in meine Bleibe fragte ich mich, ob ich dennoch mein Honorar erhalten würde, denn ich hatte den Nachweis, dass ich sie umgebracht hatte, nicht in Händen. Mir fehlte der üblicherweise abgeschnittene Zeigefinger der Rechten. Ich hatte auch keine Ahnung, wie meine Auftraggeber das sehen würden. Denn dieses Mal hatten mich die Russen engagiert. Ob Beatrice ihnen zu nah gekommen war? Im Ergebnis war der Auftrag ausgeführt, aber die Sache war mir aus dem Ruder gelaufen. Ich hätte sie ja sofort erschlagen können, als sie mit ihrem spöttischen Lächeln bemäkelt hatte, dass mir das Kraut zu weich geraten sei und insgesamt zu süß, eben so, wie es die alten Frauen früher gekocht hätten. Damit spielte sie wahrscheinlich auf meine Mutter an. Ich hatte ihr davon erzählt, wie sie es für mich zubereitet hatte, als ich ein Kind war. Sie konnte charmant und im nächsten Moment verletzend sein. Man glaubt ja nicht, über welche Banalitäten sich Auftragsmörder gern unterhalten, und das meiste hat nichts mit dem Job zu tun. Aber ihr Tod war schon woanders beschlossen worden und von jemand anderem. Also hatte ich Beatrice ein wenig von dem Zeug bereits in ihr Glas gemischt. Ich hatte warten wollen, bis es sie wehrlos machte, und sie dann ganz sanft ersticken. Einen qualvollen Tod wollte ich ihr nicht bescheren. Ich hatte bereits den großen Koffer vorbereitet, mit dem ich sie dann hätte verschwinden lassen. Aber es kommt immer anders, als man denkt.

Wenig später saß ich zu Hause und betrachtete die Bäume vor meinem Fenster, deren Blätter sich bereits verfärbten und in der Abendsonne wie eine Goldhaube leuchteten. Mein Blick ruhte auf dem Koffer. Ich würde schnellstens verschwinden müssen, aber nicht wegen der Polizei, die war meine geringste Sorge. Denn offenbar war auch Beatrice engagiert worden. Und ich wusste, meine Türken würden es nicht dabei bewenden lassen.

Altwiener Krautfleckerl

Zutaten (für 4-6 Personen):
1 mittelgroßer Krauthappel
eine Packung Fleckerl
etwas Öl
2-3 Zwiebel
1 TL Kümmel im Ganzen
eine Prise Zucker
Salz und Pfeffer (frisch)

Zubereitung:
Das Kraut teilen, den Strunk entfernen, dann nach Belieben das Kraut raspeln oder in kleine Würfel schneiden. In der Zwischenzeit die Teigwaren in reichlich Salzwasser kochen (Achtung, das Kochwasser nicht wegschütten).
In einem Topf oder einer großen, tiefen Pfanne Öl erhitzen und den Zucker zugeben, bis er karamellisiert. Auf die Temperatur achten und nicht zu lange warten, sonst kann der Zucker verbrennen. Die gehackten Zwiebeln zugeben und glasig dünsten, dann mit dem Kraut vermischen. Gut umrühren und mit Salz, Pfeffer und dem Kümmel vermischen. Dann mit etwas von dem Nudelkochwasser aufgießen (nicht ertränken), damit das Kraut noch ungefähr eine halbe Stunde dünsten kann, bis es weich ist. Am Schluss die gekochten Fleckerl unterrühren und mit dem fertig gedünsteten Kraut vermischen. Auf Tellern anrichten und deren Rand mit buntem, frisch gemahlenem Pfeffer oder fein gehackter Petersilie garnieren.

Lasagne mit Fleisch

(Kärnten)

Das periodische hochfrequente Quietschen ging Fritz auf den Sack. Der Leiter der Fleischabteilung schob einen Servierwagen, auf dem er eine große Edelstahlschüssel voll faschiertem Fleisch geparkt hatte, in Richtung Lagerbereich. Das Quietschen eines der Rädchen am Wagen war wie ein Wimmern, das sich mit Fritz durch die Regale des Supermarkts zog. Als er sich dem automatischen Rolltor zum Lager näherte, öffnete sich dieses, Karin trat heraus, das geile Luder, und wischte sich mit der Hand über den Mund. Fritz spürte einen Stich in seinem Herzen; genauso hatte sie sich immer über den Mund gewischt, nachdem sie ihm zwischen den Regalen einen gebl…, aber das war lange her. Zwei Wochen, um genau zu sein, denn damals war sie aus der Fleisch- in die Gemüseabteilung versetzt worden und schien seither keine fleischlichen Interessen mehr zu haben, zumindest nicht an Fritz. Sie war ihm regelrecht aus dem Weg gegangen, auch jetzt setzte ihr Gesicht einen peinlich berührten Ausdruck auf, und sie änderte abrupt die Richtung, um nicht an ihm vorbeigehen zu müssen.

Fritz spürte, wie sich seine Laune verfinsterte. Wenn er das Bürscherl, auf dessen Flöte Karin jetzt ihre himmlischen Blaskonzerte zum Besten gab, zwischen die Finger kriegte, würde er es zerlegen wie ein totes Schwein.

Als das Rolltor den Blick in den Lagerbereich freigab, flammte Zorn in ihm auf. Dort am Anrichtetisch stand Gerd, der Leiter der Gemüseabteilung. Ausgerechnet dieser vegane Wichser! Die entspannte Art, in der er pfiff, und die verklärte Art, in der er Fritz entgegensah, hätten in diesem die letzten Zweifel beseitigt, wären da noch welche gewesen.

»Na, du Stangensellerie«, grüßte Fritz, wobei er ein Knurren in seiner Stimme nicht verbergen konnte. »Geht's dir gut?«

»Frisch wie Salat.« Gerd grinste groß.

Anstelle einer Antwort entlud sich Fritz' Zorn an der Edelstahlschüssel, die er auf die Arbeitsfläche neben Gerd schleuderte.

»Ich muss noch etwas holen«, knurrte er dann, »für meine Lasagne.« Er schob den Wagen zwischen die Regale, in denen diverse Vorräte gelagert waren. »Mit Fleisch, wie es sich gehört.« In stiller Wut dampfend räumte Fritz Zwiebeln, Karotten und Tomatenmark aus den Regalen. Nach den Teigblättern holte er noch die Zutaten für die Béchamelsauce, dann schob er das jammernde Wägelchen zurück zum Arbeitsbereich. Dort stand Gerd nun an einem der Herde, die links an die Arbeitsplatte anschlossen, und briet irgendetwas ohne tierisches Eiweiß.

»Was gibt's da zu braten, du Spargel?«, fragte der Fleischermeister giftig. »Topinambur-Hack für deine vegane Lasagne, oder was?«

»Ist ein Geheimnis.«

Fritz konnte Gerds blödes Grinsen kaum noch ertragen. »Ein Geheimnis, das keiner wissen will, ist kein Geheimnis. Vegane Lasagne – allein schon bei dem Gedanken an so einen perversen Scheißdreck kommt mir der Leberkäse hoch.« Fritz ordnete seine Zutaten geräuschvoll auf dem Arbeitstisch.

»Unsere Kunden sehen das anders«, meinte Gerd versonnen, »deshalb geht meine vegane Lasagne auch weg wie … naja, wie warme vegane Semmeln. Dagegen zeichnet sich dein Harnsäurebomber eher als Ladenhüter aus.«

Fritz rammte die Faust in die Arbeitsplatte, dass es knallte, und starrte Gerd einige Sekunden lang wütend an. Dann ging er auf ihn zu und baute sich wenige Zentimeter vor ihm auf. »Der Ladenhüter wird der warmen Semmel den Harnsäurebomber gleich in den Arsch stecken.«

Auch Gerd wandte sich nun Fritz zu und erwiderte, indem er das wohl autoritärste Gesicht aufsetzte, das ein Freund des Grünzeugs überhaupt haben konnte: »Willst du irgendwas, du Würschtel?«

»Gutes Stichwort, Kohlrabi.« Fritz war auf die Schnelle kein anderes Gemüse eingefallen, welches Gerds hagerer Figur ähnelte. »Hast du kein Problem damit, wenn die Karin an deinem Würschtel saugt?«

In Gerds Augen spiegelte sich Überraschung, die er aber gleich zu überspielen wusste. »Warum sollte ich ein Problem damit haben?«

»Na ja, ich meine, du bist doch ein Veganer, oder?«

»Zu einhundertzehn Prozent.«

»Graust es dich dann nicht vor der Karin, wenn sie ... schluckt?« Einige Sekunden lang zuckten Blitze zwischen den Gemüse- und den Fleischabteilungsleiteraugen hin und her. »Hat sie bei mir zumindest getan«, setzte Fritz noch nach, »aber vielleicht kommt bei dir ja auch was anderes heraus, Spargelcrèmesuppe, oder ...«

Weiter kam er nicht. In einem spontanen Impuls hatte Gemüse-Gerd dem Fleisch-Fritz einen gewaltigen, zweihändigen Stoß versetzt, der diesen nach hinten taumeln ließ. Als er gegen seinen Servierwagen stieß, verlor er das Gleichgewicht und fiel rücklings auf den Wagen, der durch die Wucht des Anpralls sofort Fahrt aufnahm. Während der Fleischermeister noch wie ein Käfer zappelte, um wieder auf die Beine zu kommen, jammerte der Wagen mit ihm auf die naheliegende Wand zu, an der große Kühl- und Gefrierschränke standen. Fritz' Kopf krachte ungebremst in die Tür eines der Schränke, wodurch er kurzzeitig blutrote Flecken vor seinen Augen sah. Der abrupte Stopp brachte Fleischermeister und Servierwagen zu Fall; am Boden aufschlagend trennten sich beide voneinander.

In seiner Benommenheit griff Fritz um sich, um möglichst rasch wieder auf die Beine zu kommen. Er hatte nicht den geringsten Zweifel, dass dieser rabiate Pflanzenfresser ihm nachsetzen würde, und wollte ihm zuvorkommen. Der Fleischermeister erwischte die Klinke einer Tiefkühlertür und zog sich daran hoch, wodurch die Tür aufschwang. Fritz torkelte ein wenig umher, um sein Gleichgewicht zu halten, dabei fand seine andere Hand einen stabilisierenden Griff an einer gefrorenen Lammkeule im Schrankinneren. Er packte sie am Knochen und schwang herum. Keine Sekunde zu früh. Gemüse-Gerd stand unmittelbar vor ihm, mit einem mörderischen Blick und einer riesigen Zucchini, mit der er zum Schlag ausgeholt hatte. Die Lammkeule verfehlte seine Nase nur um wenige Zentimeter, ließ ihn aber instinktiv zurücktaumeln.

Fritz vollführte einen Ausfallschritt und schwang die Keule wieder zurück, wobei sie ihm aus der Hand glitt und am Boden davonschlitterte. Schnell grub der Fleischermeister seine Finger erneut in den Gefrierschrank, wo sie einige hart gefrorene Leberknödel ertasteten. Er zog sie hervor und schleuderte sie in Richtung Gerd, der mittlerweile die Zucchini wie einen Rammbock hielt und nun mit einem wilden, anhaltenden Schrei auf ihn zugestürmt kam. Fritz warf einen Leberknödel nach dem anderen auf Gerd, darauf achtend, gut zu zielen. Tatsächlich verfehlte kaum einer die Stirn des Angreifers, was diesen sichtlich zermürbte, jedoch nicht aufhielt. Die Gemüsewaffe bohrte sich Fritz schmerzhaft in den Bauch und wuchtete ihn mit dem Rücken voran in den Schrank-Innenraum, wo er gemeinsam mit einigem Gefriergut zu Boden ging. Da war Gerd auch schon über ihm und schlug mit der Zucchini – die er nun wie eine Keule hielt – auf ihn ein. Einmal, denn dabei zerbrach das Gemüse mit einem hässlichen Knacken an Fritz' Kopf.

Dieser rappelte sich auf und suchte im Gefrorenen nach weiterem Fleisch, das er als Waffe einsetzen konnte. Da er nichts Besseres fand, bewarf er Gerd halbherzig mit ein paar Schnitzeln, die diesen aber nicht davon abbrachten, die Tür zu einem der nebenstehenden Kühlschränke zu öffnen, der Gemüse enthielt.

Fleisch-Fritz hatte jetzt genug. Er stapfte auf den Arbeitstisch zu, wo sein Werkzeug lag. Mochte die verrückt gewordene Bohnenstange nach vegetarischer Wurfmunition suchen, er würde jetzt zu den richtigen Waffen greifen: Fleischeraxt und Messer!

Doch vorerst blieb es bei dem Vorsatz. Fritz hatte den Arbeitstisch gerade erreicht, als Gerd ihn mit einem gellenden Schrei von hinten ansprang. Zwar konnte sich der Fleischer mit etwas Mühe auf den Beinen halten, war aber doch empfindlich schmerzhaft überrascht, als ihm je eine Karotte in die Nasenlöcher gestoßen und mit Gewalt immer weiter nach oben getrieben wurde. Das Überraschungsmoment war erst zu Ende, als Fritz schon spürte, dass die Karottenspitzen jeden Moment sein Siebbein durchbrechen und in sein Gehirn eintreten würden. Mit einer heftigen Bewegung warf er Gerd über seine Schulter auf die Arbeitsplatte. Für Fritz eine leichte Übung. Er hatte im städtischen Schlachthof gearbeitet und dort ganze Schweinehälften auf diese Weise zum Verarbeiten bereitgelegt. Anders als die Schweinehälften blieb Gerd jedoch nicht liegen. Flink wie im Wind wehendes Zitronengras drehte er sich herum und sprang auf Hände und Knie. Fritz packte die Gelegenheit beim Schopf und Gerd am Genick, zog die Schüssel mit dem Faschierten heran und tunkte seinen Kontrahenten mit dem Gesicht voran in die Masse hinein. Je länger der Fleischer den Veganer eingetaucht hielt, umso heftiger wurde dessen Gezappel. Zwar war Fritz seinem Gegner kräftemäßig weit überlegen, dennoch war es nicht einfach, dessen Abwehrbewegungen unter Kontrolle zu halten.

»Kohlenhydrat-Faschist, notgeiler«, keuchte er dabei.

Ein gedämpftes Stöhnen aus fleischvollem Mund drang aus der Schüssel. Fritz lachte sadistisch – und nasal, denn die beiden Karotten steckten zu fest in seinen Nasenlöchern und Stirnhöhlen, als dass er sie durch bloßes Kopfschütteln hätte entfernen können. Und eine Hand hatte er gerade nicht frei.

»Dir werd ich zeigen, wo der Bartel den Toast holt. Mit Schinken. Und Käse – aus Kuhmilch.«

In seiner Siegesgewissheit bemerkte Fritz nicht, wie Gerds gertenlanger Arm und seine ebenso langen Finger die Tube mit dem Tomatenmark ertasteten.

Als die Leichen von Fleisch-Fritz und Gemüse-Gerd später gefunden und noch später obduziert wurden, konnte sich niemand schlüssig erklären, was vorgefallen sein mochte. Fritz' Leiche wies zahlreiche Blessuren auf, unter anderem war sein rechter Gehörgang bis zum Innenohr hinein mit Tomatenmark gefüllt. Todesursache waren nach letztgültigem Gutachten eine unreife Banane in seinem Rachen sowie zwei rohe Karotten in den Nasenlöchern, die gemeinsam zum Erstickungstod geführt hatten.

Auch Gerds Körper hatte einiges hinnehmen müssen. Auf seiner Stirn hatten sich mehrere prämortale Hämatome gebildet und zwischen den Zähnen fand der Pathologe Reste von faschiertem Fleisch – die wohl zu jener Masse gehörten, die Gerd am Tatort erbrochen hatte. Darauf, dass er zu Tode gewürgt worden war, wies der Umstand hin, dass Fritz' kalte, tote Hände um seinen Hals geklammert waren, als Karin die beiden gefunden hatte. Dass unter Gerds Fingernägeln Spuren einer unreifen Banane gefunden wurden, legte wiederum den Verdacht nahe, dass er während seiner Erwürgung die tödliche Waffe gegen Fritz geführt hatte.

Es gab keine Zeugen für die Tat und niemanden, der sich ein Motiv ausmalen konnte. Auch Karin nicht, die, wie sie sagte, nur ins Lager gegangen war, um Gerd zu sagen, dass sie sich in die Modeabteilung versetzen lassen würde – und um ihren Arbeitsmantel zu holen, den sie dort im Wäschekorb vergessen hatte.

Kärntner Lasagne mit Fleisch

Zutaten für die Sauce:
1/2 Zwiebel
2 TL Olivenöl
200 g Faschiertes
1 Dose Tomaten (passiert)
1 EL Tomatenmark
Oregano
Basilikum
Salz
Pfeffer
1 Knoblauchzehe

Zutaten für die Béchamelsauce:
15 g Butter
15 g Mehl
125 ml Milch
25 g Parmesan
1 Prise Muskatnuss
2 Eidotter

Nudelblätter
Käse (gerieben)

Zubereitung:
Faschiertes in einer Pfanne anbraten und die fein gehackte Zwiebel mitrösten. Danach Tomaten und Tomatenmark dazugeben, mit Oregano, Basilikum, Salz und Pfeffer würzen und circa 15 Minuten köcheln lassen. Knoblauch fein hacken und der Sauce beigeben.
Die Butter schmelzen und nach und nach mit Mehl bestäuben, danach mit etwas Milch aufgießen und die Mehlbäll-

chen zerdrücken. Die klumpenfreie Sauce mit der restlichen Milch aufgießen und unter ständigem Rühren kochen, bis sie sämig wird. Nach neuerlichem Aufkochen den Parmesan einrühren und mit einer Prise Muskatnuss sowie Salz würzen. Die Béchamelsauce abkühlen lassen und danach die Eidotter einrühren.

Eine Auflaufform inwendig mit Butter bestreichen und abwechselnd Nudelblätter, Ragout und Béchamelsauce übereinanderschichten. Die oberste Lage mit Käse bestreuen und im Backrohr bei 160 Grad Umluft circa 40 Minuten lang backen.

Paul Martin

Lasagne vegan

(Kärnten)

»Ja, oh mein Gott!«

Gerd ließ sich zurückdrängen, gleichzeitig drückte er sein Becken nach vorne. Egal was er machen würde, Karin würde nicht lockerlassen. Obwohl sie mal weniger und mal mehr drückte, während sie vor ihm kniete und ihn liebevoll bearbeitete.

Schon begann das Regal hinter Gerd zu schwanken wie eine Brücke, der unter dem gleichmäßigen Militärschritt einer Hundertschaft der Einsturz drohte. Dies war zwar keine Hundertschaft, aber eine kleine blonde Karin, die mehr leistete, als eine ganze Kompanie Soldaten es könnte.

Gott sei Dank sind wir nicht in der Werkzeugabteilung, dachte sich Gerd mit einem Blick nach oben, den Kopf nach hinten durchgestreckt. Wenn hier was runterfällt infolge dieser heftigen Stöße, dann sind das wenigstens keine allzu schweren Gegenstände. Trotzdem wurde ihm nun doch ein bisschen schummerig in Anbetracht der Gefahr, von irgendwelchen herabstürzenden Dingen getroffen zu werden.

»Komm hier herüber«, krächzte er halblaut, griff seiner Karin mit beiden Händen fest um den Kopf und zog sie hoch. Mit drei taumelnden Schritten nach rechts erreichte er, während Karin ihre heißen Lippen heftig auf die seinen presste und ihre Zunge tief in seine Mundhöhle drang, die am Boden gestapelten Flaschen-Kisten. Halb lehnte er sich daran, halb setzte er sich darauf, und schon ließ er seine Hände langsam wieder sinken. Karins Kopf folgte seinem unausgesprochenen Wunsch. Wieder kniete sie sich vor ihm auf den Boden, um ihre Tat zu vollenden.

Weiße Spritzer, schoss es Gerd durch den Kopf mit einem kurzen Blick auf die Kisten rechts neben ihm. Dann war es soweit.

Karin blickte strahlend nach oben auf der Suche nach Gerds Augen. Die waren halb geschlossen und gen Himmel gerichtet. Ein zufriedenes Grinsen durchzog sein Gesicht, während er ein leises »Danke« hauchte, eher stöhnend als sprechend.

Karin stand auf, zog ihren weißen Arbeitskittel mit dem Supermarkt-Logo auf der linken Brusttasche aus, wischte zuerst ihr Gesicht und dann Gerds bestes Stück sorgfältig ab und warf ihn mit einer lässigen Bewegung in den Wäschekorb neben der Tür des Vorratsraumes.

»Ich danke, mein Schatz«, flüsterte sie zurück, warf Gerd noch einen Kuss und ein augenzwinkerndes Lächeln zu und huschte aus der Tür.

Verdammt, ist die gut. Welch ein Glück aber auch. Erst vor zwei Wochen war Karin von der Fleischabteilung zu ihm in die Gemüseabteilung versetzt worden. Es hatte vom ersten Moment an gefunkt zwischen ihnen, sich mit freundlichen Begrüßungen und zunehmender gegenseitiger Zärtlichkeit bis zum heutigen Höhepunkt hin aufgebaut.

Nach einer kurzen Verschnaufpause, die er mehr als nötig hatte, packte er alles wieder ein, strich sich den weißen Arbeitskittel zurecht, der seinen hageren Körper umhüllte, und schnappte sich eines von diesen rostfreien Wägelchen, die im Raum herumstanden. Zielgerichtet begann er aufzuladen, was er für die geplante vegane Lasagne brauchen würde.

Dazu schob er zuerst eine Steige frische Tomaten auf die untere Ebene des Servierwagens. Dann hob er den großen Topf mit den eingeweichten Cashewnüssen vom Regal auf die obere Plattform, legte noch vier Päckchen Sojamilch und zwei Päckchen Mehl daneben und schob dann den beladenen Wagen zur großen rostfreien Zubereitungsplattform, an deren linkem Ende zwei große Herde und noch weiter daneben vier Backöfen auf ihren Einsatz warteten. Hier war alles perfekt eingerichtet für die Zubereitung der frischen Speisen, für die dieser Supermarkt über die Grenzen hinweg bekannt und berühmt war.

Während er einen weiteren großen Topf zu einem Drittel mit Wasser füllte und danach auf den Herd stellte, um die frischen Kärntner Tomaten darin einzukochen, öffnete sich das automatische Rolltor, das den Lagerraum vom Verkaufsraum trennte.

Fritz, der fette Fleischermeister, stand da mit einem Servierwagen vor sich und blickte mit seiner üblichen provokanten Miene und zusammengepressten Lippen durch den Raum. Irgendwie hatte Gerd den Eindruck, dieser Fleischer-Fritz war noch übler gelaunt als sonst.

»Na, du Stangensellerie«, schnauzte der ihm mit knurrender Stimme entgegen. »Geht's dir gut?«

»Frisch wie mein Salat«, grinste Gerd so freundlich als möglich. Schließlich war er gerade so entspannt wie schon lange nicht mehr und eigentlich in der Stimmung, um fröhlich pfeifend eine tolle vegane Lasagne zuzubereiten. Heute wird sie besonders gut gewürzt, dachte er bei sich. Nur versalzen darf ich sie nicht, sonst merkt doch jeder gleich, dass ich verliebt bin.

Anstelle einer Antwort schleuderte Fritz eine Edelstahlschüssel mit stinkendem Hackfleisch auf die Arbeitsfläche neben ihm.

»Ich muss noch etwas holen«, knurrte Fritz unberührt von Gerds Fröhlichkeit weiter, »für meine Lasagne.«

Er schob seinen Wagen zwischen die Regale des Vorratsraumes. Eines der Rädchen quietschte verzweifelt, als ob es den Zorn seines Lenkers spüren könnte. Aber Flucht war unmöglich. Angeschraubt war angeschraubt.

Unbeirrt von dem fast physisch spürbaren Zorn seines sehr fleischlichen Arbeitskollegen hatte Gerd inzwischen seine Lasagne-Formen gefüllt und begann eine nach der anderen in die Backrohre neben der Arbeitsfläche zu schieben. Gerade klappte er die letzte Ofentür zu und warf noch einen prüfenden Blick auf sein veganes Meisterwerk, als Fritz, der offensichtlich ein Ventil für seine fast schon überkochende Wut suchte, ihn grimmig anschnauzte.

»Was gibt's da zu braten, du Spargel? Topinambur-Hack für deine vegane Lasagne, oder was?«

»Ist ein Geheimnis«, konterte Gerd. Seine Stimme verriet erste Unsicherheiten wegen der verbalen Aggressivität von Fritz, dessen Miene sich weiter verfinsterte.

»Ein Geheimnis, das keiner wissen will, ist kein Geheimnis. Vegane Lasagne – schon bei dem Gedanken an so einen perversen Scheißdreck kommt mir der Leberkäse hoch«, fluchte Fritz, während er seine Fleischzutaten geräuschvoll auf dem Arbeitstisch sortierte.

»Unsere Kunden sehen das anders.« Gerd versuchte weiterhin die spürbare Boshaftigkeit seines Arbeitskollegen zu ignorieren und so freundlich wie möglich zu bleiben.

»Deshalb geht meine vegane Lasagne auch weg wie ... naja, wie warme vegane Semmeln. Dagegen zeichnet sich dein Harnsäurebomber eher als Ladenhüter aus«, flutschte es noch über seine Lippen, auf die er sich nachträglich am liebsten selber beißen wollte. Das war jetzt vermutlich nicht notwendig gewesen, dachte er noch, da knallte auch schon Fritz' Faust auf die Arbeitsplatte. Wütend starrte er Gerd einige Sekunden lang an. Dann trat er noch näher an ihn heran und baute sich mit all seiner angefutterten Mächtigkeit vor ihm auf.

»Der Ladenhüter wird der warmen Semmel den Harnsäurebomber gleich in den Arsch stecken.«

Gerd setzte das autoritärste Gesicht auf, das er produzieren konnte. »Willst du irgendwas, du Würschtel?«

»Gutes Stichwort, Kohlrabi«, kam es zurück. »Hast du kein Problem damit, wenn die Karin an deinem Würschtel saugt?«

Überrascht zuckte Gerd zurück. Woher nur konnte er das wissen, dieser Fleischkloß? Hatte er ihn beobachtet? Gerade erst vor einer Viertelstunde war doch genau das zum ersten Mal passiert?

Gerd schluckte kurz und antwortete etwas stotternd: »Warum sollte ich ein Problem damit haben?«

»Na ja, ich meine, du bist doch ein Veganer, oder?«

»Zu einhundertzehn Prozent.« Gerd gewann ein wenig von seiner Sicherheit zurück.

»Graust es dich dann nicht vor der Karin, wenn sie ... schluckt?« Deutlich sichtbare Blitze zuckten zwischen den Augenpaaren von Gemüse- und Fleischabteilungsleiter hin und her.

»Hat sie bei mir zumindest getan«, setzte Fritz noch einen drauf, »aber vielleicht kommt ja bei dir auch was anderes heraus. Spargelcrèmesuppe oder ...«

Das war zu viel. Gerd explodierte innerlich, was äußerlich in einen gewaltigen, zweihändigen Stoß mündete, den er seinem Beleidiger auf die schwabbelige Brust knallte. Fritz taumelte nach hinten, rammte seinen eigenen Servierwagen, verlor das Gleichgewicht und fiel rücklings auf den Wagen, der durch die Last des Gewichtes und die Wucht des Antriebsstoßes rasende Fahrt in Richtung der großen Kühl- und Gefrierschränke am anderen Ende des Lagerraumes aufnahm. Fritz zappelte mit den Füßen beim Versuch, wieder auf die Beine zu kommen, hatte jedoch keine Chance, innerhalb der wenigen Zehntelsekunden, welche die Fahrtzeit dauerte, seine Lage zu verändern. Mit lautem Krachen knallte sein Kopf in einen der Schränke, der Wagen kippte und Fritz rollte mit einem gequälten Aufschrei über den Boden.

Er griff mit der rechten Hand tastend nach dem Griff der Tiefkühlschranktür und zog sich daran hoch. Durch sein Hochtaumeln öffnete sich die Tür mit einem Ruck, doch Fritz gelang es, sich festzuhalten. Er wurde dabei um die Tür herum zum Inneren des Kühlschrankes geschleudert. Während er verzweifelt versuchte, sich mit der linken Hand abzustützen, landete in dieser eine tiefgefrorene Lammkeule. Er umklammerte sie mit festem Griff.

Gemüse-Gerd war inzwischen endgültig außer Fassung und nicht mehr zu halten. Noch während der Abfahrt seines Kontrahenten griff er sich eine riesige Zucchini von der Arbeitsplatte, um dem davonrollenden Wagen hinterherzustürmen. Dabei riss er beide Arme nach oben, um seine Bombe auf den Kopf des Fleischers zu schleudern. Völlig überraschend kam ihm eine gefrorene Lammkeule entgegengeflogen, die seine Nase nur knapp verfehlte. Er taumelte zurück.

Fleischer-Fritz stand inzwischen wieder mit beiden Beinen fest auf dem Boden, griff hinter sich, fühlte eine weitere Lammkeule und schleuderte sie in seine Richtung. Dann griff er nochmals nach hinten, ertastete eine ganze Lage gefrorener Leberknödel und begann, diese serienweise wie ein Maschinengewehr auf Gerd zu schießen.

Gerd wollte und konnte nicht fliehen. Zuerst hielt er die Zucchini wie einen Schild hoch, um die Leberknödel-Geschosse abzuwehren. Danach zielte er damit wie mit einem Rammbock und ging mit einem wilden Kampfschrei auf Fritz los. Dabei bohrte er ihm die Gartenfrucht mit voller Wucht in den Bauch. Während Fritz am Kühlschrank entlang zu Boden glitt, riss Gerd sein Multifunktionsinstrument wieder hoch, stürzte sich über seinen Gegner und begann, damit wie wild auf ihn einzuschlagen. Erst als das Gemüse mit einem hässlichen Knacken auf Fritz' Kopf zerbrach, rappelte sich dieser wieder auf, stieß Gerd mit beiden Händen von sich und griff hinter sich auf der Suche nach weiteren Fleischwaffen. Einige gefrorene Schnitzel, die dort gestapelt waren und die er wie tödliche Frisbees schleuderte, trafen Gerd hart an der Stirn und am Körper.

Gerd erkannte blitzartig das Potenzial des hier gelagerten Arsenals, riss die nächstliegende Kühlschranktür auf, fand eine erstaunliche Anzahl einsatzfähiger Teile, griff nach Avocados, Auberginen und Zwiebeln und schleuderte diese auf seinen Gegner. Davon unbeeindruckt oder zumindest unbehindert lief Fritz los in Richtung Arbeitstisch. Dort lagen doch die richtigen Instrumente wie Fleischeraxt und Messer, schoss es Gerd durch den Kopf. Er rannte ihm nach, und noch bevor Fritz sein Ziel erreichte, hatte er ihn eingeholt. Mit einem gellenden Schrei sprang er ihn von hinten an, umklammerte ihn mit seinen langen, dünnen Armen und stieß zwei Karotten, die er wie Keile mit seinen knochigen Fingern umklammert hielt, tief in Fritz' Nasenlöcher.

Fritz erstarrte mitten in der Bewegung. Scheiße, jetzt ist er tot, dachte Gerd schon, doch plötzlich streckte Fritz wie ein wild gewordener Bulle seinen gewaltigen Oberkörper nach oben und warf seinen Peiniger wie ein wütender Rodeostier von seinem Rücken. In der Wurfbewegung rotierte er um die eigene Achse, sodass Gerd nicht am Boden, sondern auf der Arbeitsplatte landete.

Blitzschnell drehte Gerd sich um, auf der Suche nach festem Boden unter seinen Füßen. Doch Fritz war schneller, und bevor Gerd nach einem neuen Kampfwerkzeug suchen konnte, wurde er von Fritz am Genick gepackt und mit dem Gesicht tief in eine Schüssel mit faschiertem Fleisch getaucht. Er versuchte nach Luft zu schnappen, doch sein Rachen füllte sich stattdessen nur mit ekligem Saft toten Fleisches.

»Kohlenhydrat-Faschist, notgeiler«, drang es irgendwie verstümmelt an seine Ohren, während er stöhnend versuchte, sich aus dem eisernen Griff seines körperlich stark überlegenen Gegners zu befreien.

»Dir werde ich zeigen, wo der Bartel den Most holt. Mit Schinken, und mit Käse – aus Kuhmilch«, hörte er noch, konnte in letzter Verzweiflung mit der linken Hand den Hals seines Feindes erwischen und drückte zu, so fest er konnte, während seine rechte Hand irgendeine Tube zu fassen bekam. Das Tomatenmark, das ich vorhin hier liegen gelassen

habe, schoss es Gerd durch den Kopf in der Klarheit der To-
desnähe.

Als die Leichen von Gemüse-Gerd und Fleischer-Fritz gefunden und danach obduziert wurden, konnte sich niemand
erklären, was da vorgefallen war. Beide Leichen wiesen zahlreiche frische prämortale Blessuren auf. Bei Fleischer-Fritz
wurde Tod durch Ersticken festgestellt, hervorgerufen durch
eine unreife Banane tief in seinem Rachen sowie zwei rohe
Karotten in seinen Nasenlöchern.

Als Todesursache des zweiten Abteilungsleiters war ebenfalls Ersticken diagnostiziert worden. Es konnte jedoch keine
klare Entscheidung getroffen werden, ob das Erwürgen mit
bloßen Händen – die Würgemale an Gerds Hals waren eindeutig – oder die Aspiration einer Mischung aus Fleischbrü-
he und eigenem Erbrochenem die Ursache war.

Auch die Hilfskraft Karin, die als letzte Zeugin beide
Opfer lebend gesehen hatte, konnte keine schlüssige Erklärung für den seltsamen Vorfall liefern. Sie ließ sich jedoch
sicherheitshalber in die Modeabteilung versetzen, um eine
möglichst große Distanz zwischen sich und den unheilvollen
Raum zu bringen. Außerdem war der Abteilungsleiter dort
ein ausgesprochen sympathischer Kerl.

Kärntner Lasagne vegan

mit Béchamelsauce, Bolognesesauce und knuspriger Kruste

Zutaten für die Tomatensauce:
200 g Tomatenpüree aus Kärntner Tomaten
1/2 TL Instant-Gemüsebrühe
Salz und Pfeffer
1 Prise Zucker
Paprikapulver
italienische Kräuter

Zutaten für die Béchamelsauce:
40 g Cashewnüsse, Bruch
450 ml Sojamilch
1 TL Salz, 1 Prise Muskat
200 ml Wasser
60 ml Pflanzenöl
60 g Mehl

Zutaten für den Hackersatz:
25 g Sojaschnetzel
75 ml Gemüsebrühe
4 EL Margarine (vegan)
4 EL Mehl

Zutaten für das Topping:
Hefeschmelz als Käseersatz
8 EL Hefeflocken
2 TL Senf
Instant-Gemüsebrühe
Wasser
125 g Lasagneplatten
Fett für die Form

Zubereitung:

Die Cashewnüsse in Wasser einweichen. Wer einen guten Mixer hat, braucht das nicht. Die Tomatensauce sollte als Erstes auf den Herd, weil sie so lange wie möglich einkochen sollte, damit die Tomaten ihren Geschmack entfalten können. Dafür einfach das Tomatenpüree mit den Gewürzen mischen, kurz aufkochen und dann mit Deckel weiter köcheln lassen, hin und wieder umrühren. Für die Béchamelsauce die Cashews aus dem Wasser nehmen, dann mit Sojamilch, Wasser und Gewürzen pürieren. Gewünschte Konsistenz mit mehr Wasser herstellen. Im Wasserbad erhitzen. Mit Öl und Mehl eine Mehlschwitze in einer Pfanne zubereiten. Zum Sojapüree mixen. Beiseitestellen. Als Hackersatz die Gemüsebrühe mit Sojaschnetzel kurz aufkochen und quellen lassen. Als Käseersatz den Hefeschmelz zubereiten. Dafür die Margarine im Topf schmelzen. Dann das Mehl vorsichtig einrühren, damit es nicht klumpt. Dann die Hefeflocken unterrühren. Mit Gemüsebrühepulver und Senf abschmecken und mit Wasser die gewünschte Konsistenz herstellen, ein Schuss sollte genügen. Die Tomatensauce und die Sojaschnetzel verrühren. Eine feuerfeste Form einfetten, dann den Boden mit Lasagneplatten auslegen. Die Hälfte der Tomaten-Schnetzel-Sauce und ein Drittel der Béchamelsauce darauf verteilen. Darauf Lasagneplatten, Tomaten-Schnetzel-Sauce und Béchamelsauce schichten. Mit dem Rest der Lasagneplatten bedecken, die Béchamelsauce darüber und den Hefeschmelz darauf verteilen. 40 bis 50 Minuten im vorgeheizten Ofen bei 200 Grad Umluft backen.

Arbeitszeit: 45 Minuten, Koch- / Backzeit: 45 Minuten.

JENNIFER B. WIND

Das siebte Gebot

(Niederösterreich)

Mit einem Zipfel seiner Stola wischte sich Pfarrer Norbert
Wallner den Schweiß von der Stirn. Obwohl er stark erkäl-
tet war und fieberte, hatte er die Messe abgehalten. Seine
Berufung nahm er ernst, und hier im schönen Triestingtaler
Liebendorf mitten in Niederösterreich gab es noch genug
Schäfchen, die jeden Sonntag in die Kirche gingen. Das lag
auch an den sehr modern aufbereiteten Messen. Musiker
begleiteten die Gesänge, nicht nur die üblichen Kirchenlie-
der, sondern auch moderne Varianten. Vor allem Gospels
liebte seine Gemeinde. Ihm sollte es recht sein, Hauptsache,
sie kamen ins Gotteshaus. Obwohl die Kirche weltweit Mit-
glieder verlor, hatte er es vermocht, alle Gemeindemitglieder zu halten.

Neben ihm riss sich einer der Ministranten das Rochett
vom Leib. Es hörte sich an, als würde eine der Nähte bersten.

»Martin, pass auf die Sachen auf.«

»Hab's eilig, Herr Pfarrer«, krächzte Martin unter dem
Chorrock. Er war gerade im Stimmbruch, was ihm selbst
gar nicht gefiel, schließlich sang er wirklich gern und hatte
jahrelang eine glockenhelle Stimme gehabt. Die anderen Ministranten imitierten ihn kichernd. Gierig schob sich Guido
einen Schokoriegel in den Mund und kaute lustvoll.

Fritz, der älteste der Ministranten, klopfte Martin auf die
Schulter. »Wartet die Lisa auf dich?«

Martins Wangen glühten. Peinlich berührt blinzelte er auf
seine Fußspitzen. So war das, wenn Ministranten flügge wurden. Bald würde Martin keine Lust mehr haben, in der Kirche zu helfen. Das war der Lauf der Dinge. Kirche war bei
den Teenagern eben uncool.

»Woher hat denn Lisa das neue Armkettchen?« Das Schmuckstück war Norbert Wallner nicht entgangen, als er Lisa die Hostie in die Handfläche gelegt hatte. »Hast du ihr das geschenkt?«

Martin bejahte, dann reichte er dem Pfarrer die Hand.

»Bis nächsten Sonntag. Wiederschauen.« Ohne die anderen anzusehen, flitzte er davon. Aus Guidos Richtung raschelte es wieder. Kopfschüttelnd sah Norbert Wallner ihm beim Essen eines neuen Schokoriegels zu. Wenn das so weiterginge, würde er in keines der Chorhemden mehr passen. Weil Guido so klein war, fiel sein Leibesumfang umso mehr auf.

»Sag mal, Guido. Ich dachte, deine Mama hat dich auf Diät gesetzt.«

Mit den Schokofingern kratzte sich der Ministrant am Kopf, dann grinste er breit. »Die sind von Oma.«

»Die Oma soll auch auf deine Gesundheit achten. Ich werde nächsten Sonntag mit ihr reden.«

Über Guidos Gesicht liefen Tränen. »Alle sind gegen mich.« Er stampfte mit dem Fuß auf und schlug mit der Faust gegen den Spind.

»Aber nein, wir wollen nur dein Bestes«, beschwichtigte ihn der Pfarrer. »Wir machen uns Sorgen. Sieh doch, wie dein Chorrock schon über dem Bauch spannt.«

Mit dem Handrücken wischte sich Guido über die Wangen. »Sie sind ja auch nicht grade dünn.«

Der Kleine hatte recht. Ertappt blickte Norbert Wallner auf seinen Bauch.

»Wenn Sie mit Oma reden, schimpft sie sicher mit mir.«

»Gut.« Verständnisvoll tätschelte er dem Jungen über die Locken. »Lass dir in Zukunft lieber etwas anderes schenken. Ein Buch zum Beispiel.«

Guido kämpfte mit dem Chorrock, schaffte es nicht, ihn über den Kopf zu ziehen. Fritz kam ihm zu Hilfe. Freundlich lächelte Guido ihn an. »Danke, magst eine Schoko?« Mit erhobenen Händen lehnte Fritz ab und wandte sich an den Pfarrer. »Sie sollten sich hinlegen.« Irgendwann würde Fritz sicher einen guten Arzt oder Sanitäter abgeben. Er kümmerte sich immer rührend um alle.

»Du hast recht. Schließt du bitte ab?«

»Sicher, Herr Pfarrer, hab ich doch schon öfter gemacht.«

»Wie geht's eigentlich deiner Mutter?«, erkundigte sich Norbert Wallner. Zusammen mit fünf Geschwistern wohnte der Ministrant bei seiner schwer kranken Mutter auf dem desolaten Rotnerhof. Seine älteste Schwester verdiente kaum genug, um für alle zu sorgen. Also kellnerte Fritz jeden Nachmittag nach der Schule in der Dorfschänke.

»Unverändert.« Traurig ließ Fritz die Schultern hängen. »Solange wir das Geld für die Spezialbehandlung nicht zusammenhaben, wird sich nichts ändern. Aber ich werde das schon schaffen.« Die Zuversicht des Jungen bewundernd, legte der Geistliche Stola und Kasel ab. Gerade als er diese im Kasten verstaute, trat der Messner Viktor Schuster ein. Früher einmal hatte er als Mönch im Stift Heiligenkreuz gelebt, bis er sich im Alter von 28 Jahren in Heidrun verliebte. Viktor Schuster blieb schließlich im Triestingtal, trat aus dem Orden aus, heiratete Heidrun und arbeitete seitdem als Messner in der Pfarre. Ministrant Martin war einer seiner Söhne und das momentane Sorgenkind der Familie, seit er mitten in der Pubertät war.

»Die Leute haben einfach kein Geld mehr.« Viktor Schuster löste den Gummi aus seinem Haar und band den Pferdeschwanz neu ab. »Grad zwölf Euro sind heute im Beutel gelandet.«

Tröstend klopfte ihm Norbert Wallner auf die Schulter. »Das Land wird uns bei der Renovierung des Altars unterstützen.«

»Spenden sammeln müssen wir trotzdem gehn.« Müde schlüpfte Viktor Schuster in seine Jacke. »Das, was wir an Dreikönig zusätzlich zum Geld für die Caritas eingenommen haben, wird nicht reichen.«

Natürlich machte sich auch der Pfarrer Sorgen. Die finanzielle Lage war katastrophal, es kamen kaum Spenden für die Kirchenzeitung herein. Seit mehreren Wochen war zudem der Opferstock leer geblieben, obwohl er sicher war, mehrere Schäfchen seiner Gemeinde bei den Kerzen und Broschüren gesehen zu haben. Hatte es nicht auch viele Male metallisch geklingelt? Vermutlich war er einer akustischen Täuschung zum Opfer gefallen. Bei seiner nächsten Predigt würde er auf die Gemeindemitglieder einreden. Jeder musste seinen Teil beitragen, damit die zunehmend verfallene Kirche wieder in altem Glanz erstrahlen konnte. Ermattet verabschiedete sich Norbert Wallner von den Jungs und dem Messner. Schon wenige Minuten nachdem er zu Hause angekommen war, kroch er ins Bett und schlief ein.

In der Nacht wachte er schweißgebadet auf. Eine Messung ergab hohes Fieber. Er trank etwas Wasser, das immer auf dem Nachtkästchen stand, und sank sofort wieder auf die Kissen zurück.

Gleißendes Sonnenlicht blendete ihn am nächsten Morgen. Am Fenster stand eine Gestalt. Das Wesen raffte den Vorhangstoff zusammen und riss die Fenster auf. »Was für eine furchtbare Luft, so kannst du doch nicht gesund werden!«

Es war die Stimme seiner Schwester Gundula. Norbert legte seufzend die Hände auf die Augen. War ja klar, dass sie gleich nach dem Rechten sah, wenn er ein paar Stunden nicht mit ihr telefonierte. »Seit zwei Tagen hast du dich nicht gemeldet. Zwei Tage! Mutti ist vor Sorge ganz grün geworden.«

Was? Zwei Tage? Es war doch nur eine Nacht gewesen. Gundula kam näher ans Bett und legte ihren Handrücken auf seine Stirn. Mit ernster Miene schüttelte sie das Fieberthermometer, bevor sie es unter seine Achsel klemmte. Während er so dalag, huschte Gundula in die Küche. Fünf Minuten später stand sie mit einer dampfenden Tasse Tee und einer Schale Zwieback wieder neben ihm, entfernte das Thermometer und steckte es in ihre Jeans. »Jetzt bin ich ja da, wir kriegen das schon hin.« Liebevoll bezog sie das Bett neu, klopfte Polster und Decke aus, hielt ihm ein neues T-Shirt und frische Unterwäsche hin. Sie blieb so lange bei ihm an der Bettkante sitzen, bis er sich umgezogen, den Tee ausgetrunken und eine Scheibe Zwieback gegessen hatte. Mütterlich wickelte sie in Essigwasser getränkte Tücher um seine Waden und steckte die Decke sorgfältig unter ihm fest. Den Rest bekam Norbert Wallner nicht mehr mit, weil er sofort wieder einschlief.

Einen Tag später war das Fieber gesunken. Am Freitag fühlte er sich bereits fit genug, um in der Küche zu essen. Ihm graute schon vor der Kost, denn seine Schwester lebte vegan und gesund, wie sie sagte. Jedes Mal musste er sich anhören, wie gut es für ihn wäre, so zu leben. Immerhin brachte er über 130 Kilogramm auf die Waage. Nach den letzten Tagen waren es sicher nur mehr 125. Er grinste in sich hinein. Wenn ihm bloß Leberkäse und Schnitzel nicht so gut schmecken würden. Als er in die Küche kam, empfing ihn der angenehme Geruch von Kürbis und Rosmarin. Gundula strahlte über das ganze Gesicht. »Ich hab etwas Neues ausprobiert, das dir schmecken wird. Du liebst doch Schnitzel, gell?«

Norbert runzelte die Stirn. War sie über ihren eigenen Schatten gesprungen und hatte ihm seine Lieblingsspeise gemacht? Irgendetwas brutzelte in der Tat in der Pfanne. Ehe er näherkommen konnte, drückte ihn Gundula schon auf einen Stuhl. »Setz dich, es ist gleich fertig. Gut schaust heute aus.«

»Fühl mich auch besser. Danke.«

»Dann schauen wir, dass es so bleibt.«

Die letzten Worte gingen im Lärm des Mixers unter, in dem eine gelborange Masse schwamm. Wenige Minuten später stellte Gundula den Teller vor ihn hin. Auf den ersten Blick erkannte Norbert Nudeln, Kürbisteile und drei Vierecke, auf denen Sesam klebte.

»Hau rein.« Gundula spießte eine Kürbisspalte auf. Neugierig hob Norbert eines der Sesamvierecke hoch und wühlte in den Nudeln. »Wo ist jetzt das Schnitzel?«

»Dummerchen. Vor deinen Augen. Tofuschnitzel im Sesammantel, die Nudeln sind aus Reis, also glutenfrei, und die Crème musst du kosten. Ich mach ja grad diese Challenge.«

»Challenge?« Skeptisch spießte Norbert Wallner ein paar Nudeln auf.

»30 Tage Vegan für reife Frauen«, erklärte Gundula. »Ich sag dir, ich fühl mich 20 Jahre jünger. Obwohl ich erst 15 Tage dabei bin.«

Sie sah aber nicht jünger aus, eher verknittert wie ein Ballon, dem die Luft ausgegangen war, doch das behielt er lieber für sich.

»Die Haut, die Zellen, alles regeneriert sich. Das wär super für dich. Du könntest den ganzen Bauch loswerden.«

»In nur 30 Tagen?«

»Natürlich nicht, du müsstest das schon länger durchhalten. In meiner VFRF Gruppe sind welche, die schon seit mehreren Monaten dabei sind.«

»VFRF?«, wiederholte Wallner fragend.

»Vegan für reife Frauen! Sie sagen, die Haut wird wieder so straff wie ein Babypopo.«

»Na ja, wenn man das will.«

Die Nudeln mit der Sauce schmeckten köstlich, was er vor Gundula nicht zugab. Interessiert schnitt er ein Stück Tofuschnitzel ab und steckte es in den Mund. Es sah nicht aus wie Schnitzel, es fühlte sich nicht so an und es schmeckte auch nicht so, aber es war durchaus delikat.

Gundula erzählte ihm mehr von ihrer Gruppe. Doch Norbert hörte nur mit einem Ohr zu, in Gedanken war er beim fehlenden Geld für die Renovierung der Kirche. Wie sollten sie das auftreiben? Warum war im Opferstock seit Wochen nichts mehr drin?

Gundula schnaubte. »Du hörst mir ja gar nicht zu?«

»Sorry, Gundi, aber ich hab grad andere Sorgen.«

»Du bist doch fast wieder gesund.«

»Das ist es nicht.«

»Was bedrückt dich denn?«

»Seit Wochen ist der Opferstock leer geblieben. Wir haben keine Ahnung, wieso.«

»Schmeißt niemand was rein?«

»Das ist es ja, ich hab selbst gesehen, dass Leute Geld reinwerfen.«

»Dann ist die Lösung einfach. Jemand klaut das Geld.«

»Wer sollte so etwas tun?«

»Jemand, der es braucht.«

Sofort fiel dem Pfarrer Fritz ein und seine kranke Mutter. Aber der Junge war derart ehrlich und offen, er konnte sich nicht vorstellen, dass er es war. Dann war da noch Martin, der Lisa dieses Armbändchen gekauft hatte. Das war sicher nicht billig gewesen.

»Du denkst an Fritz?«

»Woher weißt du das?«

»Na ja, wir wissen ja alle, wie es um seine Familie steht. Aber ich sag dir, ich leg die Hand für ihn ins Feuer.«

»Ja, ich auch. Der Martin könnt es auch sein. Der Schlüssel hängt ja am Haken im Umkleideraum.«

Schweigend aß er den Teller leer.

»Wer ist denn immer der Letzte in der Kirche?«

»Eigentlich bin ich das. Aber der Fritz hat das in letzter Zeit gern übernommen.« Jetzt kam es ihm verdächtig vor, dass er sich nie darüber beschwert hatte. Der Letzte räumte auch immer die Körbe aus und den Opferstock. Hatte Fritz das Geld genommen? Guido fiel aus, der war viel zu klein, um an den Schlüssel zu kommen, und immer als Erster bei der Tür draußen. Noch während Norbert Wallner darüber nachdachte, aß er den Teller leer. Seine Schwester strahlte über das ganze Gesicht. »Na siehst du! Du bist bereit für eine Ernährungsumstellung. Gleich morgen bring ich dir ein Buch vorbei.«

124

Weil er sich weitere Diskussionen sparen wollte, stimmte er zu.

Erholt kam der Pfarrer am nächsten Sonntag eine Stunde vor der Messe in die Kirche. Nachdem er sein Messgewand über die Albe gezogen hatte, schnappte er sich den Schlüssel zum Opferstock, der neben der Tür zur Sakristei hing. Verwundert starrte er auf den Stuhl, der darunter an der Wand stand. Mit nachdenklicher Miene trug er den Sessel wieder zum Tisch zurück. Im selben Moment stürzte Martin zur Tür herein. Sein Gesicht war rotzverschmiert, seine Augen glasig. »Grüß Gott.«

Der Pfarrer nickte. »Was ist passiert?«

Martin zuckte mit den Achseln und krächzte: »Lisa hat Schluss gmacht.«

»Bald wirst du ein anderes Mädel haben. Kopf hoch!«

Geräuschvoll zog Martin den Rotz hoch. »Was mich ärgert, ist, dass sie die Geschenke behalten will. So viel Geld hab ich ausgegeben. Ich Idiot!« Wallner reichte dem Buben ein Taschentuch. »Wasch dir das Gesicht und zieh dich in Ruhe um.«

Dankbar nahm Martin das Taschentuch entgegen und schnäuzte sich. Lächelnd verließ Pfarrer Wallner den Raum, schritt zügig die Sitzreihen entlang zum Opferstock und schloss ihn auf. Ungläubig starrte Wallner hinein, der Opferstock war leer. Schon wieder! Dabei hatte er gestern Traudl Hofer beim Anzünden der Kerzen gesehen, als er nach dem Rechten sah. Gewiss hatte sie eine Spende dafür eingeworfen. Verwundert klappte er den Deckel zu, steckte den Schlüssel ein und ging in die Sakristei zurück. Alle Ministranten begrüßten ihn im Chor. Guido trug wie immer Schokoladenspuren im Gesicht. Schmunzelnd musterte Wallner die drei Buben, als ihm klar wurde, dass sich tatsächlich einer davon am Spendengeld zu schaffen macht hatte.

»Guido! Kennst du das siebte Gebot?« Der Kleine sah ihn mit großen Augen an. »Du sollst nicht stehlen?«

Ohne die Antwort zu kommentieren, strich Wallner sich übers Kinn. »Hast du den Sessel an die Wand gestellt?« Das Gesicht des Jungen verriet alles. Leugnen war zwecklos. Weinend gestand der Kleine seinen Diebstahl. Weil ihn die ganze Familie auf Diät gesetzt hatte und er obendrein kein Taschengeld mehr bekam, hatte er keinen anderen Ausweg gewusst, um seine Schokoladensucht zu stillen. Wallner strich sich lächelnd über seinen knurrenden Bauch. Er konnte den Jungen wirklich gut verstehen, deshalb unterließ er es, dessen Familie zu informieren. Stattdessen sollte Guido ab sofort jeden Sonntag auch beim Putzen der Kirche helfen. Dafür würde er von Wallner eine Tafel Schokolade bekommen, die er sich in der Woche darauf gut einteilen sollte. Guido nahm das Angebot dankend an. Als die Messe vorüber und die Ministranten weg waren, leerte Wallner den Opferstock. Er freute sich darüber, dass die Gemeindemitglieder immer noch spendabel waren. Anschließend lief er zum *Heiligen Rebstock* und gönnte sich endlich sein Wiener Schnitzel mit Kartoffelsalat.

Wohlverdient, wie er fand.

Tofuschnitzel im Sesammantel auf Nudelbett
mit Mandel-Kürbis-Crème
und Kürbis-Rosmarin-Wedges

für 2 Personen

Zutaten für die Schnitzel:
200 g Tofu Natur
2 EL Olivenöl
30 g heller Sesam
jodiertes Meersalz
50 ml Sojasauce
30 g Apfelsüße

Zutaten für die Kürbis-Mandelcrème:
270 g Hokkaido-Kürbis
340 ml Mineralwasser
1/2 Teelöffel Kurkuma
40 g weißes Mandelmus
6 TL frisch gepresster Zitronensaft
2 EL Nussöl
jodiertes Meersalz
schwarzer Pfeffer aus der Mühle

Zutaten für die Kürbis-Rosmarin-Wedges:
470 g Hokkaido Kürbis
1/2 TL jodiertes Meersalz
2 TL gehackter Rosmarin
2 EL Olivenöl

Zutaten für das Nudelbett:
160 g Vollkornreisspaghetti

Zutaten für die Garnitur:
evtl. Daikon-Rettich (alternativ Kresse) und Mandelsplitter

Zubereitung Tofuschnitzel:

Tofu in Scheiben schneiden. Olivenöl in einer Pfanne erhitzen und Tofu vier bis fünf Minuten von beiden Seiten anbraten. Sojasauce und Apfelsüße in einer kleinen Schüssel vermengen, zum Tofu in die Pfanne geben und eine gute Minute unter Rühren anbraten. Sesam darüberschütten und 30 Sekunden unter Rühren braten, bis der Sesam am Tofu von allein haftet. Achtung! Aufpassen, dass er nicht anbrennt! Mit Salz würzen. Die warmen Tofuschnitzel können noch einmal im frischen Sesam gewendet werden, falls gewünscht. Klebt jetzt besonders gut.

Zubereitung Kürbis-Rosmarin-Wedges:

Backofen auf 200 Grad vorheizen. Den Kürbis waschen, halbieren, entkernen und in Streifen schneiden (nicht schälen!). In einer Schale Olivenöl mit Salz und Rosmarin vermengen und die Kürbisstreifen damit gut einreiben. Ein Backpapier auf den mittleren Rost im Backofen legen und den Kürbis ungefähr 13 bis 15 Minuten backen, bis er leicht gebräunt ist. Wer es lieber knusprig mag, kann ihn auch etwas länger im Rohr lassen.

Zubereitung Kürbis-Mandelcrème:

Kürbis waschen, entkernen und klein würfeln (nicht schälen!). 12 Minuten in ca. 300 Milliliter Mineralwasser kochen. Gegarten Kürbis mit Kochwasser, den übrigen Zutaten und 40 Milliliter kaltem Mineralwasser im Mixer pürieren. Mit Salz und Pfeffer abschmecken.

Anrichten:

Nudeln zu kleinen Nestern aufrollen und in die Mitte des Tellers legen, die Mandel-Kürbis-Crème darübergeben. Tofu-Schnitzel darauf platzieren und die Wedges rundherum anordnen. Eventuell mit Daikon-Rettich oder Kresse und Mandelsplittern garnieren. Dazu grünen Tee (wie Matcha) oder Kräutertee servieren.

Anmerkung: Das Rezept ist nicht nur vegan, sondern auch für Nahrungsmittelallergiker geeignet, da es komplett lactosefrei, glutenfrei, zuckerfrei, sehr bekömmlich für den Darm und somit ein ideales Abendessen ist.

Maria Grün

(Wien)

Oh ja, es duftet. Es duftet ganz herrlich. Nach Frühling. Nach Wald. Nach Natur, nach sprießender Natur, sich entfaltender, alles überwältigender Natur.

Wann hat sie das letzte Mal so etwas gerochen?

Wann hat sie zuletzt auf so etwas geachtet?

Sinne und Sinnlichkeit.

»Josef, gestorben durch ruchlose Mörderhände, als Christ verfolgt am 1. August 1925.« Das steht über dem Eingang zur Kapelle. Die Inschrift ist ihr nie aufgefallen. Obwohl sie hier geheiratet hat. Vor fünfundzwanzig Jahren. Heute vor fünfundzwanzig Jahren. Und immer wieder hierher zurückgekehrt ist. Trotz allem. Trotz allem.

Wieder heiraten hier zwei Verliebte. Die junge Braut wirkt ein wenig verkrampft. Sie ist noch sehr jung. Maria beißt die Zähne zusammen. Soll sie Mitleid haben? Mit ihr? Mit sich? Wem hilft Mitleid?

Missmutig wendet sie sich ab und geht um die kleine Kapelle herum. Sie nimmt wieder Witterung auf. Dieser Duft! Ja, daraus wird sie ihm seine Lieblingssuppe kochen. Wie jedes Jahr, wenn sich ihre Vermählung jährt.

Sie bückt sich. Gestorben durch ruchlose Mörderhände. Es war seine Idee gewesen, hier zu heiraten. Das passte zu ihrem jungen Glück. Er war immer so romantisch. Liebte lange Spaziergänge durch den Prater. Einmal verführte er sie sogar in der freien Natur. War das nicht sogar hier in der Nähe? Auf einer abgelegenen, stillen Lichtung? Sie seufzt.

Seine Hände, so zart, oft so unkundig, aber neugierig. Heute sind sie rau, nicht viel kundiger und längst nicht mehr neugierig. Die viele Arbeit und das Leben haben sie hart gemacht. Oder ihre Ehe. Oder sie, seine Frau?

Sie betrachtet ihre Hände: gepflegt, keine Spur von Hornhaut, von Rissen, alles glatt.

Romantisch ist er schon lange nicht mehr. Verführt hat er sie auch schon länger nicht mehr. Sie sollte froh sein. So ist es besser als zu Silvester, als er morgens um halb drei sturzbetrunken war. Leider war sie noch ziemlich nüchtern. Ansonsten ist es seit Jahren sie, die ihn verführt. Verführen muss. Er liebt diese Spielchen. Frauchenspielchen nennt er sie. Sie blickt nach oben in den Himmel zwischen den Blättern der Bäume. Was bleibt ihr übrig ...

Sie vermutet, dass er eine Geliebte hat. Seit Jahren. Sie hofft, dass es nicht immer dieselbe ist. Er ist fett geworden, lässt sich gehen, furzt im Bett. Vergisst immer öfter, sich die Zähne zu putzen. Lässt seine gebrauchten Socken am Sofa liegen, wenn er sich weit nach Mitternacht ins Bett schleppt. Seine Unterhosen und Unterhemden findet sie verteilt in der ganzen Wohnung.

Ihre beste Freundin rät ihr, sich scheiden zu lassen. Die hat gut reden, die ist protestantisch. Und wo soll sie leben? Wer bekommt die Gemeindewohnung? Eine schöne Wohnung. Aus der sie nicht mehr ausziehen will. Auf keinen Fall. Der sonnige Balkon, die Aussicht über die alten Ziegelteiche, die netten Nachbarn, der gepflegte Innenhof mit den Blumenkübeln, die sie pflegt. Ihre Welt. Ihr Zuhause. Aber einer müsste ausziehen. Und sie fürchtet, das würde sie sein.

Außerdem ist Scheidung Sünde. Der Herrgott hat es verboten. Auch wenn dem Ehemann die Haare in Büscheln aus der Nase und den Ohren wachsen. Auch wenn er beim Autofahren ununterbrochen über die anderen Verkehrsteilnehmer schimpft und auf der Autobahn grundsätzlich links fährt.

Sie zupft wütend weiter Grünzeug. Plötzlich hält sie inne. Betrachtet die Blätter. Vergleicht. Die sehen sich wirklich zum Verwechseln ähnlich. Wie hatte ihre Freundin gesagt, als sie ihr vom Ritual ihres Hochzeitstages erzählte? Bei Maria Grün wächst das Zeug neben- und durcheinander, pass auf, dass du's nicht verwechselst.

Sie bleibt erneut am Eingang zur Wallfahrtskirche stehen. Schüttelt den Kopf. Plötzlich beginnen die Glocken zu läuten. Sie zuckt zusammen. Es ist so weit. Ringe werden getauscht, Tränen vergossen. Sie öffnet leise die Tür und stellt sich hinter die letzte Bankreihe. Der Pfarrer verteilt seinen Segen. Die Jungfrau Maria lächelt von der Wand herab. Mit dem Kinde im Arm.

Kinder. Wollte er nie haben. Natürlich. Da hätte er Verantwortung übernehmen müssen. Dafür reicht unser Geld nicht, hat er gesagt. Für ihre Urlaubsreisen nach Florida hat es gereicht. Gut, sie mussten immer in den billigsten Hotels übernachten. Aber sie sind zu den Everglades geflogen. Wo er sich über die Mückenplage aufgeregt hat. Jeden Tag. Bis sie wieder im Flieger nach Wien saßen. Zu Hause hat er dann seinen Freunden endlos Dias gezeigt und geprahlt, wie toll die Everglades seien. Tolle Natur, so wild. Krokodile. Piranhas. Hatte es in den Everglades wirklich Piranhas gegeben? Aber er erzählte von ihnen. Keiner widersprach, denn keiner war jemals in den Everglades gewesen. Dann zeigte er seinen Freunden die Fotos von ihr im Bikini am Strand. Sie lachten über ihre kleinen Speckröllchen, machten Bemerkungen über die Form ihrer Brüste. Über seinen sich prächtig entwickelnden Bierbauch lachten sie nicht. Wenn sie nicht mitlachte, wurde er ärgerlich, nannte sie eine saure Gurke, eine verschrumpelte Pflaume. Er hat viele Namen für sie. Zärtliche Kosenamen sind es schon längst nicht mehr.

Erst wenn sie ihn bekocht, wird er versöhnlich. Mit ihren Kochkünsten kann sie ihn immer besänftigen. Einmal hat er gesagt, er habe sie nur wegen ihres Schweinebratens und ihrer Suppen geheiratet. Er hat gelacht dazu.

Heute Abend wird er seine Lieblingssuppe bekommen. Die Mai-Suppe. Die Hochzeitssuppe. Das Ritual. Auch wenn er wieder schmatzen wird. Auch wenn er sich vom anschließenden Schweinebraten die Fleischfäden aus den Zähnen ziehen wird.

Warum hat sie nicht auf einem Kind bestanden? Warum hat sie nicht einfach eines bekommen?

Weil sie feige ist.

Weil sie Angst hat. Angst, auch das Wenige, was ihr verblieben ist, zu verlieren. Die Sicherheit. Die Gewohnheit. Die guten Momente, wenn sie gemeinsam lachen, wenn sie ihren nächsten Urlaub planen, wenn er wie aus Versehen nach ihrer Hand greift beim Sonntagsspaziergang durch den Prater, wenn er ausnahmsweise ihr zuhört und nicht sie ihm. Wenn er sie nicht unterbricht, wenn sie Bekannten oder Freunden etwas erzählt. Wenn sie nebeneinander auf dem Sofa sitzen, einen alten Film schauen, den sie vor Jahren schon einmal gesehen haben, wenn er eine bessere Flasche aus dem Keller holt und sie die segnende Wirkung des Alkohols spürt, bevor alles zu viel wird.

Sie dreht sich um und verlässt die Kapelle. Sie kann die Jungfrau mit dem Kinde nicht länger ertragen.

Allein. Wäre das nicht besser, als mit ihm alt zu werden? Alt. Sie fühlt sich alt. Dabei ist sie erst fünfundvierzig. Was hat sie vom Leben gehabt? Sie musste nie arbeiten. Sie ist sechsmal nach Florida geflogen. Und einmal auf die Malediven. Wo sie beim Tauchkurs fast ertrunken wäre. Er hat gelacht, wie immer. Sie ausgelacht.

Also, was soll noch kommen? Was wird noch kommen? Es wird vermutlich einfach so weitergehen. Sie ist eine verheiratete Frau. Und er ist bis auf seine Wampe kerngesund. Trinken tut er außer an hohen Feiertagen und zu besonderen Gelegenheiten nichts. Immerhin das ist ihr erspart geblieben. Sie werden zusammen alt werden. Noch älter. Irgendwann wird seine Libido nachlassen. Er wird sie in Ruhe lassen. Irgendwann. Wie lange dauert irgendwann?

Aber dann bleiben immer noch die Socken, die Nasenhaare, der Mundgeruch, das Schmatzen und Furzen und Rülpsen.

Sie bückt sich und rupft wahllos das Grünzeug. Den Duft nimmt sie kaum noch wahr. Es ist wieder so leer in ihr. Eine Leere, die sie nicht mehr füllen kann. Eine Leere, die aus dem Fehler ihres Lebens herrührt. Der hier seinen Anfang genommen hat. Ganz in der Nähe beim Autoscooter hatte er sie angesprochen. Da war ihre Freundin auch schon dabei gewesen. Die jetzt geschieden ist. Sie hatte ihn auch toll gefunden. So ein fescher Bursch. Ja. Deshalb hatte sie sich küssen lassen. Weil sie stolz gewesen war, dass er sie geküsst hatte. Und nicht ihre Freundin.

Die Hochzeitsgesellschaft verlässt die Kapelle. Beim Vorbeigehen fängt sie den Blick der Braut auf. Er ist panisch.

Maria wird kalt.

Sie sieht in ihren Korb. Er ist bis oben hin gefüllt. Sie kneift die Lippen zusammen. Blickt in den Himmel zwischen den Bäumen. Der Himmel ist sehr blau. Und weit. Es duftet nach Frühling, nach Leben. Auch wenn es noch frisch ist.

Und es riecht nach Tod. Das eine bedingt das andere. Es ist ganz einfach. Es wird ein Unglücksfall sein. Sie wird eine Übelkeit vortäuschen. Davon wird er sich nicht abhalten lassen. Isst er halt die doppelte Portion.

Auf dem Weg nach Hause durch den Prater muss sie immer an das Danach denken. An seinen Körper, der am Tisch zusammengesunken sein wird. Vermutlich wird er vom Stuhl fallen. Sich in Krämpfen am Küchenboden winden. Er wird sich übergeben, winseln, stöhnen. Wird sie Mitleid haben? Aber dann wird es für Mitleid zu spät sein. Hoffentlich. Wird sie das aushalten? Wird sie die Polizei rufen? Die Rettung? Werden die Fragen stellen? Hat ihr Mann an einer Krankheit gelitten? Sie werden den Teller sehen. Den könnte sie weggeräumt haben. Wie schnell wirken Maiglöckchen? Wie viele braucht man für eine tödliche Dosis? Zwei Teller voll werden sicher genug sein. In seiner üblichen Gier wird er beide blitzschnell in sich hineinschaufeln, froh, dass sie auf ihre Portion verzichtet. Schweinebraten würde es diesmal ohnehin keinen geben.

Sie schließt die Haustür auf. Es ist still in der Wohnung. Heinrich? ruft sie und stellt ihren Korb mit dem frisch gepflückten Grünzeug im Flur ab. Heinrich? Das Wohnzimmer ist leer. Es riecht etwas muffig. Auch in der Küche ist niemand. Heinrich? Dann entdeckt sie den Zettel auf dem Küchentisch. Es tut mir leid, liest sie, ich komme nicht mehr zurück. Du kannst die Wohnung behalten. Da, wo ich hingehe, brauche ich keine Gemeindewohnung mehr. Mach's gut, dein Heinrich.

Sie sinkt auf dem Küchenstuhl zusammen. Aus dem Flur duftet das Grünzeug. Sie versteht nicht. Wohin ist ihr Mann gegangen, mit dem sie diese Wohnung seit vierundzwanzig Jahren teilt? Tränen laufen ihr über die Wangen. Ihre Hände zittern. Der Zettel gleitet auf den blank geschrubbten Terrazzaboden. Was soll sie jetzt tun? All die Jahre, die vor ihr liegen? Allein? In der Wohnung ist es völlig still. Von ganz Fern hört sie die Sirene der Rettung. Doch die entfernt sich. Dann bleibt nur noch das Ticken der Küchenuhr an der Wand. Sie geht ins Wohnzimmer. Hier tickt die alte Standuhr ihrer Schwiegermutter, die schon lange tot ist. Sie geht zur Uhr, öffnet sie und hält die Zeiger an. Jetzt ist es ganz still.

Sie hebt ein Paar graue Socken vom Sofa auf. Geht damit in die Küche, öffnet den Mistkübel und wirft die Socken hinein. Dann schließt sie den Deckel, starrt ihn an. Minutenlang. Ihre Hände haben aufgehört zu zittern. Im Flur welken die Maiglöckchen. Oder ist es doch Bärlauch? Sie wird für ihn eine Kerze anzünden. In der kleinen Kapelle Maria Grün im Prater von Wien.

Bärlauchsuppe

Zutaten:
300 g Bärlauch
3 mittelgroße mehlig kochende Kartoffeln
2 kleine Zwiebeln
1 El Öl
250 g Schlagobers
250 g Sauerrahm
1 l Rindssuppe oder Gemüsebrühe
etwas Muskat, Salz, Pfeffer
2 Zitronenzesten, gehackt

Zubereitung:
Zwiebeln fein hacken und in Öl (oder Butter) andünsten, bis
sie goldgelb sind. Klein geschnittene und geschälte Kartoffeln
dazugeben, mit Suppe aufgießen und kochen, bis die Kartoffeln weich sind. Gewaschenen und grob gehackten Bärlauch
und Zitronenzesten beifügen, zwei bis drei Minuten köcheln
lassen, Sahne dazugeben, heiß werden lassen und mit dem
Pürierstab pürieren. Sauerrahm unterrühren, würzen und
servieren. Mit einigen ganzen Bärlauchblättern garnieren.
Bei Maiglöckchen sollte man die Garnitur weglassen ...

Der Flug des Buches

(Steiermark)

Die meist verkauften Bücher sind Kochbücher. Sie sind die wahren Schätze unserer Welt. Wertvoller als jede Geschichte, jedes Gedicht, jedes Lied. Wertvoller noch, als alles Gold der Welt. Kein Wunder, wenn ihretwegen zuweilen sogar Menschen sterben.

*

Auf der Flucht muss man vorrangig darauf achten, an Höhe zu gewinnen.

Warum er diesem seltsamen Leitsatz folgte, konnte er jetzt unmöglich sagen. Stattdessen verfluchte er sich dafür, überhaupt auf der Flucht sein zu müssen.

Und wie.

Ein Reifenquietschen und das dumpfe Zuschlagen von Autotüren verrieten, dass sie ihm auf den Fersen waren. Er bückte sich über die Brüstung und sah seine Vermutung bestätigt. Zwei Streifenwagen hielten am Schlossbergplatz, Beamte sprangen heraus, schoben ihre Kappen weit nach hinten und sahen herauf zu ihm. Beinah im selben Moment ließ der Adrenalinschub nach und er wurde sich der Aussichtslosigkeit seines Vorhabens schmerzlich bewusst.

Das Buch in seiner Hand wurde schwer. Die Beine schmerzten. Lunge und Hals brannten. Er hatte den größten Schatz einfach an sich gerissen. Den Schatz, der Mia retten würde. Mia und den Alten. Und ihn selbst. Das gab ihm noch einmal Kraft – und er rannte um ihrer aller Leben willen.

Begonnen hatte alles wie geplant – hinein in die Grazer Landesbibliothek und hin zur Vitrine. Er verharrte einen Moment, betrachtete die aufgeschlagene Seite mit dem allerersten Rezept aus dem »Koch- und Arzneien-Buch«, gedruckt zu Graz im Jahre 1686. Er überflog die seltsam geringelten Buchstaben, deren Sinn sich erst nach längerem Hinsehen einstellte. Sekunden später lief er mit dem Buch unter dem Arm aus der Bibliothek. Zugegeben, das war nicht die eleganteste Art, das älteste Kochbuch Österreichs an sich zu reißen, und der Lärm der zersplitterten Vitrine lag ihm auch noch in den Ohren, aber angesichts des geringen Zeitfensters für sein Vorhaben blieb ihm gar keine andere Wahl.

Eine Minute später hetzte er übers Joanneumsviertel in Richtung Hauptplatz. Vor der Schmiedgasse wäre er beinah mit einem Radfahrer kollidiert. Er stolperte, behielt aber die Spur und achtete nicht auf die Flüche hinter seinem Rücken. Am Landhauskeller vorbei, ohne Sinn für die Küchendüfte, die aus dessen Küche dampften. Nur das Buch drückte er mehr gierig als liebevoll an sich. Diesen mehr als 300 Jahre alten Schinken.

Er rannte weiter, durch die Sackgasse über den Schlossbergplatz und die Stiegen hinauf. 260 Stufen bis zum Uhrturm. Zum Übergabeplatz. So lautete der Plan. Die Theorie. Doch jetzt, schon auf halber Höhe, tauchten die ersten Polizisten auf. *Alles geht schief.*

Er murmelte: »Nimm ein Pfund Zucker, 4 Loth eingemachte Zitronen, 3 Loth eingemachte Imber, 5 Loth Mandeln, ein Loth Zimt, 1 Quäntchen Muskatblüte ... «

Was ist ein Loth, was ein Quäntchen? Außerdem verstand er ein paar Worte nicht. Nägelein? Marmelstein? Nicht alle Buchstaben konnte er dechiffrieren. Schon gar nicht jetzt aus dem Gedächtnis. Während er rannte.

... ein Quäntchen Nägelein ... diese Stücke müssen alle gleich und gleich geschnitten sein ...

Er musste sich das alles merken, denn wenn sie ihm das Buch entrissen, dann würde das Einzige, woran er sich festhalten konnte, dieses Rezept sein. Wort für Wort. Er musste sich den verdammten Wortlaut einprägen.

Warum in Gottes Namen hatte er es nicht einfach abfotografiert? Handy raus, ein Wischer. Warum hatte er nicht den einfachsten Weg gewählt? Warum das Buch? Sie hatten nur gesagt, *bring uns das Rezept,* oder *sie stirbt.*

Wieder ein Adrenalinschub. Am Herbersteingarten schlug er der Länge nach auf dem Boden auf. Jetzt fiel ihm wieder ein, was sie noch gesagt hatten. *Bring uns das Rezept, oder sie stirbt. Bring uns das Buch, dann passiert ihr gar nichts.*

Das war es. Er hatte es in der Aufregung vergessen. Natürlich hatte er das Buch stehlen müssen, wer wusste denn schon, was das zu bedeuten hatte, *dann passiert ihr gar nichts.*

Was würden sie ihr, seiner Mia, wirklich antun? Hieß das, wenn er das Buch nicht brachte, dass sie ihr einen Finger abschneiden würden? Die Nase brechen?

Er stolperte und fiel hart auf den Steinboden. Ellbogen und Knie schmerzten augenblicklich, doch das Buch war heil geblieben. Als er sich aufrichtete, sah er sie auf sich zukommen. Von oben. Und von unten.

Er stieg über die Brüstung hinaus auf die Felsen. Zu seinen Füßen die Stadt. Ein atemberaubender Anblick, für den er keine Muße hatte. Er kletterte weiter hinaus ins unwegsame Gelände. Strauchwerk und Eidechsen. Plötzlich auch sengende Hitze, als kletterte er über Klippen einer kroatischen Insel. Doch nein. Das war nur Graz. Und die, die ihm jetzt zuriefen, waren Grazer Polizisten. *Komm zurück,* riefen sie. Das sei es doch nicht wert. Als hätten die eine Ahnung. Als wüssten die *irgendetwas.* Von Quäntchen und von Loth. Und vom Tod.

Dann rutschte er aus.

Seine Arme wirbelten durch die Luft. Das Buch löste sich aus den schweißnassen Fingern. Fiel in hohem Bogen über die Klippe. Über den Fels hinab auf irgendeinen Innenhof zu. Er sah, wie es fiel. Und er wusste, dass sie ihn jetzt im Visier hatten. Mit Feldstechern und Kameras. Sie wussten, dass er gescheitert war. Aber sie betrachteten ihn gar nicht, wie er da hinab in den Tod segelte. Stattdessen verfolgten sie den Flug des Buches. Verfolgten dessen Bahn.

Während er durch die Luft wirbelte, schöpfte er noch einmal Hoffnung. Sein Tod würde nicht umsonst gewesen sein. Auch wenn ein Sprichwort das Gegenteil behauptete. *Umsonst ist nur der Tod*. Nein, dieser nicht. Denn sie würden das Buch finden und seine Mia frei lassen. Ohne ihr ein Haar zu krümmen. Ganz sicher. Ein Loth und ein Quäntchen. Nur ein Quäntchen Glück. Er lächelte.

Und tatsächlich: Vor seinem brechenden Blick tauchten Füße auf, die das Buch an sich nahmen und damit wieder verschwanden. Ehe er starb, wusste er genau, was nun geschehen würde.

Die Füße entfernten sich rasch. Die Gestalt bewegte sich stadtauswärts, ging schließlich durch ein hohes Messingtor, den kleinen Park dahinter auf ein Haus zu. Sie öffnete dessen Tür, durchquerte hohe, üppig ausgestattete Räume und betrat schließlich eine geräumige Bibliothek, deren Zentrum von einem gewaltigen Luster gebildet wurde.

Die Gestalt legte das Buch auf den Tisch, der darunter stand, und niemand der Umstehenden wagte auch nur ein Wort zu sagen.

Ehrfurchtsvoll starrte die Versammlung auf das Buch. Endlich. Es war da. Das Kernstück der gesamten Sammlung, denn die gesamte Bibliothek bestand ausschließlich aus Kochbüchern. Ein kostbarer Schatz.

Ein Schatten löste sich aus der Versammlung, nahm das Buch an sich und rannte damit hinaus in die Küche. Dort stand sie, Mia, die Frau des Bücherdiebes.

Mit zittrigen Fingern nahm sie das Buch an sich und begann darin zu lesen. Das erste Rezept. Das älteste Rezept.

Eines gegen Magenschmerzen. Wer weiß, ob das hilft, die Schmerzen des alten Mannes im ersten Stock zu lindern, dachte sie. Ob der Tyrann sie dann laufen ließ? Ob er sie verschonte?

Sie blickte auf, fragte nach ihrem Mann, dem Hausdiener, bekam nur ein Kopfschütteln zur Antwort. Sie senkte den Blick, denn sie hatte es geahnt: Der Anfang dieses Buchs würde ihrer beider Ende sein.

Alles nur wegen eines Rezeptes. Alles nur wegen eines verdammten Kochbuchs. Was war das nur für eine verrückte Welt?

Magenstriezel

Das erste Rezept aus dem ältesten Kochbuch Österreichs
(Magenstriezel kommt von den magenfreundlichen Zutaten und Gewürzen. Im Dialekt bezeichnet ein Mogn-Strudel
aber meist einen Mohnstriezel)

Zutaten:
*Nimm ein Pfund Zucker, 4 Loth eingemachte Zitronen, 3
Loth eingemachte Imber (Ingwer), 5 Loth Mandeln, ein Loth
Zimt, 1 Quäntchen Muskatblüte, ein Quäntchen Nägelein
(Gewürznelken).*

Zubereitung:
*Diese Stücke müssen alle gleich und gleich geschnitten sein.
Wenn dies geschehen, muss man den Zucker zu kleinen
Stückchen zerschlagen und 1 Seidl Wasser darauf gießen und
auf Feuer sieden lassen bis er fliegt. Alsdann vom Feuer ge-
hebt, zum ersten das Eingemachte, danach das Gewürz und
zuletzt die Mandeln darunter rühren. Und wenn er anfängt
dick zu werden, so muss man ihn in die papierene Häußl
oder Marmelstein (Marmor) gießen. Wann sie kalt und trocken sind, gehen sie gern herab.*

*Aus dem ältesten Kochbuch Österreichs: Ein Grazer Koch- und Art-
zney-Buch, Grätz, Widmannstetterische Erben 1686. Befindet sich
derzeit im Bestand der Steiermärkischen Landesbibliothek.*

Gipfel-Selfie

(Tirol)

»Guten Tag. Mein Name ist Franz Wittler, aber nennen Sie mich Franz. Ich freue mich, Sie im Biohotel Stanglwirt begrüßen zu dürfen.« Der Mann hinter dem Rezeptionstisch lächelt. Beck mustert ihn. Hat er ihn schon einmal gesehen? Aber dann verwirft er den Gedanken. Er war ja noch nie zuvor hier in Tirol. Der Rezeptionist deutet an Beck vorbei. »Um 18 Uhr gibt es dort drüben in der Hotelbar einen Begrüßungs-Sekt.« Beck dreht sich um. Hinter dem Tresen lächelt eine auffallend hübsche junge Frau herüber. »Alle weiteren Informationen bezüglich Mahlzeiten und Ausflugsmöglichkeiten finden Sie in unserem Folder«, hört er Franz fortfahren. Beck wendet sich wieder zu ihm. »Ich bin seit meiner Bundeswehrzeit passionierter Bergsteiger und interessiere mich besonders für Bergwanderungen.« »Da haben Sie Glück. Der Wetterbericht ist ausgezeichnet. Fragen Sie mich jederzeit nach geeigneten Touren, ich stehe Ihnen gern zur Verfügung.« Der Mann schiebt ihm den Schlüssel hin. »Ich wünsche Ihnen einen angenehmen Aufenthalt.«

Und ob das ein angenehmer Aufenthalt wird, denkt Beck und lässt sich in die üppigen Kissen des Hotelbetts fallen. Es war höchste Zeit gewesen, Köln mal wieder zu verlassen. Den Stress, den der Job beim BND mit sich bringt, kompensiert er in letzter Zeit allzu oft mit Alkohol und bunten Pillen, aber das ist keine Lösung. Was er braucht, ist Ruhe. Ruhe und Abstand zu dem, was ihn bis in seine Träume verfolgt.

Der Abend verlief zwar ohne Tabletten, aber ziemlich feuchtfröhlich. Zumindest bis Franz, der eifersüchtige Ehemann der hübschen Bardame Ramona, auftauchte. Beck ist daher reichlich verkatert, als er am nächsten Morgen zu der von Franz empfohlenen Wanderung aufbricht. Nach einer Stunde Gehzeit ist er bereits fix und fertig. Erschöpft kehrt er bei der Gruttenhütte ein, setzt sich an einen Tisch auf der Terrasse und lässt den Blick zur Ellmauer Halt hinaufwandern. Vielleicht hätte er sich für seine erste Bergtour nach all den Jahren doch nicht gleich den höchsten Gipfel im Wilden Kaiser aussuchen sollen. Aber Kneifen geht nicht, denn Franz, dem gegenüber er sich lang und breit über seine Erfahrungen als Gebirgsjäger ausgelassen hatte, wartet auf das versprochene Gipfelselfie. Beck winkt der Kellnerin. »Was darf's denn sein?« Sie zückt ihren Palmtop-Computer, um die Bestellung aufzunehmen. »Was empfehlen Sie mir, damit ich es da hinauf schaffe?« Er deutet mit dem Kopf Richtung Berg. »Da gibt's nur eins: unsere Tiroler Speckknödelsuppe.« Sie beugt sich vor und murmelt, vermutlich in Anspielung auf den Energy-Drink: »Sie werden sehen, die verleiht auch Flügel.«

Aber von Flügeln kann keine Rede sein. Im Gegenteil. Nach zwei großen Knödeln fällt das Gehen noch schwerer als zuvor. Dabei hat er den Klettersteig an der Jägerwand noch vor sich. Dort angekommen, holt Beck den im Sportshop des Hotels ausgeliehenen Klettergurt aus dem Rucksack, legt ihn an und klinkt die daran befindlichen Karabiner in das im Fels verankerte Sicherungsseil ein. Erfreulicherweise geht das Klettern noch so gut wie früher. In Rekordzeit erreicht Beck den Gipfel. Schweißgebadet, aber vollkommen glücklich. »Dort oben bekommt ihr den Kopf frei«, hatte sein Vorgesetzter immer gesagt, und es stimmt. Weder vom Kater noch von der Unruhe, die ihn sonst quält, spürt Beck etwas. Allerdings ist die Sonne inzwischen hinter dunklen Wolken verschwunden. Er sieht sich um. Ist er etwa deshalb ganz allein hier oben? Eilig schießt er das Selfie für Franz. Dann bricht er auf, um vor dem Unwetter ins Tal zu gelangen.

Als die Jägerwand mit ihren bei Gewitter sehr gefährlichen Stahltritten auftaucht, zuckt bereits der erste Blitz. Dennoch ergreift Beck das Sicherungsseil und richtet seinen Blick auf das Ende des Klettersteigs. Aber was ist das? Dort drüben hängt ein Mann. Es sieht aus, als bräuchte er Hilfe. Beck klettert unverzüglich los, doch nach einigen Metern bemerkt er, dass etwas gegen seine Knie schlägt. Er schaut hinunter. Verdammt, die Karabiner. Abgelenkt und in Eile, wie er war, hat er vergessen, sie am Seil einzuhaken. Doch hier, mitten in der Wand, bleibt keine Zeit, sie zu fixieren. Es muss so gehen.

Bei dem Mann angelangt, erkennt er ihn. Es ist Franz von der Rezeption. »Kommen Sie, ich helfe Ihnen«, schreit er, doch als Beck ihn am Oberarm packt, stößt Franz ihn so heftig weg, dass er beinahe den Halt verliert. Becks Gedanken überschlagen sich. Ein ungeheuerlicher Verdacht keimt in ihm. Kein Wunder, dass Franz ihm gestern bei der Ankunft so bekannt vorgekommen war. Und Ramona gehört natürlich zu ihm. Die Eifersuchtsszene der beiden gestern Abend war ein Täuschungsmanöver. Wie naiv anzunehmen, ihre Kontakte reichten nicht bis Österreich, wo Wien den Geheimdiensten doch traditionell als Drehscheibe dient. Aber jetzt ist es zu spät. Er kann nur noch versuchen, Franz abzuwehren, der ihm seinen Arm um den Hals geschlungen hat. Beck ringt um Luft. Entweder er oder ich, denkt er und schlägt auf ihn ein, bis Franz ihn loslässt.

»Hallo! Machen Sie die Augen auf.« Finger ziehen an seinen Augenlidern. Ich bin so müde, denkt er. Gleich darauf dröhnt ohrenbetäubender Motorenlärm über ihm. Im nächsten Moment schreit der Unbekannte gegen den Hubschrauber an: »Der hier muss zuerst runter, es besteht Lebensgefahr, auch wenn sein Sturz wegen des Felsvorsprungs rechtzeitig vor

dem Abgrund gestoppt wurde. Wo ist der zweite Mann?«
Dann spürt er einen Stich in den Arm und es wird dunkel.

»In den Schockraum.« Diese Stimme gehört eindeutig einer
Frau. Er blinzelt. Neonleuchten an der Decke, die über ihm
vorbeiziehen. Arme rechts und links, die in roten Jacken ste-
cken. Eine junge Frau im weißen Mantel, die mit besorgter
Miene auf ihn herabstarrt. Das muss das Krankenhaus sein.
Gerettet. Aber wo ist dieser Irre, der ihn umbringen wollte?

»Da ist er«, sagt die Ärztin leise und deutet auf den Mann
mit dem Kopfverband, der mit blinkenden Monitoren ver-
kabelt im Bett der Intensivstation liegt. »Kann ich mit ihm
reden?« fragt Kommissar Leitner und mustert sie. »Unmöglich.« Leitner nickt. Die Frage hätte er sich genauso schenken
können wie die Fahrt hierher ins Krankenhaus. »Wird er sich
erinnern, wenn er aufwacht?« »Sehr wahrscheinlich reißt die
Erinnerung bereits vor dem Unfall ab.« Leitner überlegt. Irgendeinen Weg muss es doch geben, um herauszufinden, wie
es gestern Nachmittag im Kaisergebirge zu dem tödlichen
Absturz kommen konnte. »Würde es helfen, wenn an meiner
Stelle seine Frau mit ihm spricht?« Die Ärztin zuckt mit den
Schultern. »Schon möglich.« »Gut«, erwidert Leitner. »Dann
komme ich später noch einmal vorbei.«

Die Maschine aus Köln landet planmäßig am Flughafen
Innsbruck. Leitner steht etwas abseits in der Ankunftshalle
und wartet auf Katrin Beck. Er erkennt sie sofort, denn sie
trägt die blonden Haare wie auf dem Foto, das er in Becks
Handy gesehen hat. »Frau Beck?« Sie bleibt abrupt stehen.
»Kommissar Leitner?« Ihre Augen sehen verweint aus. »Genau. Ich habe Sie angerufen. Ich würde Ihnen auf dem Weg
zum Krankenhaus gern einige Fragen stellen. Ist das in Ordnung für Sie?« Sie nickt, als ob sie es nicht anders erwartet
hätte. Er führt sie zum Wagen, in dem Kollege Bruckner am

Steuer wartet, und hält ihr die Tür auf. Anschließend setzt er sich zu ihr auf die Rückbank. »Sie wirkten am Telefon überrascht, als ich Ihnen den Aufenthaltsort Ihres Mannes nannte. Wussten Sie nichts von seinen Reiseplänen?« Sie schüttelt den Kopf. »Fährt er öfter weg, ohne Bescheid zu geben?« »Es kommt vor.« Leitner zögert, ehe er die nächste Frage stellt. »Ist es denkbar, dass er solche Ausflüge für erotische Abenteuer nutzt?« »Auf keinen Fall.« Katrin Beck klingt ehrlich entrüstet. »Wie können Sie da so sicher sein? Es gibt Zeugen einer Eifersuchtsszene zwischen Franz, dem Rezeptionisten des Hotels, der ebenfalls verunglückt ist, und dessen Ehefrau Ramona, die in der Hotelbar zu heftig mit Ihrem Mann geflirtet hat.« Leitner beobachtet die Frau nun ganz genau, doch sie wendet ihr Gesicht zum Fenster, ehe sie sagt: »Ach, wäre doch alles nur so einfach.«

Im Krankenhaus begleitet Leitner Katrin Beck ins Büro der behandelnden Ärztin. »Ich habe Ihnen anstelle meines Patienten etwas mitzuteilen, Herr Kommissar, weil ich Ihnen heute noch nicht erlauben kann, ihn zu sprechen«, beginnt sie. »Nachdem Sie seine Frau vorhin hierher gebracht hatten, ist Franz Wittler tatsächlich aus der Bewusstlosigkeit erwacht, und er erinnert sich entgegen unseren Prognosen an alles, was gestern geschah. Herr Wittler wollte dem Gast zu Hilfe kommen, der zwar bergerfahren, aber von ihm nicht ausdrücklich auf die Gewitterneigung hingewiesen worden war. Doch Herr Beck griff ihn ohne ersichtlichen Grund an. Das ist alles, was Wittler dazu sagen kann.« Von dem Streit mit Beck wegen seiner Frau will er natürlich nichts mehr wissen, denkt Leitner. Dennoch ist er zufrieden, denn eine Zeugenaussage ist besser als keine, auch wenn deren Wahrheitsgehalt noch zu prüfen ist. Aber das hat Zeit. »Wann können wir Herrn Beck sehen?«, fragt er die Ärztin. »Sofort. Ich fahre mit Ihnen hinunter in die Pathologie.« Leitner hört, wie Katrin Beck, die neben ihm sitzt, bei diesem Wort aufschluchzt. Er wendet sich zu ihr. »Es geht leider nicht anders. Sie müssen Ihren Mann identifizieren.« »Vor diesem Tag fürchte ich mich seit Jahren«, flüstert sie mit tränenerstickter Stimme. Leitner beugt sich vor, um sie zu verstehen. »Seit die Krankheit ausgebrochen ist, die ihn so vollständig verändert hat. Er wurde misstrauisch gegen alles und jeden, witterte überall Verrat und fühlte sich ständig verfolgt. Immer wieder musste er für Wochen in die geschlossene Abteilung der Psychiatrie, wo man ihn medikamentös einstellte. Aber zuhause setzte er die Tabletten heimlich ab. Er hielt sie für ungesund und unterstellte mir sogar, ich wolle ihn, den Geheimagenten des BND, im Auftrag des russischen Geheimdienstes damit vergiften. Dabei war mein Mann von Beruf Bankkaufmann und seit langem arbeitsunfähig. Wegen der Agenten, die ihn angeblich jagten, und nicht wegen irgendwelcher Frauengeschichten tauchte er oft tagelang unter, so wie hier in Tirol. Aber bis gestern hat er noch niemandem geschadet.« Sie bricht ab, zupft ein Taschentuch aus dem Jackenärmel und trocknet ihre Augen. Dann richtet sie den Blick auf die Ärztin. »Der Mann wird doch wieder ganz gesund, oder?« Die Frau nickt. »Davon gehen wir aus.« Katrin Beck seufzt erleichtert. »Es tut mir so leid für ihn. Er konnte ja nicht ahnen, wie mein Mann drauf war.« »Zumindest war Ihr Mann an seinem letzten Tag noch einmal richtig glücklich«, sagt Leitner, um etwas Tröstliches zu diesem Gespräch beizutragen, das eine so unerwartete Wende genommen hat. »Schauen Sie.« Er zeigt ihr das Selfie vom Gipfel in dem vom Sturz beschädigten, aber noch funktionierenden Handy ihres Mannes. Katrin Beck betrachtet es lange. »So habe ich ihn kennengelernt«, murmelt sie schließlich. »Als strahlenden Bergfex. Er hat mich immer ausgelacht, wenn ich ihn bat, die Kletterei aufzugeben. Bis er abgestürzt und auf den Kopf gefallen ist. Er konnte sich nie an den Unfall erinnern, aber seitdem war er nicht mehr derselbe.«

Tiroler Speckknödelsuppe

Zutaten:
200 g Knödelbrot
250 ml Milch
2 Eier
100 g Tiroler Speck in Würfeln
1 Zwiebel
3 EL Mehl
Petersilie
Salz, Pfeffer, Muskatnuss

Zubereitung:
Das Knödelbrot mit lauwarmer Milch und Eiern vermengen. 30 Minuten ziehen lassen.
Den Tiroler Speck in Würfel schneiden, mit gehackten Zwiebeln anschwitzen und mit Salz, Pfeffer und Muskatnuss abschmecken. Etwas abkühlen lassen und zum Knödelbrot geben. Mehl darüberstreuen und mit gehackter Petersilie zu einer nicht zu feuchten Masse vermengen. Aus der Knödelmasse kleine Speckknödel formen. Die Knödel in heißem, gesalzenem Wasser für etwa 15 Minuten gar ziehen lassen. Abseihen und in heißer Fleischsuppe mit Schnittlauch bestreut servieren oder als Beilage verwenden.

Viele Köche verderben den Brei

(Salzburg)

So viele Beulen in einem Gesicht hatte Bezirksinspektor Ullrich Lauda in seinem ganzen bisherigen Leben noch nicht gesehen. Dienstlich nicht und privat schon gar nicht. Es waren unzählige – in den verschiedensten Größen und Farben, von hell bis dunkel. Sie verunstalteten den Mann, der da auf dem hellen Fliesenboden der Hotelküche lag, derart, dass sich Lauda nicht mit Sicherheit zu sagen getraute, ob es sich tatsächlich um jene Person handelte, deren Personalausweis er in der Hand hielt.

Immer wieder ließ er seinen Blick zwischen dem Lichtbild und dem Gesicht des Toten hin und her schweifen. Aber nichts sah so aus wie auf dem Foto. Nase, Augen, Lippen, Kinn – alles war total entstellt. Lauda spürte förmlich die Blicke der Schaulustigen in seinem Rücken, die darauf warteten, dass er endlich etwas sagte – ihnen die Identität des Starkochs Willibald Wiemermayer bestätigte. Was er im Grunde seines Herzens auch sehr gerne getan hätte, wäre es ihm denn möglich gewesen.

»Also …«, begann Lauda zögerlich, dem die Kochkleidung des Toten nicht Beweis genug war, um Tatsachen zu schaffen. »Das tut mir jetzt schrecklich leid, aber ich kann keine Ähnlichkeit entdecken. Ist vielleicht jemand unter den Anwesenden, der den Herrn etwas besser gekannt hat?«

Er sah sich um, während er diese Frage stellte. Den meisten der Anwesenden schien es aber so zu ergehen wie ihm. Allerdings mussten sie alle zusammen keine Entscheidungen treffen, sondern konnten sich aufs Gaffen konzentrieren, während er krampfhaft überlegte, was denn nun zu tun war.

Bezirksinspektor Ullrich Lauda war nämlich nicht besonders versiert im Umgang mit Todesfällen unbekannter Ursache. Er war mehr der gemütliche Dorfpolizist, der sich das gesamte Jahr über an allen Ecken und Enden von Badbruck blicken ließ, um den Menschen ein Gefühl der Sicherheit zu vermitteln. Eine Aufgabe, deren Schwierigkeitsgrad man ruhigen Gewissens mit »einfach« bewerten konnte. Nicht zuletzt deshalb, weil Lauda selten bis nie selbst Hand anlegen musste, wenn doch einmal etwas passierte. Denn dann kamen die Spezialisten. Eine Tatsache, die dem kurz vor der Pensionierung stehenden Polizisten, der das Ende seiner persönlichen Karriereleiter bereits vor vielen Jahren erreicht hatte, nicht gerade missfiel.

In dieser Situation rächte sich das jedoch. Das Schicksal hatte nämlich nicht nur gewollt, dass er als Erster am Ort des Geschehens eingetroffen war, sondern auch, dass er keine Möglichkeit hatte, den Fall an irgendjemanden abzugeben. Wenn man so wollte, herrschte eine Art von Ausnahmezustand. Und zwar nicht nur in Badbruck, sondern auch in Bad Gastein und Bad Hofgastein.

Normalerweise war es Anfang November schon ziemlich ruhig in der Gegend. Die Sommertouristen waren weg und die Wintersportler noch nicht da. In den letzten Jahren hatten sehr viele der Hotelbetriebe um diese Zeit bereits geschlossen, um sich vor der harten Wintersaison eine Pause zu gönnen. In diesem Jahr war dem nicht so. Zugunsten einer Veranstaltung, die ursprünglich »Kulinarisches Gasteinertal« hatte heißen sollen und die sich der Tourismusverband gemeinsam mit den Hoteliers und Gaststättenbetreibern der Umgebung ausgedacht hatte, war der Saisonschluss verschoben worden.

Der Grundidee nach hätte es eine rein lokale Veranstaltung werden sollen. Irgendwann im Laufe der Vorbereitungen hatte allerdings Willibald Wiemermayer, seines Zeichens der prominenteste Koch Österreichs und Inhaber eines Sternerestaurants in Wien, mitbekommen, was sich die Leutchen in den Bergen da ausgedacht hatten, und sich kurzerhand in das Vorhaben eingeklinkt. Allerdings nicht um des Kochens willen, sondern um mit der Vermarktung dieser Idee seine Fernsehsendung, die in den letzten Wochen und Monaten gegen die Konkurrenz bei den Privatsendern zunehmend an Boden verloren hatte, wieder etwas näher an den Quotenolymp zu bringen.

Dass einfach nur gut gekocht wurde, reichte dem gemeinen Fernsehvolk schon lange nicht mehr. Alles musste spannender, spektakulärer und innovativer werden. Das war schon an den Titeln der Konkurrenzformate zu erkennen. Von der Küchenschlacht über Beef-Battle bis hin zum Grillen mit irgendwelchen Starköchen gab es da alles. Auch wenn Wiemermayer als Fernsehkoch ein Vorreiter gewesen war, hatte er einsehen müssen, dass er etwas Neues machen musste, wenn er weiter zur Hauptsendezeit über die Bildschirme flimmern wollte. Das hatte ihm der Produzent der Sendung unmissverständlich klargemacht.

So wurde aus »Kulinarisches Gasteinertal« letztendlich »Omas Küchenkontest«. Denn natürlich war es einem Mann vom Format des Herrn Wiemermayer nicht genug, das kleine Gasteinertal kulinarisch zu erforschen. Für ihn musste es ein österreichweiter Wettstreit sein. Mit dem Ziel, die besten Rezepte aus alten Kochbüchern zu finden. Traditionelle Speisen, von Profiköchen zubereitet, die dabei auch gleich ihr Lokal präsentieren konnten. Vier Köche mit vier verschiedenen Rezepten mussten pro Bundesland gegeneinander antreten und sich einer Jury stellen, deren Vorsitzender Willibald Wiemermayer war. Seine Kojuroren Walter Demelhart und Daniel Fuger waren ebenfalls sternprämierte Köche und daher nicht minder bekannt. Die einzelnen Bundeslandsieger sollten im großen Finale gegeneinander antreten. Alle mit dem gleichen Gericht. Es würde also einzig auf die Raffinesse der Zubereitung ankommen.

Kurzerhand wurden zehn Sendungen geplant. Eine pro Bundesland und natürlich das große Österreich-Finale, das,

weil die Idee ja von dort gekommen war, im Gasteinertal stattfinden sollte. Beim Austragungsort war die Wahl auf ein Fünfs-
ternehotel in Badbruck gefallen, das als Einziges die räumli-
chen Möglichkeiten für eine solche Liveveranstaltung bot.

Die besten Volksmusik- und Schlagerinterpreten sollten
an verschiedenen Orten im Tal auftreten und so für eine möglichst große Besucherzahl sorgen. Tatsächlich waren Tausende Menschen angereist, um bei den zahlreichen Events dabei
zu sein. Denn in Wahrheit waren es die Künstler und nicht
die Köche, die für volle Häuser sorgten. Das war dem Herrn
Wiemermayer genauso bewusst wie egal gewesen. Hauptsache, es steppte der Bär.

Bis vor wenigen Minuten war alles schön nach Plan gelaufen. Der musikalische Star des Abends war vom Moderator
angekündigt worden, und die Kandidaten hatten ihre fertigen Gerichte bereits auf dem Jurytisch in der Küche abgeliefert. Denn natürlich sollte die Verkostung nicht vor laufender
Kamera stattfinden. Das hätte viel zu lange gedauert. Draußen, vor dem Publikum, war nur ein bisschen Show geplant
gewesen, um die Zeit bis zur Urteilsverkündung zu überbrü-
cken.

Ausgerechnet jetzt, während auf der Bühne eine überaus
ansehnliche Blondine atemlos durch die Nacht huschte und
der Höhepunkt der Sendung kurz bevorstand, war dieser
feine Herr Wiemermayer verstorben. Dachte zumindest der
Lauda, während er wieder auf das völlig entstellte Gesicht
blickte.

»Der sollte nicht Wiemermayer, sondern Wimmerlmayer heißen«, schoss es ihm durch den Kopf. Nur mit Mühe
konnte er ein Grinsen unterdrücken, das ihm in Anbetracht
der gegebenen Situation nicht passend erschien. Er war eben
unglaublich sensibel, der Bezirksinspektor Lauda. Was er mit
seiner nächsten Frage auch gleich unter Beweis stellte:

»Hat jemand von Ihnen zufällig gesehen, was mit dem
Herrn Wimmerlmayer passiert ist?« Am liebsten hätte sich

der Ordnungshüter auf die Zunge gebissen, als er seinen freudschen Versprecher bemerkte und einige der Anwesenden glucksend kichern hörte. Dennoch zog er es vor, sich nicht zu korrigieren, sondern einfach so zu tun, als wäre nichts gewesen.

Es schien sich herumgesprochen zu haben, dass etwas geschehen war, und die Küche füllte sich rasch mit Schaulustigen, während Lauda immer noch nicht entschieden hatte, was er als Nächstes zu tun gedachte. Das schien auch der Hoteldirektor, Karl Hillebrandt, bemerkt zu haben, der sich auf den Polizisten zuschob. »Unternehmen Sie gefälligst etwas und werfen Sie die ganzen Leute hinaus«, zischte er ihm ins Ohr.

Draußen ertönte die Sirene eines Krankenwagens, und es dauerte keine Minute, bis sich zwei Sanitäter, gefolgt von der Notärztin, ihren Weg durch die Massen bahnten. Warum keiner auf die Idee gekommen war, die Helfer zum Lieferanteneingang zu lotsen, war nur eine von vielen kritischen Fragen, die sich Lauda später gefallen lassen musste. Geändert hätte das aber sicherlich nichts, weil der Herr Wiemermayer bereits so tot war, wie man zur besten Sendezeit an einem Samstagabend nur tot sein konnte.

Die Ärztin stellte rasch fest, dass Willibald Wiemermayer nicht mehr unter den Lebenden weilte, wollte sich aber bei der Todesursache nicht festlegen. Sie meinte lediglich, dass dies zwar eine Angelegenheit der Gerichtsmedizin sei, aber alles auf einen anaphylaktischen Schock hindeute. Eine Aussage, mit der Lauda mangels medizinischer Kenntnisse rein gar nichts anfangen konnte. Trotzdem beruhigte ihn diese Annahme, da sie für ihn eindeutig nach einem natürlichen Tod klang.

Den Produzenten der Fernsehsendung stellte das vor ein schier unlösbares Problem. Sollte er die Liveübertragung abbrechen oder versuchen, seinen Star kurzfristig zu ersetzen? Falls ersetzen, dann durch wen? Andererseits würde eine

Unterbrechung aufgrund eines Todesfalles ganz sicher die Quoten in die Höhe treiben. Da war guter Rat teuer. Letztlich entschied sich der Mann für den Abbruch der Sendung. Was zur Folge hatte, dass sie über eine Stunde länger dauerte als geplant. Immerhin wollten ja auch die Zuschauer an den Fernsehgeräten möglichst schnell erfahren, was genau passiert war, und es war seine gottverdammte Pflicht, dieses Verlangen zu stillen.

Dem Bezirksinspektor Lauda fiel hingegen eine zentnerschwere Last von den Schultern, als er realisierte, es hier offenbar nicht mit einem Verbrechen zu tun zu haben, und er beschloss, den Lauf der Dinge ein wenig zu beschleunigen.

Alles in allem geschah dann eigentlich gar nichts von all dem, was normalerweise hätte geschehen müssen. Meinten später zumindest Laudas Kritiker. Mit einer Ausnahme: Er notierte sich die Namen der beiden Juroren und des Kamerateams. Seiner Meinung nach musste das völlig genügen, nachdem es keine Gewalttat gewesen war.

Während Lauda auf den Bestatter wartete, wurde ihm ein kleines bisschen langweilig. Der Hunger meldete sich bei ihm, als sein Blick abermals über den Jury-Tisch und die dort deponierten Köstlichkeiten strich. Seine Bedenken, ein wenig davon zu naschen, verflogen recht schnell. Zum einen war das Zeug ohnehin schon kalt und zum anderen hatte sich die Sache mit der Siegerehrung ja wohl erledigt. Von daher konnte er seinen Bedürfnissen freien Lauf lassen und sich an den Speisen verlustieren. Er trat an den Tisch heran und las, was auf dem Schild vor dem ersten Teller stand: Pinzgauer Fleischkrapfen.

Ein Gericht, das ihm seine Großmutter öfter einmal zubereitet hatte. Lauda liebte die Dinger geradezu. Dementsprechend hoch war seine Erwartungshaltung, als er mit Daumen und Zeigefinger einen der beiden Krapfen vom Teller stibitzte und in einem Stück in den Mund schob. Es schmeckte, als hätte er in einen Salzstein gebissen. Reflexartig suchte er nach einem Abfalleimer und spuckte aus, bevor er wieder an den Tisch trat, um einen der Pongauer Fleischkrapfen zu probieren. Auch diesmal wurde er enttäuscht. Die Spezialität schmeckte penetrant nach Fisch. Lauda, durch und durch ein Mann des Waldes und der Berge, mochte Fisch absolut nicht, weshalb auch dieser Krapfen in der Mülltonne landete.

Genau wie der Tennengauer und der Gasteiner Fleischkrapfen, die ebenfalls sehr fischig schmeckten. Das war beim Gasteiner Exemplar anscheinend schon jemandem vor ihm aufgefallen. Zumindest zog Lauda diesen Schluss, als er bemerkte, dass bereits ein Stück davon fehlte. Abgebissen, wie es aussah. Zu seinem Glück gab es noch fünf weitere Teller mit Fleischkrapfen. Ein Festessen für den hungrigen Polizisten. Er war gerade dabei, sich die Flachgauer Version einzuverleiben, die sich, nebenbei bemerkt, als unglaublich süß erwies, als endlich der Bestatter kam.

»Wohin soll der Leichnam gebracht werden?« Die Frage erwischte Lauda auf dem falschen Fuß. Das bemerkte auch der Bestatter und schlug vor, den Verstorbenen in seinem Institut zu lagern, bis eine Entscheidung über den endgültigen Verbleib getroffen würde. »Eine gute Idee«, fand Lauda und stopfte noch schnell einen der Fleischkrapfen aus dem Lungau in sich hinein. Er war so scharf wie die Hölle.

Lauda verließ die Küche und machte sich auf den Heimweg. Seine Gedanken kreisten um die Qualität der heimischen Spitzenköche. Von dieser war er nämlich, gelinde ausgedrückt, herb enttäuscht. Sollte das, was die Herren da abgeliefert hatten, tatsächlich das Beste sein, was sie zustande brachten? Zu salzig, zu sauer, zu scharf, zu süß, zu fischig – das war die Bilanz seiner Privatverkostung, von der er daheim auch seiner Hannelore erzählte, die voller Spannung auf ihn gewartet hatte. Lange hielt er sich damit aber nicht auf, sondern bereitete sich auf seine wohlverdiente Nachtruhe vor.

Gerade als er dabei war, seine Dritten in das dafür vorgesehene Glas zu stecken, läutete das Telefon. Lauda erschrak sichtlich, bedeutete dieses Geräusch doch zumeist nichts Gutes. Zumindest nicht um diese Uhrzeit. Etwas zögerlich machte er sich auf den Weg ins Vorzimmer, wo der Apparat stand. Ein Mobiltelefon besaß der Herr Bezirksinspektor nämlich nicht. Zwar hatte ihm sein Dienstherr eines von diesen Dingern zugewiesen, aber Lauda lehnte es strikt ab, sich von den elektromagnetischen Wellen das Gehirn weich kochen zu lassen. Genauso wie er die elektronische Post hasste, die bereits vor Jahren das Papier als Träger von Nachrichten abgelöst hatte. Eine Entwicklung, die er mit großer Besorgnis registrierte.

Als er den Hörer abhob, bestätigte sich sein schlechtes Gefühl sofort. Ein Mann war dran, dessen Namen Lauda in der Hektik des Augenblicks nicht mitbekam – weshalb er ihm in Gedanken den Namen Störenfried gab. Herr Störenfried hielt sich nicht lange mit Höflichkeitsfloskeln auf, sondern überhäufte den völlig unvorbereiteten Ordnungshüter mit Fragen, die ziemlich vorwurfsvoll klangen.

»Was genau ist in der Hotelküche vorgefallen? Warum haben Sie das Landeskriminalamt nicht verständigt? Haben Sie den Tatort abgesperrt, allfällige Spuren sichern lassen und den Staatsanwalt verständigt?« Stakkatoartig feuerte Störenfried seine Fragen ab und Lauda wusste nicht, wie ihm geschah. Glücklicherweise ließ ihm der Anrufer keine Zeit, um auf die einzelnen Fragen zu antworten. Denn sonst hätte Lauda sehr oft Nein sagen müssen, wie ihm schmerzlich bewusst wurde, während Störenfried am anderen Ende der Leitung Gift und Galle spuckte und seinen Ton noch verschärfte. In der Art, welcher Vollidiot die Ermittlungen leite und so.

Kurz war Lauda versucht, dem Mann Einhalt zu gebieten, der da ohne jede Scham sämtliche Grenzen der Höflichkeit überschritt, sparte es sich aber vorsichtshalber, weil er ja immer noch nicht wusste, mit wem er es zu tun hatte. Außerdem erweckte Störenfried den Eindruck, ein wichtiger Mann zu sein. Wahrscheinlich widersprach Lauda deshalb nicht, als ihm gesagt wurde, er solle sich sofort zu dessen Büro begeben und dort auf Störenfried warten.

Eine knappe Stunde später fürchtete Lauda um seine Pensionsansprüche, nachdem ihm Störenfried – der in Wirklichkeit Langhartinger hieß und vom Landeskriminalamt kam – erklärt hatte, was er eigentlich alles hätte tun müssen, und dass er keineswegs selbstständig hätte entscheiden dürfen, dass keine Straftat vorlag.

»Was hat der Notarzt bezüglich der möglichen Todesursache gesagt?«, wollte Langhartinger wissen und sah Lauda mit stechendem Blick an. Der suchte in seinem Hirn nach der Antwort. Mit Fremdwörtern hatte es der bodenständige Mann nämlich auch nicht so. Weshalb er sich meistens Synonyme bastelte, die zumindest ähnlich klangen, um sich etwas merken zu können. Mit dem Ergebnis dieser Taktik konfrontierte er jetzt den Kripomann:

»Analphabetenschock ...«

»Wie bitte ...?«

»Ähh ..., Analphabetenschock ... glaube ich ...«

Für einen Moment machte Langhartinger ein dermaßen geistloses Gesicht, dass Lauda schon meinte, zumindest in diesem Punkt einmal die Oberhand gewonnen zu haben.

»Hat furchtbar ausgeschaut. Das können Sie ruhig glauben. Das ganze Gesicht voller Wimmerl ...«

Der Kollege vom Landeskriminalamt saß da und schlug sich mit der flachen Hand auf die Stirn, als er begriff, was ihm Lauda sagen wollte.

»Anaphylaktischer Schock, Sie meinen einen anaphylaktischen Schock, Sie Analphabet, Sie!«

Nach außen hin zog Lauda einen Schmollmund. Innerlich musste er aber zugeben, dass er schon ein kleines bisschen nachvollziehen konnte, warum Langhartinger gar so ungehalten war. Darum meinte er, sich in Schadensbegrenzung üben zu müssen, und erklärte, dass ein Teil des Versäumten ja immer noch problemlos nachgeholt werden könne. Wie die

Absperrung des Tatortes zum Beispiel. Oder die Sicherung der Spuren.

Aber Störenfried – wie Lauda den Mann immer noch nannte, weil er sich Langhartinger nicht merken konnte – war offenbar nicht gekommen, um Freunde zu finden, und erklärte in ziemlich ruppigem Ton, dass er einen Idioten wie Lauda sicher nicht alleine losschicken werde, um sich darum zu kümmern. Das tat ganz schön weh.

»Mitkommen!«, befahl Störenfried und begab sich zu seinem Wagen, um zum Tatort zu fahren, wo es vor Polizisten nur so wimmelte. Offenbar war Störenfried nicht allein angereist, sondern hatte die Spurensicherung mitgebracht, die bereits eifrig am Werk war.

Störenfried erwirkte beim zuständigen Staatsanwalt eine Anordnung für die Obduktion des Küchenstars Wiemermayer, die den Verdacht der Notärztin zweifelsfrei bestätigte, dass der Mann an einer allergischen Reaktion gestorben war. Das erleichterte Lauda aber nur bedingt das Leben, weil immer noch die Frage blieb, wie es dazu gekommen war. Zumindest für Störenfried. Lauda selbst beschlich nämlich so eine leise Ahnung, als er mitbekam, dass Wiemermayer gegen Fische und Krustentiere allergisch gewesen war.

Obwohl er normalerweise ein eher träger Denker war, zählte er in diesem Fall sehr schnell eins und eins zusammen, als er an den furchtbaren Fischgeschmack der Pongauer Fleischkrapfen dachte. Dieser Gedanke brachte aber auch einen leichten Schüttelfrost mit sich, als Ullrich Lauda realisierte, dass sein größter Fehler nicht gewesen war, den Tatort nicht abgesperrt oder keine Spuren gesichert zu haben. Nein, absolut nicht. Noch weit schlimmer war, dass er höchstwahrscheinlich einen Großteil der Beweise verspeist hatte.

Vorsichtshalber horchte er intensiv in seinen Körper hinein, um festzustellen, ob irgendwelche Anzeichen für eine Vergiftung vorlägen. Die gab es aber nicht. Beruhigend zwar, aber keine Lösung für seine Probleme. Auch keine Antwort auf die Frage, ob er dem ohnehin schon ziemlich wütenden Störenfried beichten sollte, was geschehen war.

Jetzt konnte man Lauda ja alles Mögliche vorwerfen. Von Faulheit bis hin zur Dummheit war alles drin. Aber eines konnte man ihm nicht nachsagen: Unaufrichtigkeit. Ullrich Lauda war durch und durch eine ehrliche Haut. Deshalb stellte er sich dem, was kommen mochte, und informierte Störenfried über seine nächtliche Hungerattacke und deren Folgen. Um es nett auszudrücken: Dessen Freude hielt sich arg in Grenzen.

Vor allem auch deswegen, weil die Putzfrauen in der Zwischenzeit schon die letzten Reste der Speisen entsorgt hatten. Glücklicherweise konnten die Spurensicherer im Biomüll noch einige der Fleischkrapfen sicherstellen und einer Untersuchung zuführen, deren Ergebnis mehr als nur interessant war. Rein analytisch betrachtet war nämlich kaum eine der Proben genießbar. Da waren Salz, Chili und Zucker in Massen verkocht worden. In fünf der Proben fand sich zudem Fischöl.

Die Analyse des Mageninhaltes zeigte auf, dass Wiemermayer vor seinem Tod offenbar von allen Tellern gegessen hatte. Das warf natürlich die Fragen auf, warum der Starkoch diese Beigaben weder gerochen noch geschmeckt hatte, und wie das Zeug ins Essen gekommen war. Die Antwort auf die erste Frage verriet der Hausarzt des Küchenzampanos. Er gab bekannt, sein Patient habe seit Längerem an Anosmie laboriert. Ein streng gehütetes Geheimnis, da diese Krankheit klarerweise das Ende der Karriere des Fernsehkochs bedeutet hätte.

Frage zwei ließ sich leider nicht ganz so einfach beantworten. Irgendjemand musste das Fischöl wohl ins Essen gemischt haben. Vielleicht hatte dieser Jemand ja von der Allergie und der Geruchsschwäche Wiemermayers gewusst? Ein vager Verdacht zwar, aber nicht auszuschließen. Diese Erkenntnis hatte zur Folge, dass elf Personen zur Vernehmung vorgeladen wurden. Und zwar die neun Köche, die am

Wettbewerb teilgenommen hatten, und die beiden anderen Jurymitglieder. Denn eine dieser Personen, so die Theorie Störenfrieds, musste der Täter sein.

Zuerst mussten sich der Wiener Karl Scherer und der Tiroler Sepp Kofler dem Verhör stellen. Und zwar deshalb, weil ihre Krapfen offenbar als einzige in Ordnung gewesen waren. Ein Wissen, das Störenfried einzig und allein dem Appetit Laudas verdankte, der sich dieses Detail gemerkt hatte. Deswegen boten sich die Herren natürlich bestens als Täter an. Daraus wurde allerdings nichts, weil beide entrüstet leugneten, irgendetwas mit den ganzen Sabotageakten und dem Attentat zu tun zu haben.

Danach wurde der Kandidat aus Niederösterreich, ein gewisser Josef Kirchhofer, befragt, der für die Lungauer Fleischkrapfen verantwortlich zeichnete und mit den Tatsachen konfrontiert sofort ein Geständnis ablegte. Er gab zu, die Flachgauer Variante seines burgenländischen Kontrahenten bis zur Ungenießbarkeit mit Zucker versetzt zu haben, um ihn aus dem Bewerb zu werfen. Die Sache mit dem Fischöl bestritt er jedoch vehement.

Max Landl aus dem Burgenland gab an, kurz vor der Abgabe seines Tellers bemerkt zu haben, dass jemand seine Krapfen gezuckert hatte. Sein Verdacht, so sagte er, sei allerdings auf den Koch aus der Steiermark gefallen, der zu seiner Linken gearbeitet habe. »Deswegen hab i dem seine steirischen Fleischkrapfen in einem unbeobachteten Moment mit Zitronensaft verfeinert. Aber Fischöl hab i net verwendet«, beteuerte auch er.

Axel Puntigam aus der Steiermark gab zu, die Lungauer Fleischkrapfen des Niederösterreichers aus reiner Böswilligkeit mit Chili und Tabasco gewürzt zu haben. »Und zwar deswegen, weil ich vor einigen Jahren einmal mit ihm zusammengearbeitet hab und der Misthund mir damals meine Freundin ausgespannt hat.« Von den anderen Übeltaten und vom Fischöl wollte er allerdings nichts wissen.

Der etwas verwirrt wirkende Küchenprofi aus Oberösterreich fühlte sich um seinen sicher geglaubten Sieg betrogen
und schien wenig Empathie für Wiemermayer aufzubringen.
Er wirkte, als wäre ihm dessen Tod völlig egal. Was er am
Ende der Vernehmung, völlig unaufgefordert, auch bestätigte: »Der Mann war ein inkompetenter Arsch, wenn Sie mich
fragen.« Etwas mit dem Fischöl zu tun gehabt zu haben,
leugnete er aber.

Jodok Zimmermann aus Vorarlberg zierte sich zunächst
und bestritt jegliche Beteiligung an irgendwelchen unsportli-
chen Machenschaften. Vielmehr betonte auch er, mit seinen
Pinzgauer Fleischkrapfen selbst Opfer eines Schurken geworden zu sein. Immerhin, so meinte er, sei darin ja auch Fischöl
gewesen. Eine Tatsache, die Lauda ebenfalls bestätigen konnte. Während des Gespräches verwickelte sich der Vorarlberger aber immer mehr in Widersprüche. Letztlich gab er zu,
geplant zu haben, die Krapfen aller seiner Mitbewerber mit
Fischöl ungenießbar zu machen, um den Sieg einzuheimsen.
Leider, so behauptete er, sei er aber nur dazu gekommen, die
Gasteiner Fleischkrapfen zu beträufeln.

Blieb zu guter Letzt also nur noch der Lokalmatador aus
Salzburg, Severin Held, der zugab, schwer unter Druck gestanden zu haben, da alle im Tal einen Sieg erwartet hätten.
»Am Anfang hab i den Wettbewerb net so ernst gnommen.
Dann hab i aber kapiert, dass niemand im ganzen Tal a Nie-
derlage hinnehmen würd und es hier um mein Ruf als Spitzenkoch gangen is. Drum hab i a bisserl nachgeholfen und
den Tennengau und den Pongau mit Fischöl geflutet.«

Da stand er nun, der Störenfried, und wusste nicht so
recht, was er jetzt tun sollte. Im Grunde schien der Tod des
Starkochs ein blöder Unfall gewesen zu sein. Herbeigeführt
von ein paar Köchen, deren Ego größer war als ihre Scheu,
unfair zu handeln. Ein Schuldiger musste allerdings gefunden
werden. Eine Aufgabe, die er in diesem Fall dem Labor über-
lassen wollte. Sollten die Kollegen dort doch herausfinden,

an welchem der Öle Wiemermayer gestorben war. Die Öl-fläschchen waren in den Zimmern der beiden Beschuldigten gefunden worden. Kein Problem also.

Schon dachte Bezirksinspektor Lauda, er würde glimpflich aus der Sache herauskommen, aber da hatte er die Rechnung ohne Störenfried gemacht. Der wollte ihm offenbar massive Probleme bereiten. Das endete damit, dass sich Lauda in einem Disziplinarverfahren wiederfand. Als Beschuldigter, wie wohl klar ist. So etwas ist immer ein Albtraum, aber so kurz vor der Pensionierung eine echte Katastrophe. In seinem Fall kam es tatsächlich knüppeldick. Fünf Männer in prächtigen Uniformen saßen vor ihm und machten ihm abwechselnd laute Vorwürfe wegen seiner Unfähigkeit. Den Vorsitz führte eine Frau, die ihm seltsam bekannt vorkam, deren Rangabzeichen er aber nicht erkannte. Lauda hockte schweißgebadet auf seinem Stuhl und durfte bis zur Urteilsverkündung kein Wort sagen.

»Bezirksinspektor Ullrich Lauda«, donnerte die Stimme der Vorsitzenden. »Im Namen dieser Kommission werden Sie Ihres Amtes enthoben und aus dem Polizeidienst entlassen! Damit einhergehend verlieren Sie sämtliche bisher erworbenen Pensionsansprüche.«

Ullrich Laudas Ohren begannen so laut zu klingeln, dass er den Rest des Urteils nicht mehr hören konnte. Stattdessen fühlte er, wie ihn jemand an der Schulter packte. Er versuchte, sich dagegen zu wehren. Allmählich ließ das Klingeln nach und er wurde zunehmend klarer im Kopf. Trotzdem dauerte es noch eine Weile, bis er begriff, dass es sein Wecker war, der da läutete, und seine Frau ihn dazu bringen wollte, den Störenfried abzuschalten. »Steh auf, Schatz, heute ist ein wichtiger Tag. Vielleicht kommst du sogar ins Fernsehen! Und vergiss bitte nicht, mir ein Autogramm von Willibald Wiemermayer zu besorgen!«

»Daraus wird wohl nichts, Hannelore. Ich glaub, ich bin krank.«

Pongauer Fleischkrapfen

für 6 bis 8 Personen

Zutaten Teig:
250 g Weizenmehl
250 g Roggenmehl
ca. 1/4 l Milch
100 g Butter
Kümmel gemahlen, Salz

Zutaten Fülle:
500 g gekochtes, geselchtes Rindfleisch
500 g gekochter Selchschopf
1 Zwiebel
Petersilie, etwas Salz
Fett zum Herausbacken

Zubereitung:
Für die Fülle die fein geschnittenen Zwiebel anrösten, das von Hand klein geschnittene Geselchte darunter mischen, kurz durchrösten und mit Petersilie und Salz würzig abschmecken.
Für den Teig Mehl, Salz und gemahlenen Kümmel in eine Schüssel geben. Milch und Butter aufkochen, über das Mehl geben und alles ein wenig durchkneten. Dann den Teig dünn ausrollen. Quadrate schneiden und mit Fülle belegen. Die Teigquadrate zu Dreiecken falten, den Rand gut festdrücken und die Krapfen in Fett schwimmend herausbacken.
Die Fleischkrapfen mit Sauerkraut servieren.

PETER NATTER

Nicht alles, was riecht, ist Käse

(Vorarlberg)

I. Immer wieder freitags

Als wär's schon hoher Sommer, so kommt der Juni-Tag daher. Strahlend blau spannt sich der Himmel über die leuchtend grünen Wiesen, schön warm ist es bereits am frühen Morgen. Tatendurstig und neugierig versammeln sich die Erst- und Zweitklässler überpünktlich vor dem Krumberger Dorfschulhaus. Ihre Fröhlichkeit nimmt rasch alle Nervosität von Silke Leutold, der Junglehrerin, die heute ihren ersten Wandertag mit den Kindern durchführen wird. Nichts wirklich Großes, aber doch Abenteuer genug. Hinunter an die Ache soll es gehen, dann im schattigen Tal flussaufwärts, zu Mittag ist eine ausgiebige Rast mit Würstelgrillen und Schatzsuche geplant. Am frühen Nachmittag werden sie wieder ins Dorf zurückkehren und dann gleich ins Wochenende starten. Das Angebot engagierter Eltern mitzuwandern, hat Silke dankend abgelehnt. Sie möchte mit den Kindern allein sein und diese Premiere ganz für sich haben. Der Direktor hat ihr gern die Erlaubnis dazu gegeben. Silke hat das sicher im Griff.

Jetzt aber los. Süß sind die Kinder mit ihren kleinen Rucksäcken. Viele der Mädchen haben die Haare zu dicken Zöpfen geflochten, manche Buben tragen sogar kurze Lederhosen; als wäre die Zeit stehen geblieben, scheint es Silke. Weit schweift der Blick nach Osten und Süden, wo die noch immer schneebedeckten Berggipfel glänzen. Gemächlich geht es im Gänsemarsch auf dem schmalen Pfad hinunter ins Tal der Ache. Vom Kirchturm schlägt es acht, als die Wanderer das Dorf verlassen und in den kühlen Wald eintreten. Wundersame Stille umgibt sie, da auch die Kinder angesichts der geheimnisvollen Atmosphäre inmitten der hohen Tannen verstummen. Bald aber ertönt wieder ihr gewohntes Lachen und aufgeregtes Rufen kündet von mancher Entdeckung: Ein großer Ameisenhaufen am Wegrand, unbekannte Pilze oder wilde Beeren sorgen für Abwechslung.

Die große Lichtung ist erreicht, an deren Rand im Schatten ein winziges, von einer Hecke aus sorgfältig gepflegten Büschen umgebenes Häuschen steht. Nur das spitze Dach ragt hinter dem Grün hervor. Das Haus gehört Anselm Fuchs, dem pensionierten Schulleiter. Nicht ohne Grund verbringt er besonders im Sommer die meiste Zeit hier herunten. Er ist ein echter Eigenbrötler, und das im wahrsten Sinn: ein besessener Bäcker, Pâtissier und Koch. Das mittlerweile kugelrunde Männlein widmet sich hier der Kochkunst und zaubert dem Vernehmen nach wahre Meisterwerke. Zu kosten bekommt allerdings niemand etwas. Menschen mag er nicht. So hat sich auch seitens der Dorfbewohner eine gewisse Scheu ihm gegenüber entwickelt. Es ist ein echtes, verwunschenes Knusperhäuschen, das da steht. Den Kindern gilt Fuchs' Liebe zwar immer noch. Wird er ihrer habhaft, ziehen sie stets reich versehen mit Pasteten, kaltem Braten oder Backwerk davon. Doch die Eltern lassen ihren Nachwuchs nicht gerne zu ihm. Der Alte ist ihnen nicht geheuer.

Ganz von selbst nehmen die Kinder einander an der Hand und bilden eine Zweierreihe, auch das Plappern verebbt nach und nach. Der kleine, immer hungrige Paul, einer von Silkes Lieblingen, streckt ihr als erster in der Reihe sein Händchen entgegen; verstohlen wirft er sehnsüchtige Blicke zurück. Hinter ihm geht seine Nachbarin Valerie. Die beiden sind seit eh und je ein unzertrennliches Paar. Anscheinend hat keines der Kinder den hinter der Hecke hervorspähenden Alten bemerkt. Er hat eine blau-weiß gestreifte Küchenschürze umgebunden und hält ein großes, in der Sonne blitzendes Küchenmesser in der einen und zwei große Salatköpfe in der anderen Hand. Nach wenigen Minuten ist der Sonderling aus dem

Sinn. Schon ist das muntere Plätschern der Ache zu hören. Goldglänzende Sonnenstrahlen brechen sich tausendfach im hellgrünen Laub der Buchen.

So sehr geht die junge Lehrerin in ihrer Begeisterung für die Kinder auf, so sehr nimmt sie deren Fröhlichkeit und Unschuld gefangen, dass sie nicht mehr an die vielen unheimlichen Geschichten rund um den Direktor Fuchs denkt, die im Dorf erzählt werden. Alles läuft wie am Schnürchen, geradezu paradiesisch präsentiert sich das Achetal. Nach der Mittagsrast werden die Kinder ruhiger. Die Hitze nimmt zu. Im Schatten des Waldes steigt die kleine Schar dem Dorf zu. Um die ominöse Lichtung macht Silke einen kleinen Umweg. Dennoch steigt ihr der bekannte Geruch von Käsknöpfle in die Nase: geschmolzener Käse und gedünstete Zwiebeln. Richtig, heute ist ja Freitag. Das sitzt diesen spießigen Eingeborenen so tief in den Knochen, dass sie stur ihren fleischlosen Speiseplan danach ausrichten. Ganz unrecht haben und tun sie allerdings nicht damit.

Schließlich ist sie froh, wieder vor dem Schulhaus zu stehen. Eines nach dem andern verabschieden sich die Kinder, bevor sie in alle Richtungen davonmarschieren. Erst als sie allein im Hof der Schule auf einer Bank sitzt und sich zufrieden ausruht, macht sich ein eigenartiges, beklemmendes Gefühl in der jungen Lehrerin breit. Sie spürt, dass etwas nicht stimmt. Aber was? Es ist kein Kind mehr da. Das passt. Doch halt: Zwei haben sich noch nicht bei ihr verabschiedet: Paul und Valerie! Silke ruft ihre Namen ins Schulgebäude, keine Antwort. Nur Direktor Maldoner kommt aus seiner Kanzlei, fragt, was los ist. »Nichts, nichts«, antwortet die Lehrerin, unfähig, einen klaren Gedanken zu fassen. Seit wann fehlen die beiden? Beim Abmarsch an der Ache hat sie gezählt, alle waren da, alle. Bei der schmalen Stelle am Felsen, kurz vor der Lichtung, hat sie allen über den wackligen Steg geholfen, allen. Sie erinnert sich genau, Paul und Valerie sind am Schluss gegangen, Hand in Hand. Jetzt fehlen sie. Silkes erneutes Rufen alarmiert den Schulleiter, er eilt in den Hof und findet die junge Frau bewusstlos neben der Bank im Gras liegend.

II. Der Fuchs weiß viele Dinge. (Archilochos)

Nach wenigen Minuten schlägt Silke Leutold die Augen auf und krallt sogleich ihre Fingernägel heftig in die Arme des Direktors, der sich über sie beugt. Auch ihm gelingt es nicht, den Schrecken über die Nachricht zu verbergen. Das hat ihm gerade noch gefehlt, so kurz vor dem Wochenende.

»Heiliger Laurentius, Jungfrau Maria, Chef: Was söllma bloß tua?«, fragt die Lehrerin verzweifelt.

»Kumm, mir rennan in Wald ahi. Vielleicht sind die Kinder im Hus, odr? Sie stecken sonst ja a immer zemm, di zwoa«, antwortet der Direktor. Er glaubt sich selbst kein Wort. Es sind keine zehn Minuten bis zum Haus seines Vorgängers. Maldoner rüttelt am Tor, das in die Hecke eingebaut ist. Es ist offen. Er durchquert in größter Hast den gepflegten Garten mit den akkuraten Gemüsebeeten, klopft an die Haustür. Sie ist versperrt. Durch die ebenerdigen Fenster spähen beide ins Innere des Hauses. In der Küche ist niemand. Weiter ist nichts zu erkennen. Nichts ist zu hören. Sie rufen die Namen der Kinder, den des Alten. Keine Antwort. Die Lehrerin schluchzt, Maldoner würde es auch gerne tun.

»I geh luaga, ob se dahoam sind«, sagt er.

»Und wenn nid …«, entgegnet die Lehrerin, die allen Mut verloren hat. So schnell kann's gehen.

»Dann muass i die Schendarma hola go!«

»Oh Jesus hilf, i halt des nid us! Warum honn i nid ufpasst?«

Paul und Valerie sind nicht zu Hause. Ihre Mütter verlieren bei der Frage des offensichtlich verwirrten Direktors augenblicklich die Fassung, telefonieren hektisch nach den Männern. Bis zu deren Erscheinen steht die Zeit still, ist der blinden Hoffnung eine Gnadenfrist gewährt. Weil beide nicht weit vom Dorf arbeiten, dauert es keine halbe Stunde, bis sie da sind. Dann ist augenblicklich der Teufel los. Das halbe, nein, das ganze Dorf ist auf den Beinen: Feuerwehr, Alpinpolizei, Bergrettung, Pfarrer, Pfadfinder und Freiwillige schwärmen aus, suchen jeden Meter der Wanderroute, jeden möglichen Seitenweg ab. Die Wasserrettung geht entlang des Ufers der Schmelzwasser führenden Ache in beide Richtungen, Suchhunde sind im Dauereinsatz. Nichts. Stunden vergehen. Nichts; nur die Sonne, ein blutroter Ball, schickt sich an, in den Bodensee zu sinken, als wäre es ein Tag wie jeder andere. Lange Schatten legen sich auf die Wiesen. Endlich wird die Kripo eingeschaltet. Von den beiden Kindern keine Spur, nicht einmal der alte Lehrer ist aufzutreiben. In seiner Hütte ist er nicht, das ergibt ein Anruf seiner Frau, oder er geht nicht ans Telefon. Wahrscheinlich läuft er irgendwelchen Schwammerln hinterher.

Die Dämmerung schreitet fort, die Farben verschwinden. Im winzigen Konferenzzimmer der Schule sitzt längst der Krisenstab: Direktor Maldoner, der Bürgermeister, die Chefs von Bergrettung und Polizei und seit Kurzem auch Chefinspektor Isidor Ibele von der Bregenzer Kripo samt seinem Kollegen Inspektor Baldreich. Guter Rat ist teuer. Viel mehr als zu suchen, zu warten und starken Kaffee zu trinken ist nicht drin. Drüben in der Bergkirche sammeln sich immer mehr Menschen zum Rosenkranzgebet.

Als die Dunkelheit einbricht, steht wie aus dem Nichts gezaubert plötzlich der kleine Paul auf dem Schulhof, das Rucksäcklein umgehängt, seinen kleinen Tirolerhut schräg auf den zerzausten braunen Locken, seine speckige Lederhose spannt um das kleine Bubenbäuchlein. Kein Wort ist ihm zu entlocken. Er steht da und rührt sich nicht, schüttelt auf alle Fragen den Kopf. Nur seine Augen wandern rastlos umher. Was sucht der Kerl? Dann und wann entfährt ihm ein kleiner Rülpser, ein Bäuerchen, wie man hier sagt, als hätte er zu fett gegessen, zu hastig getrunken. Maldoner holt ihn herein, ans Licht, was aber nichts bringt. Alle schauen ihn an, reden auf ihn ein. Plötzlich bahnt sich Silke einen Weg zu dem Buben, saugt die Luft ein, als wäre sie ein Spürhund, geht ganz dicht an das Kind heran und beschnuppert seine Jacke.

»Was isch, was tuasch denn?«, fragt der Direktor.

»Riachscht du nix?«, entgegnet die Lehrerin.

»Als käme er aus dem Wirtshaus, meint der Bürgermeister. Da wird Ibele hellhörig, nicht nur weil er Hunger hat.

»Sind das nicht Zwiebeln, geröstete? Hat der Bub vielleicht Käsknöpfle gegessen am Mittag? Es ist ja Freitag heute!«, wendet er doppelt fachmännisch ein. Kaum jemand hört ihm zu, weil sich alle um Silke scharen, die schon wieder bewusstlos auf dem Boden liegt, umringt von erschrockenen Helfern. Zum Glück schlägt sie jetzt die Augen auf und versucht mit tonloser Stimme etwas zu sagen:

»Im Wald … die Liachtung … der Fux … der Fux hot heut z' Mittag Käsknöpfle kocht. Ma hots im ganza Wald grocha …« Mehr bringt sie nicht hervor und mehr braucht es auch nicht. Maldoner erklärt dem Inspektor, was es mit der Lichtung auf sich hat und was mit dem Fuchs. Was geht hier vor? Ein kulinarischer Kinderraub? Das darf nicht sein!

III. Der Igel weiß eine große Sache. (Archilochos)

»Baldreich!«, ruft der Inspektor in das Chaos hinein, das Silkes Worte ausgelöst haben. Der steht bereits neben ihm, das Telefon am Ohr. Jetzt aber aufgepasst. Gleich geht es richtig zur Sache! Weil, mit verschwundenen Kindern ist nicht zu spaßen, Feinspitz hin, Feinspitz her. Und wär der Fuchs ein Veganer: Dienst ist Dienst!

»Niemand unternimmt etwas, ihr bleibt alle hier«, kommandiert Ibele, »in zehn Minuten ist Verstärkung da, die Cobra kommt.« Er selbst macht sich dann doch mit Baldreich und einigen Männern von der Bergrettung und Feuerwehr, die sich wer weiß wie in Sekundenschnelle mit einem furchterregenden Arsenal von Waffen ausgerüstet haben, auf den Weg. Mit ihren Heugabeln, Sensen und Schlägeln wirken sie wie eine Reinkarnation der berühmten Wälderweiber, die im Dreißigjährigen Krieg die marodierenden Schweden in die Flucht geschlagen haben. Ibele wirft ihnen einen kritischen Blick zu und heißt sie das Zeug weglegen. Man zieht ja nicht in den Krieg und gegen Fuchsens Kochlöffel wird man sich zu wehren wissen. Das Murren und Knurren überhört er geflissentlich. In einem weiten Bogen nähern sich die Männer der Waldlichtung. Es ist dunkel geworden, nur der Mond gibt Licht.

Als sie keine zweihundert Meter vom Haus, vom Fuchsbau, wie der Feuerwehrhauptmann raunt, entfernt sind, steht wie aus dem Nichts ein Einsatzpolizist neben Ibele. Ihre Unterhaltung ist kurz. Unmittelbar darauf schiebt sich eine gespenstisch anzusehende Truppe vermummter und bis an die Zähne bewaffneter Männer an den staunenden Dörflern vorbei. Fünf Minuten später ist der Fuchsbau von einem dichten Ring umstellt. Ibele weiß, dass das etwas skurril ist; aber erstens geht man kein Risiko ein, und zweitens wollen die wilden Burschen auch einmal zeigen, was sie draufhaben. Dann geht alles unglaublich schnell und vor allem still vor sich. Wie von Geisterhand bewegt gehen die Männer aus allen Richtungen auf das Haus zu, und ein Teil von ihnen verschwindet darin, als gäbe es keine Wände. Ein paar Atemzüge später tritt praktisch gleichzeitig einer von ihnen mit einem in eine Decke gewickelten Bündel aus dem Haus, während zwei andere einen kleinen, schmerbäuchigen Mann abführen. Riesige Scheinwerfer tauchen die nächtliche Szenerie in gleißend helles Licht. Die Feuerwehrler trauen ihren Augen nicht. Der Einsatzleiter meldet Ibele lakonisch:

»Wir haben das Mädchen und den Alten. Melde mich ab. Aktion beendet.« Für dich vielleicht, denkt sich Ibele und trägt ihm auf, den Fuchs ins Schulgebäude zu bringen und vier Männer als Posten bei ihm zu lassen.

»Vier Männer für einen Doppelfetten?«, will der wissen.

»Dann halt zwei. Was war denn los in der Hütte?«, fragt Ibele noch.

»Der Alte hat in der Küche seinen Rausch ausgeschlafen, hat wohl zu viel gegessen und gesoffen am Mittag. Die Kleine ist vor einer ganzen Reihe angeknabberter Torten und Puddings gesessen, schau sie dir an! Die ist ganz stier vor lauter Zucker, Crème und Kalorien, bringt den Mund gar nicht mehr zu. Das große Fressen ist eine mickrige Jause dagegen!«

Hinter ihm werden bereits hektische Stimmen laut. Drei Rotkreuzmänner kümmern sich um das im Gras liegende Bündel. Es ist Valerie. Sie rührt sich nicht. Der Berg-, nein: der Dorfdoktor kniet im Gras, untersucht das leise stöhnende Mädchen. Es scheint unverletzt zu sein und fängt nach ein paar tiefen Atemzügen zu plappern an. Was sie erzählt, klingt wie eine Geschichte aus dem Schlaraffenland. Der alte Fuchs hat die beiden Kinder offenbar mit einer unabsehbaren Folge von Leckerbissen gefüttert. Angefangen hat es am Mittag mit Käsknöpfle, von denen die Kinder eigentlich schon satt gewesen wären. Aber dann hat der Gourmet eine schier endlose Reihe süßer Köstlichkeiten aufgetischt. Als er selbst, der vor lauter Freude über den unerschöpflichen Appetit seiner Gäste fleißig allen möglichen Getränken zugesprochen hat, auf dem Sofa eingeschlafen war, wollte Paul ein paar Freunde holen. Der Krisenstab hat ihm leider einen Strich durch die Rechnung gemacht. Eigentlich freut sich Ibele auf das Verhör des Alten. Und irgendwie hat er plötzlich verdammt große Lust auf Käsknöpfle bekommen. Dem sollte abzuhelfen sein, heute, am Freitag! Oder ob man gleich zwei Fliegen auf einen Streich erlegt und das Verhör zum Schmaus umfunktioniert? Alles ist möglich.

Bregenzerwälder Käsknöpfle

Zutaten (für 6 Personen):
600 g Spätzlemehl oder halb griffiges und halb glattes Mehl
(nicht so genau!)
600 g gemischter geriebener Käse: alter Bregenzerwälder
Bergkäse, Emmentaler und (wichtig!) Räßkäse (zu gleichen
Anteilen)
6 Eier
2 mittelgroße Zwiebeln
100 g Sennerei- oder Alpbutter

Zubereitung:
Aus dem Mehl, einer guten Prise Salz, den Eiern und lauwar-
mem Wasser rasch einen geschmeidigen Teig rühren. Diesen
mit einem Spätzler oder Knöpfler portionsweise in kochen-
des Salzwasser geben. Einmal aufkochen lassen, mit einer
Schöpfkelle abschöpfen und in ein vorgewärmtes Gefäß ge-
ben. Auf eine Lage Knöpfle kommt eine Lage Käse, bis beides
fertig ist. Ordentlich durchrühren, warm halten, aber nicht
lange, servieren ist besser. In der Zwischenzeit die fein ge-
schnittenen Zwiebeln in der aufgeschäumten Butter rösten,
bis sie dunkel (aber nicht schwarz) sind. Dann über die Käs-
knöpfle geben.
Dazu isst man klassisch Kartoffelsalat, wahlweise auch Ap-
felmus und grünen Salat. Getrunken wird dazu hierzulande
Bier. Ich kann mir, bei guten Trinkern, auch einen schön ge-
kühlten trockenen Weißwein vorstellen, z. B. einen Neubur-
ger. Nach diesem Essen ist ein Digestif zu empfehlen, norma-
lerweise Schnaps.

Variante: Fuulwibrknöpfle

(Faule-Weiber-Knöpfle)

Statt der Spätzle nimmt man Nudeln, üblicherweise Hörn-
le. Möglich – und sehr lecker – sind übrigens auch würfelig
geschnittene und in Salzwasser gekochte Kartoffeln statt der
Spätzle. Entscheidend ist der Käse, denn von dem gibt es im
Bregenzerwald genug: „Esst Käse und nicht das teure Brot!"
heißt es dort.

MIRELLA KUCHLING

Ein tierisches Festmahl

(Steiermark)

»Plong« tönte es, und noch einmal »plong«. Der Hausherr
ließ die Zeitung sinken und warf seiner Frau einen bedeu-
tungsvollen Blick zu. Sie erwiderte diesen und zog den Kopf
ein klein wenig ein, was ihr eine frappierende Ähnlichkeit
mit einer Schildkröte verlieh. Das war ihrem Gatten schon
des Öfteren aufgefallen, nicht, als sie noch jung war, da galt
sie als Dorfschönheit und jeder wollte sie haben, aber später
dann, als sie in die Jahre kam. Da wurde sie nicht nur immer rundlicher, auch die Ringe an ihrem Hals wuchsen wie
jene an einem Baum – wobei man ihren Hals natürlich nicht
abschneiden konnte, wie man einen Baum fällt. Manchmal,
wenn ihre beschränkte Intelligenz ihn wütend werden ließ,
weil sie seinen hochfliegenden Gedanken nicht folgen konnte, hätte er gerne kräftig zugepackt und sie geschüttelt – oder
Schlimmeres. Aber er war ein wohlerzogener Mann, so etwas tat er nicht. Trotzdem fragte er sich immer wieder und in
letzter Zeit zunehmend häufiger, wo er denn da hingeschaut
hatte, als er sie zu der Seinen erwählte. So alt, dass die Eltern
ihm eine Braut vorgeschrieben hätten, war er nicht gewesen,
seine Entscheidungen traf seit jeher er und nur er allein. Zu-
gegebenermaßen nicht immer kluge, aber was sollte er schon
machen, diese Ehe hatte er sich selbst eingebrockt und damit
musste er nun leben.

Wieder ein »Plong«! Er blickte von der Zeitung auf, die
er wie einen Schutzschild vor sich hielt, um seinen Gedanken nachzuhängen, gelesen hatte er schon seit geraumer
Zeit nicht mehr darin. Seine angeblich bessere Hälfte zuckte
die Schultern. Vielleicht hatte sie bei all ihrer Beschränkt-
heit recht, vielleicht war der Nachbar, der ihnen seit drei

Jahren das Leben zur Hölle machte, nur gedankenlos und nicht böse. Es war wirklich schade, dass die alte Frau, die jahrelang mucksmäuschenstill neben ihnen gehaust hatte, so plötzlich beim Blumenjäten zum Herrgott heimberufen worden war. Noch heute sah er sie vor sich, wie sie dalag, mitten im Beet, die Blumenschere in der krallenartigen Hand, die Augen weit aufgerissen und die Lippen bereits ins Bläuliche spielend. Schade war es vor allem auch um die schönen Blumen, immer wieder hatte sie ihnen ein paar Rosen über den Zaun gereicht; dafür hatte sie ein Händchen gehabt. Manchmal hatte sie um einen kleinen Gefallen gebeten, aber immer im Rahmen bleibend, und der Blick auf ihren wohlgepflegten Garten war stets ein angenehmer gewesen. Mit ihrem Tod aber endete diese Zeit der harmonischen Nachbarschaft, denn ihr Nachfolger war ganz anders. Kein Sohn oder entfernter Verwandter, wie man hätte annehmen können, sondern ein wildfremder Mann war es, der sich nebenan eingenistet hatte.

Ein neu angelegter Swimmingpool verunzierte jetzt den Garten wie ein großer Fleck quadratischer Spucke, ein Jacuzzi dampfte den ganzen Tag über vor sich hin wie ein kleiner Geysir, und nach und nach hatte sich der Mann daran gemacht, auch das letzte Fleckchen Grün unter einer Betonschicht zu begraben. Dafür hatte er eigens eine Mischmaschine angeschafft. Neben den Säcken mit Zement ragte ein Berg Sand in die Höhe und versperrte die Aussicht auf den Gehweg, der hinter dem Grundstück zum Marktplatz führte – eine willkommene Abkürzung für die Bewohner, aber seitdem viele ein Auto besaßen, wurde er nur mehr sporadisch begangen. Was wirklich traurig war, denn es war schön, an der Rückseite der Häuser entlangzuspazieren und ab und zu einen Blick in die wohlgepflegten Gärten zu werfen. Noch vor wenigen Jahren hatten diese ganz anders ausgesehen, doch mit dem Aufschwung der Wirtschaft war langsam, aber stetig auch in der kleinsten Hütte ein wenig Wohlstand eingezogen, und so war jedes Grundstück für sich zu einer Augenweide geworden.

Bei einem kurzen und zufälligen Gespräch über den Gartenzaun – sich vorstellen kam heutzutage ohnehin niemand mehr – hatte sich herausgestellt, dass der neue Bewohner Tiere hasste. Alles, was da kreuchte und fleuchte, jagte ihm Furcht ein. Wenn der große, behäbige Mann eine Spinne sah, schüttelte es ihn, und er musste mit aller Macht dagegen ankämpfen davonzulaufen. Schuld war seine Großmutter, die ihn als kleines Kind mit Ammenmärchen in den Schlaf gewiegt hatte. Da sie selbst kriechendes und hüpfendes Getier nicht leiden konnte, waren statt der üblichen Drachen riesige Monsterspinnen hinter den schönen Prinzessinnen her gewesen und statt des Rumpelstilzchens hatte sich ein Grashüpfer vor Wut mitten entzweigerissen. Unter dem Kopfpolster des kleinen Jungen hauste demnach auch nicht der böse Wolf, wie es gemeinhin üblich war, sondern eine garstige Schnecke. Wenn die Gänsefedern unter dem Gewicht seines Kopfes nachgaben, war es eben dieses Weichtier, das unterirdisch ein Stück weitergekrochen war. Ob der Großmutter ein eigener Sadismus innewohnte oder sie sich bei all ihren Geschichten nichts weiter gedacht hatte, konnte nie geklärt werden, denn sie war gestorben, als der Junge in die Volksschule gekommen war.

So war das also gewesen, und man brauchte kein großer Psychologe zu sein, um eins und eins zusammenzuzählen und zu wissen, was da die ganze Zeit in Richtung Garage flog. Noch war nicht der ganze Garten des Nachbarn zugepflastert, noch zogen Schnecken darauf ihre schleimigen Bahnen. Der Hausherr faltete seine Zeitung zusammen, erhob sich ein Stück aus dem gemütlichen Sessel und blickte zum Garagentor. Was davor lag, würde ob der unbarmherzigen Sonne bald geröstet und verdorrt sein, aber die roten, eingedampften Schnecken abkratzen zu müssen, darauf freute er sich nicht. »Werfen wir die Viecher doch einfach zurück über den Zaun!«, hatte seine Frau einmal gemeint und mit ihrem Schildkrötenhals gewackelt, doch das wollte er nicht. Langsam, aber sicher ging allerdings auch seine Geduld zu Ende. Er und seine Frau waren eifrige Sammler der spanischen Wegschnecken, jedes erbeutete Tier bedeutete Generationen weniger an schleimigen Allesfressern, die das Gelege der wunderschönen Weinbergschnecken als Spezialität betrachteten und damit selbst vor Kannibalismus nicht zurückschreckten. Heutzutage, wo jeder mehr als genug von diesen Tieren im Garten hatte, war es keine besonders gute Idee, unschuldige Nachbarn mit der eigenen Schneckenpopulation zu bombardieren. Und ganz und gar unfein noch dazu. Dem Nachbarn mussten dringend bessere Manieren beigebracht werden, so viel stand fest.

Mit einem Seufzer winkte er seiner Frau, ihm ins Haus zu folgen. Es war trotz allem Zeit für Kaffee und Kuchen, und so viel er ihr auch vorzuwerfen hatte, sie war eine erstklassige Köchin. Jede verpasste Mahlzeit, auch wenn es sich nur um eine nachmittägliche Jause handelte, war ein Versäumnis, das nicht wiedergutzumachen war. Sie kochte nach den Rezepten ihrer Mutter und Großmutter und ohne großes Brimborium, aber was immer sie vom Herd nahm oder aus dem Backrohr zog, schmeckte köstlich. Von den Kochkünsten seiner Frau hatte natürlich auch schon der Nachbar erfahren. Er trieb sich gerade um die Mittagszeit besonders gerne unweit des Küchenfensters herum, um vom Bratenduft sein Teil abzubekommen. Als sie nun gemütlich zusammensaßen, die Frau und er, schmiedeten sie den Plan, ein Menü zu kreieren, das den Nachbarn das Gruseln lehren würde. Die Aufgabe der Frau war es, rote Rüben und ein Backhendl vom Bauern zu besorgen, ihr Gatte sammelte mit Akribie Heuschrecken und Käfer, Spinnen und spanische Wegschnecken im Garten. Außerdem hielt er Ausschau nach dem Nachbarn selbst, und als dieser in seiner viel zu kleinen Badehose in Richtung Jacuzzi watschelte, rief er ihn zu sich und lud ihn für Sonntag zum

Essen ein. Wie sich der Bauch des Nachbarn vor Freude blähte, war kein schöner Anblick, aber Dinge, die bald enden, trägt man mit Fassung, und so zwinkerte er ihm freundlich zu und ging dann zurück ins Haus.

Schon am frühen Sonntagmorgen herrschte geschäftiges Treiben in der Küche. Während die Frau die Rüben für den Salat schabte, schnitt ihr Mann für eine der drei Portionen Schnecken klein, und während sie zusätzlich zur Fülle auch Serviettenknödel richtete, vermengte er für ein paar Scheiben derselbigen frisch gehackte Grashüpfer und Spinnen. Die Käfer füllte er in ausgehöhlte Kartoffeln, die seine Frau zusammen mit dem Huhn ins Rohr schob, sie wurden markiert und mit Mehl zusammengeklebt, denn sie beide wollten an den insektischen Genüssen des lästigen Nachbarn nicht teilhaben. Sorgfältig deckte die Frau den Tisch, und die beiden hatten sich kaum umgezogen, als auch schon der Nachbar Sturm läutete. Er hatte nichts mitgebracht, keinen Blumenstrauß und keine Bonbonniere, aber das war auch nicht zu erwarten gewesen. Dafür zog er seine Hose erwartungsvoll ein Stück höher über den Bauch, und seine dicken Backen wackelten schon jetzt in Vorfreude auf all jene Genüsse, die noch kommen würden.

Sie kamen. Suppe gab es ausnahmsweise keine, dafür aber ein großes Stück vom Brathendl, dazu die wohlpräparierten Kartoffeln und die ungewöhnlich mit Eiweiß und Chitin angereicherten drei Scheiben Serviettenknödel. Die randvoll mit rotem Rübensalat gefüllte Schale stand rechts vom Teller. Nach einem hastig gemurmelten »Mahlzeit« begann der Gast, die Speisen in sich hineinzuschaufeln. Es war kein schöner Anblick, aber irgendwie doch recht erfreulich, dass er nicht so genau hinsah und die Kartoffeln gleich im Ganzen hinunterschlang – sonst hätte er womöglich doch den einen oder anderen Käfer entdeckt, oder es wäre ihm ein leises Knirschen aufgefallen, wenn ein Panzer vielleicht noch nicht so weich geworden war wie gewünscht. Aber er aß – oder besser fraß –, als wäre er am Verhungern. Den Salat schaufelte er nebenbei in seinen Schlund und spritzte dabei roten Saft nicht nur einmal auf das blütenweiße Tischtuch. Als ob er es für besonders vornehm hielte, ließ der Vielfraß schließlich von jeder Speise etwas auf seinem Teller übrig. Zufrieden faltete er die Hände über dem wohlgefüllten Bauch und rülpste laut und vernehmlich. Die Gastgeberin erschauerte und ihr Mann verdrehte die Augen. »Hat es Ihnen geschmeckt?«, fragte er und lächelte süffisant. Als der Gast bejahte, stand er auf und meinte, nun käme der Nachtisch.

Seine Gattin erhob sich ebenfalls und zog die Vorhänge zu. Da war ihr Mann auch schon wieder im Raum, warf einen Strick über den massigen Esser und fesselte ihn mit so großem Geschick, wie es einem ehemaligen Seeoffizier zu eigen ist. Der Knebel steckte gleich von Beginn an im Mund, und als der Koloss wohlverschnürt war, nahm der Hausherr eine Gabel und setzte sich neben ihn. »Wir möchten Ihnen nun gerne zeigen, was Sie da alles gegessen haben«, erklärte er und zerteilte die letzte Kartoffel auf dem Teller des Nachbarn, der ihn mit großen Augen ansah. Zum Vorschein kam eine Blattwanze, die den Bratvorgang in all ihrer Schönheit überstanden zu haben schien. Das Tier tat dem Gastgeber leid, aber manchmal waren eben harte Maßnahmen erforderlich. Dann zerteilte er die Fülle, und zuallerletzt kratzte er etwas von den zerschnittenen Schnecken aus der Schale mit den roten Rüben. Der Gast durchlief derweil alle Stadien des Ekels: von den weit geöffneten Augen über den Schweiß, der ihm von der Stirn tropfte, bis hin zum Würgen in immer kürzeren Abständen, denn er war ein Hypochonder, der Angst vor allem und jedem hatte, besonders aber vor den armen toten Insekten in seinem Wanst.

Nicht ohne ihn unterwegs zu ermahnen, seine tierischen Wurfgeschosse in Zukunft auf seiner Seite des Zaunes zu belassen, geleitete der Gastgeber den zitternden dicken Mann nach dem schauerlichen Mahl zurück ins Nachbarhaus. Dort half er ihm ins Bett, wo dieser zunächst – unter Krämpfen – verdauen würde. Wenn alles liefe wie geplant, stünde das Nachbarhaus bald wieder zum Verkauf. Sollte der neue Besitzer ebenfalls unartig sein, gäbe es unzählige Möglichkeiten, ihn wieder loszuwerden, insektische Genüsse waren nur eine davon …

Das gesamte Festmahl zum Nachkochen

(allerdings ganz ohne Insekten, wie es sich gehört ...)

Roter Rübensalat

Zutaten:
Rote Rüben
Essig
Salz und Pfeffer
Kümmel im Ganzen und gerieben
Weißes Öl (wenn gewünscht)

Zubereitung:
Die geputzten und gewaschenen roten Rüben je nach Größe kochen, das kann auch länger als eine Stunde dauern. Mit kaltem Wasser abschrecken, danach schälen. Mit einer Gemüsehobel in dünne Scheiben hobeln oder mit der Hand schneiden. In ein Porzellan- oder Glasgefäß legen. Essig, Salz, Pfeffer, Kren, Kümmel und etwas Öl (reine Geschmackssache) hinzugeben. Noch warm abmachen, dann ziehen lassen. Im Fall des Falles vor dem Servieren zusätzlich etwas Essig oder Öl hinzugeben. Der Salat kann natürlich auch schon am Vortag gerichtet werden, auf jeden Fall aber muss man ihn zwei bis drei Stunden marinieren.

Serviettenknödel

Zutaten:
5 Semmeln
2–3 Eier
Salz
Öl

Milch
Petersilie
evtl. weitere frische Kräuter

Zubereitung:
Semmeln klein schneiden, Eier versprudeln, zuerst Eier mit
Salz untermengen, dann Öl hinzufügen, danach Milch und
Petersilie hinzugeben. Die gleichmäßig feuchte Masse min-
destens eine Stunde ziehen lassen. Etwas Mehl dazugeben.
In ein Geschirrtuch einschlagen. Wasser aufkochen lassen,
danach zurückschalten, die Serviettenknödel ins Wasser le-
gen und ungefähr 15 Minuten darin ziehen lassen.
Vorsichtig herausheben, das Geschirrtuch entfernen, die
Masse in Scheiben schneiden und – gerne mit frisch gehack-
ten Kräutern bestreut – zum Backhendl servieren.

Bratkartoffeln

Zutaten:
Festkochende Kartoffeln

Zubereitung:
Die gewaschenen, ungeschälten Kartoffeln in einen Topf mit
heißem Wasser geben und kochen. Das Wasser abgießen, die
Kartoffeln etwas auskühlen lassen, danach schälen.
Gemeinsam mit dem Fleisch oder aber in einer eigenen Pfan-
ne in erhitztem Öl herausbraten.

Gefülltes Hendl

Zutaten:
1 Hendl
leicht adaptierte Serviettenknödelfüllung (siehe oben)
Öl, Salz

Zubereitung:
Das Hendl waschen und reinigen. Den Bauchraum mit beinahe demselben Teig füllen, wie er oben beschrieben ist, allerdings kein Mehl verwenden und nicht zu viel Milch dazu
(auf drei Semmeln kommt hier ein Ei). Das Loch mit Spieß-
chen zustecken. In eine Bratform legen, mit Öl übergießen,
eine halbe Schale Wasser hinzufügen. Wenn das Hendl zu
braten beginnt, immer wieder mit gesalzenem Wasser übergießen. Das Backrohr zunächst auf Höchsttemperatur schal-
ten, danach kleiner. Dauer des Bratvorgangs je nach Größe
des Hendls eine bis eineinhalb Stunden.

Ich will lieber Schokolade

(Niederösterreich)

»Ich will lieber Schokolade ... dafür möcht ich keinen Mann«, sang ich leise meine Textversion zu Trude Herrs Klassiker. Laut traute ich mich nicht. »... keinen, der mich piesackt und nur herumkommandieren kann.« Ich wagte ein paar Tanzschritte. Solange das Match dauerte, hatte ich wohl nichts zu befürchten.

»Hilde, wo bleibt das Bier?«

»Gleich!« Ich schüttete das Strychnin in die Bierflasche. Schaum quoll aus der Öffnung. Ob ich wohl schütteln sollte, damit sich das Gift besser verteilte? Nein. Ich wollte nicht riskieren, dass die Flasche zur Hälfte leer sein würde.

Horst würdigte mich keines Blickes. Das Fußballspiel beanspruchte seine ganze Aufmerksamkeit. Er setzte an, um zu trinken, doch da schoss die gegnerische Mannschaft ein Tor. »Den hätt ein Blinder mit nem Krückstock gehalten«, lästerte er. »Und was ist das? Das soll ein Bier sein? Brunzwasser ist das. Bier muss kalt sein!«

Er setzte die Flasche mit Wucht auf den Tisch. Wieder ein Tor. Horst breitete resigniert die Arme aus, erwischte die Bierflasche, sie fiel zu Boden und rann aus. Ich lief in die Küche, um ein Tuch zu holen. Gerade verklangen die letzten Takte meines Lieblingsliedes. Schade.

Vor zwei Monaten hatte ich meinen vierzigsten Geburtstag gefeiert. Alles an mir war vierzig, von der Schuh- bis zur Kleidergröße. Früher hatte ich achtunddreißig getragen – nicht die Schuhe – aber weil Horst mir das Fitnesscenter verbot, hatte ich ein wenig zugelegt. Ich hätte auf die Süßigkeiten verzichten können. Schokolade war aber meine Leidenschaft

– die einzige. Warum sollte ich alles, was mir Spaß machte, aufgeben? So fett, wie mein Mann sagte, war ich gar nicht. Ich war früher gerne ins Fitnessstudio gegangen, doch es war ohnehin besser, dort nicht mehr aufzutauchen. Über kurz oder lang hätte mich eine der neugierigen Gänse auf meine blauen Flecken angesprochen – und was hätte ich schon sagen können? Die Wahrheit? Die wollte sowieso niemand hören.

Ich wischte die Bierlache weg und zog mich in die Küche zurück. Die war mein Reich. Horst setzte nur seine Füße rein, wenn er prüfend die Deckel von den Kochtöpfen hob, um zu sehen, was ich kochte.

Ich schnippelte an Tomaten fürs Abendessen. Das Messer war schmal und spitz. Ich hatte immer noch die Melodie von vorhin im Ohr. Mhm, mhmhm mhm, summte ich. Ich hatte auch größere Messer, Fleischermesser. Das gäbe aber eine Riesensauerei. Dagegen war das Strychnin so ein guter Plan gewesen.

Horst steckte seinen Kopf zur Küchentür herein. »Das Essen schon fertig?«

Schuldbewusst schnitt ich die Tomaten weiter. »Nein, dauert aber nicht mehr lange.« Ich stieß erleichtert die Luft aus, als er aus der Tür verschwand. Immer diese Anspannung. Das musste ein Ende haben. Ich will lieber Schokolade, dafür möcht ich keinen Mann … Das Bilsenkraut aus dem Garten! Wenn ich reichlich davon in den Salat tat, konnte es funktionieren. Ich wusste, wie giftig das Zeug war. Hätten wir Kinder oder von mir aus Kaninchen, nie würde ich auf meinem Grund und Boden so etwas dulden. Wir hatten jedoch weder das eine noch das andere. Und diese Pflanzen waren wirklich hübsch anzusehen.

Ich ging hinaus. Ich würde gleich auch noch etwas Schnittlauch und Petersilie mitnehmen und die auf meine Salatportion streuen.

Eben balancierte ich mit zwei Schüsseln in den Händen ins Esszimmer, als das Telefon klingelte. Horst schob seinen Sessel zurück und nahm den Hörer ab. Das war immer seine Aufgabe. Ich durfte das Telefon nicht anfassen. Egal, mich rief ohnehin nie wer an. Horst lachte. »Schon überredet!«, sagte er, legte auf und wandte sich mir zu: »Ich geh mit Karl und Peppi in die Kneipe. Brauchst nicht zu warten.«

Als ob ich das jemals tun würde. Früher einmal, in einem anderen Leben. Damals, als alles noch anders gewesen war.

»Aber was ist mit dem Abendessen?« Ich versuchte, gleichgültig zu klingen, doch selbst in meinen Ohren war die Panik unüberhörbar. Gott sei Dank hörte mir Horst wie immer nicht richtig zu.

»Ich kauf mir was Anständiges, nicht so ein Gemüsezeug.« Und weg war er.

Mit Tränen in den Augen ließ ich seinen Salat in den Mülleimer gleiten und machte mich auf die Suche nach Schokolade, die ich im Schrank versteckt hielt. Sie war auch weg.

Nach diesem schrecklichen Tag brauchte ich etwas Erfreuliches. Ich holte den Haselnussaufstrich aus der Vorratskammer, nahm einen Löffel aus der Schublade und tauchte ihn ein. Ja, wer braucht schon einen Mann, wenn er Schokolade haben kann.

Ich lag lange wach, nicht wegen Horst – oder genau genommen, doch. Zwei Versuche, zwei Fehlschläge. Egal, er hatte nichts bemerkt. Noch war es nicht zu spät. Und da war dieses Lied, ein Ohrwurm. Es verfolgte mich, fraß sich in mein Gehirn und ließ mich nicht mehr los. Morgen: ein neuer Tag mit neuen Chancen. Mir würde schon etwas einfallen.

Eine Woche später.

Es war wie verhext. All die schönen Pläne, die ich mir ausdachte, funktionierten nicht. Ich war kein technisch begabter Mensch und hatte wirklich viel recherchieren müssen, um herauszufinden, welcher der Schläuche beim Auto der Bremsschlauch war. Wahrscheinlich schnitt ich erst recht den falschen durch, denn Horst lebte noch und das Auto stand in der Werkstatt.

Ich ließ das Radio ins Wasser fallen, aber das brachte mir außer ein paar Ohrfeigen nichts ein. Es war so ein spezielles Ding, das man sogar unter der Dusche verwenden konnte.

Mir gingen die Ideen aus. Ich hätte Kugelfisch kochen können, aber abgesehen davon, dass der so schwer zu bekommen war, mochte Horst keinen Fisch. Somit war Ersticken durch Gräten auch hinfällig.

Vom Stechapfelkompott hatte er nur einen Löffel gekostet und es dann stehen lassen, weil es ihm nicht schmeckte. Dabei hatte ich so viel Liebe und Mühe in die Zubereitung investiert. Ihm war nicht einmal schlecht davon geworden.

Jetzt saß ich, den Kopf in beide Hände gestützt, am Küchentisch. Ich war am Ende. Der Haselnussaufstrich ging zur Neige und ich durfte nicht außer Haus gehen. Niemals. Nicht einmal zum Einkaufen. Horst maulte, ich gäbe zu viel Geld aus. Pah! Hatte er schon einmal zusammengezählt, was sein Bier kostete?

Jetzt wurde mir langsam klar, warum meine wohldurchdachten Pläne scheitern mussten. Von Anfang an hatte ich den falschen Ansatz gewählt. Nicht Horst war es, der sterben musste. Sollte er doch sein tristes Leben führen. Aber ohne mich! Als wäre ein Felsbrocken von meinen Schultern gerollt, begann ich beschwingt alles zusammenzusuchen, was ich brauchte, um mir meinen Tod so angenehm wie möglich zu machen.

Im Keller hatten wir noch jede Menge von dem Rattengift. Das holte ich. Und irgendwo in einem meiner Kochbücher war doch noch das Rezept meiner Freundin. Ehemaligen Freundin. Wir hatten seit mindestens drei Jahren keinen Kontakt mehr. Horst hatte es verboten. Aber Katalins Schoko-

Tarte war himmlisch. Sozusagen zum Sterben gut. Was hätte geeigneter sein können, um meinem Leben ein Ende zu setzen? Das Beste daran war, dass ich alle Zutaten im Haus hatte. Ich mochte keine dunkle Schokolade, die gehörte Horst. Aber für den Zweck war sie ideal. Katalin hatte gesagt, je höher der Kakaoanteil, desto besser. Na, die hier hatte 75 Prozent. Ohne schlechtes Gewissen brach ich sie in kleine Stücke und schmolz sie mit ebenso viel Butter über Wasserdampf. Eier, Zucker, Vanillezucker und eine Prise Salz schaumig mixen, stand auf dem Zettel in Katalins Handschrift. Sie empfahl auch, in den Teig vor dem Backen gehackte Schokostückchen, Nüsse oder Toffees zu geben. Nun, ich hatte da etwas ganz anderes als Zusatz geplant. Fasziniert betrachtete ich die grünblauen Körner, überlegte einen kurzen Moment, ob ich mir sicher war, die Sache durchzuziehen. Ja, verdammt. So wollte ich nicht mehr weiterleben. Entschlossen gab ich die ganze Packung in die Schüssel. Das Türkis bildete einen hübschen Kontrast zu der dunklen Schokomasse.

Ich füllte den Teig in eine befettete Tortenform und schob sie in das Rohr. 20 bis 25 Minuten bei 175 Grad Ober- und Unterhitze. Nicht einmal eine halbe Stunde, bis sich mein Traum endlich erfüllen würde.

Es waren wohl die längsten Minuten meines Lebens, und ich musste mich zusammenreißen, nicht ständig nachzusehen. Gierig sog ich den Duft ein. Wenn das Ergebnis so schmeckte, wie das hier duftete, würde ich als glücklicher Mensch sterben.

Endlich war die Tarte fertig. Ich hatte wohl den schönsten Schokoladekuchen meines Lebens vor mir. Er war zwar noch ein wenig weich, aber das lag an der Schokolade. Deshalb stellte ich ihn zum Auskühlen auf das Fensterbrett. In der Zwischenzeit bereitete ich eine Buttercrème zu. Die hatte Katalin zwar nicht in ihrem Rezept drin, aber ich wollte die Tarte unbedingt noch verzieren. Wenn schon, denn schon.

Dann deckte ich den Tisch feierlich. Es war schließlich ein besonderer Tag für mich. Kerzen! Die mussten unbedingt sein. Wo hatte ich die bloß hingetan? Der Ständer wartete seit über zehn Jahren in der Vitrine darauf, endlich wieder abgestaubt und verwendet zu werden. Ach ja, in der Anrichte lagen wohl noch zwei, drei Kerzenstummel. Ich hatte sie aufgehoben, falls wir mal einen Stromausfall haben sollten. In all den Jahren hatte ich sie nie gebraucht. Ich drehte einen in den Halter.

Nun widmete ich mich der Vollendung meiner Schokotarte à la Katalin. Mit der weißen Buttercrème verzierte ich den Rand. In die Mitte schrieb ich: Für dich!

Zufrieden betrachtete ich mein Kunstwerk, trug es zum Tisch und wollte gerade eine Kerze anzünden, als ich das Türschloss hörte. Nein, das durfte es nicht geben. Nicht jetzt! Nicht heute!

Horst kam ins Esszimmer, sah wohl nur das, was er sehen wollte. »So ist das also, du Flittchen! Während ich schwer arbeite, um dir ein schönes Leben zu ermöglichen, gibst du ein romantisches Essen. Wer ist der Kerl? Wie lange geht das schon?« Er hob die Hand und schlug zu.

Ich kauerte an der Wand. Das Weinen hatte ich mir vor langer Zeit abgewöhnt, als ich merkte, dass Horst dadurch erst recht animiert wurde, mir wehzutun. Ein Auge war zugeschwollen, meine Lippen aufgeplatzt. Ich blutete aus der Nase und mein Brustkorb schmerzte bei jedem Atemzug.

Horst hielt den Teller mit der Schokotarte in der Hand. »Und das? Für dich! Er wird nicht einen Krümel davon abbekommen.« Dann zerstörte er mein Werk. Er griff mit der ganzen Hand in den Kuchen, krallte ein großes Stück heraus und führte es zum Mund.

»Nein!«, schrie ich. Doch sein Blick ließ jeden weiteren Protest verstummen. Genüsslich stopfte er die Masse in seinen Mund. Schluckte, stopfte, kaute, stopfte.

»Geh und hol mir ein Bier!«, befahl er. Ich rappelte mich hoch, flüchtete in die Küche. Ich musste trotz der Schmerzen lächeln. Es war zwar nicht ganz nach Plan gelaufen, aber so war es auch okay. Ich nehm' lieber Schokolade, denn ich brauche keinen Mann. Keinen, dem ich bügeln und seine Wäsche waschen kann ...

Schoko-Tarte à la Katalin

Zutaten:
250 g Schokolade nach Geschmack und Belieben; je höher der Kakaoanteil, desto besser
250 g Butter
4 Eier
125 g Zucker
1 Packung Vanillezucker
1 Prise Salz

Zubereitung:
Schokolade und Butter in einem Topf über Wasserdampf schmelzen und danach ein wenig abkühlen lassen. Eier, Zucker, Vanillezucker und Salz sehr schaumig rühren, danach die Schoko-Buttermasse löffelweise und abwechselnd mit einer Packung Puddingpulver unterheben. Den Teig in eine befettete Form füllen und bei etwa 175 Grad (Ober- und Unterhitze) etwa 20 bis 25 Minuten backen. Die Tarte ist noch recht weich, das soll aber so sein; nach dem Auskühlen wird sie fester. Wenn man mag, kann man vor dem Backen noch gehackte Schokostücke, Kokoswürfel, Nüsse oder Toffees in den Teig mischen oder was immer man gern mag.

HARALD MINI

Lintzer Thorte

(Oberösterreich)

Mit den Worten »schuld an allem sind ja eigentlich die Chinesen« wurde Oberinspektor Otto Doblhofer von seinem Assistenten Pichler begrüßt.

»Aha? Und woran diesmal?«, fragte Doblhofer pflichtschuldig, während er auf dem Beifahrersitz des Polizeiautos Platz nahm.

»Nun, zuerst haben die ja ganz Hallstatt in China originalgetreu nachgebaut, und jetzt ist Linz an der Reihe. Wobei sie nicht ganz Linz nachbauen wollen, das ist ihnen dann doch zu voluminös, vor allem die Hochöfen, weil Industrieanlagen haben sie selbst genug in China ...«

»Kommen Sie zum Thema, Pichler!«, warnte Doblhofer.

»Wie? Ach ja. Nein, die Chinesen haben es auf die Linzer Torte abgesehen. Beziehungsweise auf die Lintzer Thorte.«

»Hab ich da jetzt ein tz gehört, wo keines hingehört?«, warf Doblhofer ein, der ein feines Gehör hatte. »Und ein stummes h in der Torte?«

»Na, so stumm kann das h nicht gewesen sein, wenn Sie es herausgehört haben«, konterte Pichler. »Aber Sie haben recht, Chef, wie immer. Lintz mit einem tz hinten und Thorte mit einem stummen h vorne.«

»Aha. Und der Grund für diese Schreibfehler?«

»Nach heutigen schulpädagogischen Erkenntnissen gibt es keine Schreib- und Rechtschreibfehler mehr, sondern nur originelle Schreibweisen«, dozierte Pichler. »Nun, offiziell spricht man von Übertragungs- bzw. Übersetzungsfehlern in den Dokumenten. In Wahrheit möchte man in China wohl möglichen Plagiatsprozessen aus dem Weg gehen, indem man die Torte ein kleines bisschen anders nennt.«

»Warum muss man sie anders nennen? Linzer Torte ist doch eh ein schöner Titel.« Auch wenn die Herkunft der Linzer Torte nicht restlos geklärt war, so waren doch 100 Prozent der Linzer davon überzeugt, dass das Originalrezept aus ihrer Stadt stammte. Dass ein Wiener Konditor namens Linzer die Torte erfunden haben könnte, wie man mancherorts munkelte, wurde hier stark angezweifelt. Torten mit ähnlichen Zutaten und ähnlichem Erscheinungsbild hatten allerdings bereits die alten Römer gebacken, und das älteste überlieferte Rezept stammte aus dem 17. Jahrhundert, sinnierte Doblhofer.

»Weil man sie in China nun nachmachen und milliardenfach unter die Leute bringen möchte. Nach dem Rezept eines österreichischen Konditors«, holte Pichler seinen Chef ins Hier und Jetzt zurück.

»Aha. Und was hat das damit zu tun, dass wir nun zum Konditormeister Däml fahren?«

»Er ist der Hauptverdächtige für den Einbruch beim Sochor«, erklärte Pichler. »Die zwei – Däml und Sochor – sind die Konkurrenten um den Milliardenauftrag für die Lintzer Thorte.«

»Bitte, Pichler, sprechen Sie die Süßspeise so aus, wie ich sie gewohnt bin. Das tz in Linz und das Th in der Torte vertrag ich nicht länger, da wird mir schlecht!«

»Solange Ihnen nicht von zu viel Torte schlecht wird …«, sagte Pichler, erntete dafür aber einen strengen Blick seines Vorgesetzten. Er beeilte sich, »zu Befehl, Chef« hinzuzufügen und zu erklären: »Zur Lösung des Falles müssen Sie wissen, dass die Thorte, äh Torte, vom Sochor ein bisschen besser ist, dafür kommt die vom Däml in der Herstellung um ein paar Renminbi billiger.«

»Wer rennt wohin?«, fragte Doblhofer.

»Renminbi«, wiederholte Pichler. »Das ist die Währung der Volksrepublik China. Schauen Sie denn keine Millionenshows, wo solche Sachen gefragt werden? Egal ob beim Jauch oder beim Assinger?«

»Nein, schau ich nicht«, gestand Doblhofer. »Aber interessant. Wieder was gelernt.«

»Fein. Die Chinesen schwanken noch, wem sie den Zuschlag geben sollen.«

»Dem Jauch oder dem Assinger?«

»Nein, dem Däml oder dem Sochor.«

»Aha. Und?«

»Und gestern Nachmittag ist beim Sochor eingebrochen worden. Er war ab 14 Uhr auf dem Weg nach Bad Ischl zur Operettenaufführung, sein Einfamilienhaus stand bis 19 Uhr leer, denn dann ist die Putzfrau gekommen, und als der Sochor nach Mitternacht wieder heimkam, hat er gemerkt, dass jemand in seinen Unterlagen für die Linzer Torte herumgeschnüffelt hat.«

»Und er verdächtigt seinen Konkurrenten, dass der durch Betriebsspionage seine billige Torte noch ein bisschen besser machen will?«

Pichler nickte, als sie auch schon vor der luxuriösen Däml'schen Villa Halt machten. Däml, der im Garten in einer Liege vor sich hingedöst hatte, erhob sich, um die Beamten zu begrüßen, und zeigte dabei seinen nackten, leicht geröteten Oberkörper. Die Rötung stammte übrigens nicht von einem Sonnenbrand, nein, Däml hatte sich, wie er den Beamten berichtete, am Vortag in der Früh sein üppiges Brusthaar entfernen lassen. Diese Erklärung führte Doblhofer direkt dazu, von Däml ein lückenloses Alibi für den Vortag in Erfahrung zu bringen, wobei ihn allerdings der Besuch beim Enthaarer, der ja vormittags stattgefunden hatte, nicht weiter interessierte.

»Sie glauben tatsächlich, ich bin beim Sochor eingestiegen?«, lachte Däml, gab dann aber doch bereitwillig Auskunft über seine gestrigen Aktivitäten: »Nach dem Essen war ich ab etwa 14 Uhr bei meinem Zahnarzt. Beim Verlassen der Ordination habe ich einen Bekannten getroffen, mit dem ich ein Bier getrunken habe, und dann – von 16 Uhr bis zur

Sperrstunde um 19 Uhr – war ich mit einem weiteren Bekannten im Freibad. Kurzbadetarif.«

Doblhofer und sein Assistent ließen sich Namen und Adressen der drei Männer geben und suchten zunächst den Zahnarzt auf.

»Der Konditormeister Däml, natürlich war der gestern bei mir«, sagte der Zahnarzt. »Seine Zähne sind durch das viele Kosten von Süßspeisen sehr angegriffen – in der Fachsprache reden wir von einer dentalen Dulcialattacke – und wir haben eine Generalsanierung seines Gebisses durchkalkuliert.« Ein Glitzern verirrte sich in seine Augen, als er daran dachte, dass ihm das neue Gebiss des Konditors seinen heurigen Kreuzfahrturlaub finanzieren würde. »Das hat etwa eine Stunde gedauert, ja, etwa um drei ist er gegangen. Wohin, kann ich Ihnen nicht sagen.«

Nun, im Erdgeschoß des Gebäudes befand sich ein Lokal, in dem offenbar ein Herr Mayr Stammgast war, denn Doblhofer und Pichler trafen ihn dort bei einem Bier an. »Ich verbringe jeden Nachmittag hier«, erklärte Mayr. »Das ist das einzige Vergnügen, das mir nach meinem Konkurs noch verblieben ist.«

»Oh, Konkurs, Beileid«, sagte Doblhofer automatisch, als ob jemand gestorben wäre.

»Kein Problem, es wird schon wieder. Um aber Ihre Frage zu beantworten: Ja, gestern Nachmittag hab ich hier den Konditormeister Däml getroffen und mit ihm ein Bierchen gezwitschert. Genau gesagt waren es zwei, und – um nochmals ehrlich zu sein – der Däml hat mich eingeladen.«

»Woher kennen Sie den Däml eigentlich?«, warf Pichler ein.

»Ich war früher ein Lieferant von seinem Konkurrenten, dem Sochor«, erklärte Mayr. »Doch urplötzlich hat der mich fallen lassen und wollte sich nicht mehr von mir beliefern lassen. Ich kam in ziemliche finanzielle Schwierigkeiten. Der Däml hat mir geholfen, aber es war zu spät, der Konkurs war nicht mehr zu vermeiden.«

»Wie lange haben Sie denn gemeinsam Bier gezwitschert?«

»Ach, gut eine Stunde. Bis vier ungefähr. Dann kam zufällig ein anderer Bekannter von ihm vorbei und mit dem ist er dann fortgegangen. Angeblich schwimmen.«

Dieser andere Bekannte – ein gewisser Herr Moser und von Beruf Dämls Mehllieferant – bestätigte wenig später, dass er mit Däml ins Schwimmbad gegangen war. »Ja, ja, der Däml, dieser aufgeplatzte Teddybär, der ist ja eine ziemliche Wasserratte. Wenn der mal in einen Pool gestiegen ist, kriegen Sie ihn eine Stunde lang nicht mehr heraus!«, erzählte er lachend.

»Sehr interessant«, log Doblhofer. »Und Sie waren von wann bis wann mit ihm zusammen?«

»Nun, so um vier hab ich ihn zufällig in so einem Beisl getroffen. Er war offenbar beim Zahnarzt gewesen und wollte ins Schwimmbad, na, und da ich auch auf dem Weg zum Bad war, sind wir gemeinsam gegangen – und bis gegen sieben geblieben.«

»Und Sie können bestätigen, dass er das Bad nicht vor sieben verlassen hat?«

»Ja, das kann ich. Wir hatten unsere Liegeplätze nebeneinander.«

»Die sind ja alle drei ziemlich abhängig von ihm«, fasste Pichler anschließend Doblhofer gegenüber die Ermittlungsergebnisse zusammen. »Der Zahnarzt will sich mit seinem neuen Gebiss sanieren, der Mayr ist dermaßen knapp bei Kasse, dass er ihm wohl für ein paar Tausender oder gar Hunderter ein Alibi verkaufen würde, na, und der Mehllieferant ist finanziell von ihm abhängig, sodass er ihm vielleicht ein falsches Alibi verschafft, um weiterhin mit ihm im Geschäft zu bleiben.«

»Sie haben völlig recht«, sagte Doblhofer. »Und einer von den dreien hat sich auch verraten.«

Pichler blickte seinen Chef fragend an.

»Dämls Mehllieferant Moser hat sich verplappert. Er bezeichnete ihn als aufgeplatzten Teddybär, womit er auf sein üppiges Brusthaar anspielt. Aber das hat sich Däml am Vormittag entfernen lassen. Wenn Moser am Nachmittag wirklich mit ihm im Schwimmbad gewesen wäre, hätte er bemerken müssen, dass Däml kein aufgeplatzter Teddybär mehr war.«

Linzer Torte

Zutaten:
10 g Backpulver
150 g Butter
1 Ei
1 Becher gehobelte Mandeln
100 g geröstete Haselnüsse
250 g Mehl
300 g Ribiselmarmelade
150 g Staubzucker
1 Prise Vanille
Zitrone, Zimt und Nelkenpulver

Zubereitung:
Die Butter und den Zucker vermengen und das gesiebte, mit dem Backpulver vermischte Mehl sowie die Nüsse, Eier und Gewürze dazukneten. Den fertigen Teig stellt man kalt, nimmt ihn nach etwa einer Stunde aus dem Kühlschrank und viertelt ihn. Drei Viertel des Teiges rollt man auf etwa eineinhalb Zentimeter aus und streicht die Ribiselmarmelade darauf. Den restlichen Teig formt man zu Rollen und legt diese als Gitter und Rand auf die Marmelade. Dann mit Ei bestreichen und am Rand mit den Mandeln bestreuen. Danach das Meisterwerk ins Backrohr geben und etwa 40 bis 45 Minuten bei etwa 180 Grad fertig backen.

CLAUDIA ROSSBACHER

Süße Sünden

(Wien)

Wenn es etwas gab, wofür er einen Mord begehen würde, dann waren es Marillenknödel, war sich Franz Enter ziemlich sicher. Entschlossen klappte der Kriminalinspektor die Speisekarte zu und bestellte bei der Wirtin seines Vertrauens, ehe sein schlechtes Gewissen es verhindern konnte.

»Die werden dir schmecken, Franzl«, versprach Marianne Prikopa und stellte ein Viertel Grünen Veltliner vor ihn auf den Tisch. »Heuer sind die Marillen aus der Wachau besonders süß und saftig. Die vielen Sonnenstunden im Juni und Juli müssen ja schließlich auch für was gut gewesen sein. Außer zum Schwitzen ...« Lachend stapfte die gut erhaltene, meist ebenso gelaunte Mittfünfzigerin zur Durchreiche neben der Schank, um die Bestellung lauthals in der Küche zu verkünden. Wegen des ungewöhnlich großen Gästeandrangs an diesem Sonntag herrschte dort besonders emsiges Treiben.

Franz Enter seufzte selig und trank einen Schluck Wein. Wie schön, dass es in Zeiten wie diesen ein solches Gasthaus überhaupt noch gab. In Wien waren die meisten traditionellen Wirtshäuser längst Döner, Sushi und weitaus schlimmeren kulinarischen Grauslichkeiten gewichen. Oder sie kredenzten überteuerten Tafelspitz, Wiener Schnitzel & Co für Schicki und Micki respektive Touristen.

»Auf Frau Marianne und ihre Marillenknödel!«, prostete Enter seinem schlechten Gewissen zu, das prompt protestierte: »Du hast nur vier Kilo in zweieinhalb Monaten abgenommen, wir haben noch mindestens doppelt so viel vor uns.«

»Aber bestimmt nicht heute«, blieb Enter beharrlich und trank sein Weinglas demonstrativ aus. Wenn es nötig war, würde er sein verdammtes Gewissen im Grünen Veltliner ertränken. Immerhin war der Kriminalinspektor erst morgen wieder im Dienst. Ebenso lange gedachte er auch seine Diät außer Kraft zu setzen. Wäre doch gelacht, wenn er ausgerechnet sonntags auf die Stimme der Vernunft hörte. »Noch ein Vierterl, bitte!«, rief er Marianne zu. Diese Schlacht würden er und seine beiden engsten Verbündeten gewinnen: Hunger und Gusto.

Das Wasser lief Franz Enter im Mund zusammen, als Marianne zwei Portionen der heiß ersehnten Diätsünde am Nebentisch servierte. »Bitte schön, die Herrschaften. Nach dem Rezept meiner Großmutter, Gott hab sie selig. Mahlzeit!«

»Da bin ich aber gespannt«, hörte Enter die Frau antworten. »Dieser Kritiker hat Ihre Knödel im neuen *Wiener Gourmet* ja förmlich in den Himmel gelobt.«

Marianne fühlte sich sichtlich geschmeichelt. »Ehrlich wahr?«, freute sie sich. »Dann muss ich mir dieses Heftl gleich morgen besorgen.«

Deshalb war es heute so voll hier, kombinierte Enter, der gerade noch den letzten freien Tisch ergattert hatte. Manchmal hatte sogar er Glück, musste er, wenn auch nur ungern, zugeben. Der Duft, der ihm von nebenan in die Nase strömte, ließ seinen Magen noch lauter knurren. Da half auch ein kräftiger Schluck vom zweiten Viertel Veltliner nicht viel. Gierig glotzte er die flaumigen Knödel auf den fremden Tellern an. Wie es sich gehörte, waren diese in reichlich mit Butter goldbraun angerösteten Bröseln gewälzt und mit Staubzucker bestreut worden. Gefüllt waren sie mit prachtvollen tieforangenfarbenen Marillen aus der Wachau, in deren Herzen beim Kochen üblicherweise ein Stück Würfelzucker schmolz, das anstelle des Kerns dort eingesetzt worden war. Nicht so im Gasthaus Prikopa. Als Stammgast wusste Enter, dass Marianne wie dereinst schon ihre Mutter und die selige Großmutter Marzipan- anstatt Zuckerstücke zum Füllen bevorzugte. Das verlieh den Marillenknödeln nach

Art des Hauses die besondere schmackhafte Note. Enter schluckte den vielen Speichel in seinem Mund hinunter. Ja, genau so und nicht anders mussten Marillenknödel ausse-hen.

Aber was war auf einmal mit dem Herrn am Nebentisch los? Mit einer Hand griff er sich an die Kehle, den ande-ren Arm streckte er der Frau entgegen, die ihm gegenüber-saß. »Katharina ...«, röchelte er, »Kaa-thaa..., bi-tte ...« Er krächzte unverständlich weiter, schnappte nach Luft, keuch-te und fiel schließlich vornüber auf den Teller. Mitten in die herrlichen Marillenknödel.

Die Frau kreischte auf. »Leopold! Was ist mit dir? Hilfe! So helfen Sie meinem Mann doch!«, schrie sie und sprang von ihrem Sessel hoch. Alle Augen waren auf die beiden ge-richtet.

Verdammt, fluchte Enter insgeheim und tat es der Dame gleich.

Marianne stürmte herbei – mit seinen Marillenknödeln. Ausgerechnet jetzt. Von wegen Glück ... Das Leben war nicht fair. Ebenso wenig wie der Tod.

»Jessas! Was ist denn mi'm Herrn Gemahl los? Is ihm schlecht?«, fragte Marianne.

»Ich weiß nicht, das Herz vielleicht ...«, stammelte die Frau.

»A Herzkasperl? Sie, gnädiger Herr! Hallo! Hörn Sie mich?« Marianne rüttelte den regungslosen Mann an der Schulter, was keinerlei Reaktion hervorrief.

Enter griff zum Handy, um den Rettungsdienst anzurufen.

»Lassen Sie mich mal zu ihm«, drängte sich ein Gast an den Tisch, »ich bin Medizinstudent. Julian Bernecker, mein Name.«

Enter stellte sich ebenfalls vor, während der junge den deutlich älteren, leblosen Mann auf den Boden legte. Die Frau namens Katharina sah Enter erschrocken an. Kein Wunder, schließlich reagierte ihr Mann bisher weder auf die

Herzmassage noch auf die Mund-zu-Mund-Beatmung des Nachwuchsmediziners.

Der Rettungswagen traf zu spät ein. »Herzinfarkt?«, wandte sich Enter an den Notarzt, der wieder zusammenpackte, um ohne Patienten das Feld zu räumen. Für Leichentransporte war die Bestattung zuständig.

»Herz-Kreislauf-Stillstand«, meinte der Notfallmediziner. »Sieht für mich aus, als hätte er einen allergischen Schock erlitten.«

»Und was war der Auslöser?«, fragte Enter nach. »Doch nicht etwa der Marillenknödel?« Konnte man dagegen allergisch sein? Was für ein schreckliches Schicksal, dachte Enter ehrlich bestürzt.

»Das müssen die Kollegen in der Gerichtsmedizin eruieren«, meinte der Notarzt.

»Mandeln«, platzte die frisch gebackene Witwe hervor. »Mein Leopold hatte eine Mandelallergie.«

Marianne schlug sich mit der flachen Hand auf die Stirn. »Das Marzipan in den Marillen! Oh mein Gott …«

»Marzipan? Ja, wieso denn Marzipan? Warum haben Sie das nicht gesagt?«, empörte sich die frisch gebackene Witwe.

»Sie habn mich ja nicht danach gfragt«, rechtfertigte sich Marianne.

»Aber wer gibt denn Marzipan in Marillenknödel?«, echauffierte sich die Frau.

»Meine Oma, die aus der Wachau stammte, meine Mama und ich«, meinte Marianne beleidigt.

»Das weiß doch wirklich ein jeder«, mischte sich nun auch ein Kellner ein, der seine Chefin in Schutz nehmen wollte.

»Wir aber nicht«, jammerte die Frau. »Wir waren heute das erste Mal in dieser Kaschemme. Das haben wir nun davon: Mein Leopold ist tot. Und Sie sind schuld daran«, warf sie der Wirtin vor. Schluchzend ließ sie sich auf ihren Sessel plumpsen und vergrub das Gesicht in den Händen.

Marianne Prikopa sah Enter hilfesuchend an. »Aber woher soll ich denn wissen …?«

Noch einmal griff Enter zur Speisekarte. »Das können Sie nicht wissen, Frau Marianne. Außerdem sind sämtliche Allergene in der Speisekarte angeführt. Wie es das neue Gesetz verlangt. Haben Sie die Karte denn nicht gelesen?« Der Inspektor legte die entsprechende Seite der Witwe vor.

Die schüttelte den Kopf, ohne einen Blick drauf zu werfen. »Wer gibt denn Marzipan in Marillenknödel?«, wiederholte sie nur.

Herr Doktor in spe Bernecker meldete sich noch einmal zu Wort. »Hier steht es schwarz auf weiß …« Murmelnd las er vor, was im Feinschmecker-Magazin *Wiener Gourmet* über Mariannes Knödel geschrieben stand, bis er zur gesuchten Stelle gelangte. »Das Geheimnis steckt im Herzen der sonnengereiften Wachauer Marillen. Wobei es längst kein Geheimnis mehr ist, dass im Gasthaus Prikopa ein feines Stück Marzipan anstatt eines schnöden Würfelzuckers für wahrhaft himmlischen Genuss sorgt. Seit drei Generationen folgt man hier bereits dieser köstlichen Familientradition«, las er laut vor.

»Geben S' amal her«, sagte Frau Marianne und nahm dem jungen Mann das Magazin aus der Hand.

Die Witwe war bei seinen Worten erstarrt wie dereinst Frau Lot, nachdem sie sich verbotenerweise umgedreht hatte.

Was für eine Schande, dass er nunmehr um seine Marillenknödel gebracht wurde, ärgerte sich Franz Enter. Nichts, aber auch rein gar nichts war einem vergönnt. Doch wenn die Pflicht rief, musste der Kriminalinspektor wohl oder übel dem Gewissen folgen. »Ist das nicht der Artikel, der Sie heute hierher zu Frau Mariannes hochgelobten Marillenknödeln geführt hat?«, fragte er.

Die Witwe rang nach einer Antwort.

»Ich nehme nicht an, dass Ihr Mann diese Kritik gelesen und sich absichtlich Marillenknödel bestellt hat, um freiwillig aus dem Leben zu scheiden. Dafür gibt es doch weitaus angenehmere Methoden.«

Die Frau sank auf dem Wirtshausstuhl in sich zusammen. Ohne Widerstand zu leisten, ließ sie sich zur Vernehmung ins Präsidium abführen.

Marillenknödel aus Topfenteig

12 Knödel für 4 bis 6 Personen

Zutaten Teig:
3 Eidotter
3 Eiklar
120 g Butter
150 g Hartweizengrieß (fein)
150 g Mehl
500 g Topfen (20 % Fett, passiert)
1 Vanilleschote
Prise Salz
2 EL Kristallzucker (für das Kochwasser)

Zutaten Fülle:
12 Marillen
80 g Marzipan

Zutaten Butterbrösel:
150 g Butter
60 g Kristallzucker
20 g Vanillezucker
300 g Semmelbrösel

Staubzucker (zum Bestreuen)

Zubereitung:
Butter schaumig rühren. Zuerst Dotter, dann nach und nach Grieß, Eiklar, Mark der Vanilleschote und eine Prise Salz unterrühren. Abwechselnd Mehl und Topfen zugeben, so lange rühren, bis ein glatter Teig entsteht. Zu einer Rolle formen, in Frischhaltefolie wickeln und etwa eine Stunde kühl rasten lassen.

Kerne aus den Früchten drücken, ohne die Marillen aufzuschneiden. Marzipan in die Öffnung schieben. Teig in zwölf Scheiben schneiden, flach drücken und je eine Marille darauf legen. Früchte mit Teig gut umhüllen und zu gleich großen Knödeln formen.

In einem großen Topf ausreichend Wasser mit einer Prise Salz und Zucker zustellen. Knödel in kochendes Wasser einlegen, Hitze reduzieren und etwa 20 Minuten leicht köcheln lassen, bis sie aufsteigen.

Währenddessen Butter in einer Pfanne erhitzen, Zucker, Vanillezucker und Brösel zugeben und bei schwacher Hitze unter ständigem Rühren goldbraun anrösten.

Fertige Marillenknödel aus dem Kochwasser heben, gut abtropfen lassen und behutsam in den Bröseln wälzen.

Knödel anrichten, mit den restlichen Bröseln aus der Pfanne und etwas Staubzucker bestreuen und heiß servieren.

INGRID SONNLEITNER

Süß wie Nachbarsliebe

(Burgenland)

Er war Alkoholiker, mit Betonung auf war. Clean, seit 30 Jahren keinen Tropfen mehr angerührt. Auf das war er stolz. Und er war Choleriker und Jäger. Eine fatale Mischung, ein cholerischer Jäger, seit dreißig Jahren abstinent.

Er war wie eine Bombe, jederzeit bereit zu explodieren.

Was sie mit ihm verband?

Freundschaft?

Nein, sie waren Nachbarn. Nachbarn seit Jahren und seit Jahren machte er ihr das Leben madig.

All ihr Erspartes hatte sie damals nach der Scheidung von der Bank genommen, war in diese verschlafene Ortschaft ins südliche Burgenland gefahren und hatte sich den Arkardenhof neben dem seinen gekauft. Wollte neu beginnen, wollte das Landleben genießen und einfach nur nett zu ihm sein.

Doch dazu kam es nicht.

Es war gleich am ersten Tag, als sie das Leihauto mit all ihrem Eigentum in der Einfahrt parkte. Sie war gerade dabei, einen Karton mit Büchern ins Haus zu schleppen, da stand er vor ihr. Mitten in ihrem Hof, die Hände in die Hüften gestützt, den Oberkörper leicht nach vorne gebeugt, bereit zum Angriff.

Sie stellte den Karton wieder ab, wischte sich an ihrer Hose den Schweiß von der Handfläche, streckte ihm die Hand zum Gruß entgegen.

Mit einem herzlichen Hallo wollte sie sich vorstellen: »Ich bin Isa Schneider, die neue Nach...«

»Damit Sie's glei wissen, hinterm Haus, jo, hinterm Haus, da hom Sie nix verloren. Do ist glei die Grenz und dais ghört olles mir. Die Städter, do kommen s' aufs Land und glauben, sie hom olle Freiheiten. Aber net mit mir, meine Liebe, net mit mir, dem Jäger Hans!«, fiel er ihr ins Wort, winkte noch einmal drohend mit der Faust und verschwand so lautlos, wie er gekommen war, hinter dem Haus.

Na großartig, dachte Isa, dann auf fruchtbare Nachbarschaft.

Aufgeben? Nein, das war nicht ihre Bestimmung. Sie würde es noch einmal versuchen, das mit dem Vorstellen. Sie würde ihm klarmachen, dass sie eigentlich auch auf dem Land aufgewachsen war, dass sie eine Verbündete war. Ja, sie hatte in Wien gelebt, beinahe zwanzig Jahre, der Arbeit wegen. Aber war sie deswegen gleich eine Städterin?

Und überhaupt, was war das Übel daran?

Jetzt hatte sie dieses Häuschen auf dem Land erstanden, konnte es sich endlich leisten, von ihren Inspirationen zu leben. Sie kramte in ihrem Wagen nach einer Flasche Blauburgunder, die würde ihn sicher versöhnlich stimmen, den Jäger Hans, wie er auch im Dorf genannt wurde. Abends stellte sie sich in ihre neue Küche und fabrizierte Burgenländer Kipferl nach einem Rezept ihrer Großmutter. Gut gelaunt walkte sie den Teig, verteilte Eischneemasse und gemahlene Nüsse darauf, rollte ihn wieder ein und stach mit einem Trinkglas Halbmonde aus. Wie hübsch das aussah! Und wie hieß es doch so schön: Liebe geht durch den Magen.

Am nächsten Tag wagte sie sich auf verbotenes Terrain, klopfte vorsichtig an seine Tür.

»Sie scho wieda. Schaun S', dass S' weiterkumman.«

Freundschaftlich hielt sie ihm die Kipferl und die Flasche Rotwein entgegen.

»Was soll i mit dem pickaten Zeug? I bin Diabetiker und den Wein, den kenan S' a glei behoitn. Wir zwa werden kane Freind, nie und nimmer!«

»Du willst Krieg, du kannst Krieg haben!«, zischte Isa kaum hörbar durch die Zähne und wie zufällig fiel ihr der Burgunder aus den Händen, zerbarst in tausend Scherben.

Die Flüssigkeit versickerte auf den Waschbetonplatten und hinterließ einen hässlichen rotbraunen Fleck.

»Schad' um den Wein. Hat halt nicht sein sollen«, sagte sie, zuckte entschuldigend mit den Schultern, drehte sich elegant um 180 Grad und verließ des Nachbars Garten mit ihren Kipferln. Sie hörte noch, wie er sie verfluchte und sogar den Leibhaftigen zu Hilfe rief.

Sie erfuhr es bei ihrem ersten Einkauf in der Greislerei von der Frau Nackler, das mit dem Alkoholismus. Wie sollte sie es auch wissen, gerade einmal zwei Tage im Dorf. Seitdem ging sie ihm aus dem Weg, so gut das eben möglich war in einer Eintausend-Seelen-Gemeinde. Isa hatte sich inzwischen gut eingerichtet, dank ihrer Burgenlandkipferl allseits beliebt gemacht, mit der Bibliothekarin angefreundet und war auch aktives Mitglied im örtlichen Sport- und Radfahrverein. Des Ausgleiches wegen. Den ganzen Tag vorm Computer sitzen, das verkürzte einem manchmal die Sehnen und auch der Rücken wurde dabei zusehends krummer. Nicht zu vergessen die Fettpölsterchen, die sie sich dank ihrer Backkünste angefuttert hatte und die sie schleunigst wieder loswerden wollte. Nein, das mit dem Sport war ganz okay, man musste ja nicht übertreiben, konnte auch von Zeit zu Zeit die Stunde schwänzen. Ja, sie fühlte sich wohl in ihrem neuen Zuhause. Pflanzte Bambus und Fichtenbäumchen rund um ihr Grundstück. Und sie nahm sich einen Kater, Adonis.

Er hatte einen Hund, den Hektor, einen reinrassigen, semmelbraunen Magyar Viszla, den brauchte er, war er doch Jäger, und Jäger hatten Hunde. Hektor war noch jung, unerzogen, aber liebenswert mit der angeborenen Bereitschaft zum Gehorsam. Nur bei Katzen, da sah Hektor rot, vergaß Bereitschaft und Umwelt und hetzte dem Vierbeiner hinterher.

Wie Rumpelstilzchen hüpfte Herrchen im Garten, schrie seine Kommandos, die ungehört verklangen.

Auch Adonis blieb nicht verschont von Hektors Hetzattacken. Wieder einmal hatte sich der Kater ganz oben in der

Baumkrone ihres einzigen Apfelbaumes verschanzt und miaute erbärmlich. Wieder einmal holte Isa die Leiter aus dem Schuppen, um Adonis zu retten.

»Sperrn S' Ihre verdammte Kotz' endlich ein!«, schrie er zu ihr hinüber. »Schaun S', wos die angericht' hot mit dem Hektor. Hektor, komm' her zum Herrl, du ormes Hundi du, bist ganz außer Atem nur wegen der blöden Kotz. Ich warne Sie …«, sagte er in reinstem Hochdeutsch und zeigte dabei mit dem Zeigefinger drohend in ihre Richtung. «…wenn mein Hektor einen Herzinfarkt kriegt wegen Ihrer Katze, dann Gnade Gott, dann erschieße ich das Viech eigenhändig!«

Isa wollte sich rechtfertigen, wollte ihn aufmerksam machen, dass erstens Adonis männlich und zweitens eigentlich Hektor der Aggressor war. Aber da waren Hund und Herrl schon hinter der Hecke verschwunden.

Es war ein Freitag, ein sonniger, und Isa saß auf der Terrasse, arbeitete an ihrem neuen Krimi. Dazu naschte sie ihre Kipferl, die ihr diesmal besonders gut gelungen waren. Das Leben konnte ein Genuss sein. Gerade als sie in Erwägung zog, die Leiche in einem Maisfeld verschwinden zu lassen, begannen sich die drei Meter hohen Bambusstauden, ihre Bambusstauden, teuer gekauft und mühsam großgezogen, harmonisch hin und her zu bewegen.

Wind?

Nein, es war windstill.

Sie horchte genauer hin, hörte die Zähne einer Säge, wie sie an den Stämmen ihres Bambus nagten. Isa vergaß sogar, die letzten Zeilen auf ihrem Mac zu sichern, überquerte barfuß den Kiesweg, lief die Böschung hinauf, bis sie vor ihm stand. Rund um ihn herum lagen abgesägte Bambusstauden.

»Was schaun S' so?«, sagte der Jäger Hans und war gerade dabei, jetzt mit all seinen Kräften den Bambus auszureißen. Es ging nicht. Er trat danach, doch der Bambus blieb fest verankert im Boden.

»He, das ist mein Grundstück und mein Bambus!«, Isa begann zu schreien, die Stimme überschlug sich, ihr Gesicht kam dem seinen bedrohlich nahe.

»Er stört mi hoit. Die Stauden do, die ghörn eliminiert, die nehmen mir die ganze Sicht, wenn ich aus meiner Ausfahrt in die Straße einbiegen wü!«, schrie er zurück und sein natürlich aschgraues Gesicht ging in ein sattes Purpur über. Hätte nicht zufällig der Herr Bürgermeister seinen Wagen angehalten und dem Jäger Hans einen beheizten Verkehrsspiegel versprochen, sie würden sich noch immer attackieren, verbal.

Das mit dem Bambus hatte sie beinahe vergessen, hätte es ihm auch irgendwann einmal verziehen, wäre nicht das mit dem Rasenmäher gewesen. Fingerdicke Eisenstäbe, die lauernd in der Erde steckten und nur darauf warteten, von Isas Rasenmäher gerammt zu werden. Sie rammte tatsächlich diese Eisen, hatte sie einfach nicht gesehen. Das Geräusch jedoch hatte sie heute noch im Ohr, Eisen auf Eisen. Nach der zweiten Benutzung war der Rasenmäher für immer verstummt. Irreparabel, hatte der nette Mann im Baumarkt gesagt und hilflos mit den Schultern gezuckt, als er in ihr bekümmertes Gesicht sah.

Isa war nahe daran zu kapitulieren, doch da kam ihr die Natur zu Hilfe.

Es war Ende Mai und längst Zeit, die überreifen Kirschen hoch oben in den Ästen zu ernten. Eine Leiter hatte er angelehnt an den Baum, mindestens sechs Meter oder höher, um an die süßesten Früchte zu gelangen, und unten saß Hektor. Isa wollte es sich gerade in ihrer Hollywood-Schaukel mit einem Buch gemütlich machen, da kam ihr eine Idee. Adonis lag schnurrend auf seinem Lieblingsplatz im Ohrensessel. Isa nahm ihn auf den Arm, ging mit ihm in den Garten und blieb nahe dem Kirschbaum stehen. Hektor hob wachsam seinen Kopf, und als er Isa erblickte, begann er zu winseln, erst ganz leise. Das war das Zeichen für Adonis. Er wand sich in Isas Armen, dachte an Flucht, war kaum noch zu halten, fauchte, wollte gerade seine Krallen ausfahren, da lockerte Isa ihren Griff, der Kater sprang von ihren Armen ins hohe Gras und verschwand wieder einmal in den Ästen ihres Apfelbaumes. Ein flüchtender Adonis, das war zu viel für Hektor. Aus dem Winseln wurde Gekläffe, das noch weit in der Umgebung zu hören war, und augenblicklich war Hektors Jagdtrieb erwacht. Die Kommandos, die sein Herrchen aus schwindelnder Höhe zu ihm hinunterrief, konnten Hektor nicht von seinem Vorhaben abbringen.

Zu dumm, dass gerade jetzt Adonis von Isas Arm gesprungen war. Zu dumm, dass Hektor und Adonis keine Freunde waren. Zu dumm, dass Herrchen Hektors Leine an die unterste Sprosse geknotet hatte. Und zu dumm, dass gerade jetzt Isas Handy im Wohnzimmer läutete.

Am darauffolgenden Samstag steuerte Isa mit einem Tequila Sunrise, einem Teller Kipferl und der VOGUE unter dem Arm auf ihre Hollywood-Schaukel zu. Es war zwei Uhr Nachmittag und die Kirchenglocken der kleinen Gemeinde läuteten zur Einsegnung. »Dieser wunderbare Frieden«, dachte Isa, nippte an ihrem Cocktail und vertiefte sich in ihre Zeitschrift.

Burgenlandkipferl

Rezept von meiner Nachbarin Helene H., überliefert von Generation zu Generation.

Zutaten für den Teig (etwa 50 Portionen):
40 dag glattes Mehl
25 dag Butter
3 Stück Dotter
2 EL Zucker
3 dag frische Germ
1/8 l Milch
1 Prise Salz
1 Päckchen Vanillezucker

Zutaten für die Fülle:
3 Stück Eiklar
21 dag feiner Kristallzucker
15 dag geriebene Walnüsse

Zubereitung:
Zunächst wird der Teig zubereitet. Das Mehl mit der Butter abbröseln. Milch, Germ, Zucker, Salz, Vanillezucker und die drei Dotter zu einem Teig verrühren. An einem kühlen Ort gehen lassen, während man in der Zwischenzeit die Fülle zubereitet.
Eiklar mit dem Kristallzucker über Dampf zu einem dickcremigen Schnee schlagen. Danach abkühlen lassen.
Den Teig in fünf gleich große Kugeln teilen und aus jeder eine Rolle formen. Die Rollen zu Rechtecken (circa 30 mal 10 Zentimeter), auf einer bemehlten Unterfläche wie Nudelbrett oder Küchentisch mit dem Nudelholz auswalken. Jetzt jedes der fünf Rechtecke mit der Fülle messerrückendick bestreichen, die Walnüsse darüberstreuen und aufrollen. Mit einem runden Keks- oder Krapfenausstecher oder einem Wasserglas

halbmondförmige Kipferl ausstechen und auf ein mit Back-
papier belegtes Backblech drapieren. Die Kipferl bei 160
Grad 15 bis 20 Minuten backen.
Anschließend mit Staubzucker bestreuen und bei einem Hä-
ferlkaffee sich diesem kulinarischen Genuss hingeben.

Martin Mucha

Huraguate Funkaküachle

(Vorarlberg)

Tief hingen die Wolken über dem kleinen Dorf im Vorarlberger Walgau. Die stolzen Gipfel des Rätikon und des Walserkammes waren im dichten Grau verborgen. Wie es sich für einen guten Vorarlberger Vorfrühling gehört, nieselte es beständig.

Wachtmeister Schmiedle mit Schnäuzer und Bierbauch hockte in der kleinen Wachstube unterhalb der Kirche. Vor ihm stand ein Teller mit einem Stück Brot, zwei Stück Schnüfner Bergkäse und einer Hirschwurst. Es war fünf vor neun und somit Zeit für die Jause, »z' Nüne« genannt. Was so viel heißt wie »um Neun«. Hinter ihm an der Wand hing der Heiland und ein Bild des Landesstatthalters.

Draußen fiel der Regen. Hubert Schmiedle saß an seinem Schreibtisch. Nach außen hin machte er einen ruhigen, gelassenen Eindruck. Innerlich war er in einen Zustand höchster Bereitschaft versetzt durch die Tatsache, dass heute Funkensonntag war, der erste Sonntag in der Fastenzeit. Jedes Dorf in Vorarlberg, das etwas auf sich hielt, baute dann einen Funken. Die dazu notwendige gesellschaftliche Anstrengung bündelte die Funkenzunft. Sie war zuständig dafür, dass der Dorffunken höher war als der der Nachbardörfer, gut aussah und nicht vorzeitig in sich zusammenfiel. Außerdem musste oben eine Puppe angebracht werden. Als Sinnbild für den Winter, der gebannt werden sollte, damit der segensreiche Frühling ins Land ziehen konnte.

Für Außenstehende war die Bedeutung eines solchen Rituals kaum zu begreifen. Der sparsame Vorarlberger, bieder, tüchtig und stets auf materiellen Vorteil bedacht, verschmähte den nutzlosen Luxus. So war Vorarlberg das einzige Land des deutschen Kulturkreises gewesen, in dem Hexen nicht verbrannt, sondern geköpft wurden. Außer im Bregenzerwald, da verwendete man glühende Sägen, aber das war eine andere Geschichte. Und ob der Wald Teil Vorarlbergs war, darüber stritten sich die Gelehrten immer noch. Zurück zum Köpfen. Also, man köpfte, da man kein Holz verschwenden wollte, denn eine Axt konnte man wiederverwenden, Brennmaterialien nicht. Dem Vorarlberger war Verschwendung zuwider. Umso erstaunlicher, dass sich der Funkenbrauch gehalten hatte, obwohl eindeutig erwiesen war, dass der Frühling auch ohne verbranntes Holz kommen würde.

Offensichtlich bahnte sich hier ein Trieb den Weg, der so urmenschlich war, dass ihn Kultur und Zivilisation nur bedingt bändigen konnten: die Lust am Verschwenden, am Verprassen, am sinn- und zwecklosen Verbrauch. Siegmund Freud hätte hier einiges zu erzählen gehabt, wenn er je einen Vorarlberger auf der Couch gehabt hätte. Was Herrn Freud noch sehr interessiert hätte, wäre der Name gewesen, den die Vorarlberger der Puppe am Spitz des Funken gaben. Sie nannten sie Hexe. Die echten Hexen köpften sie, weil sie das Holz nicht verschwenden wollten, aber die nachgemachten verbrannten sie, damit ein Frühling kam, von dem jeder wusste, dass er ohnedies kommen würde. Wer diesen komplexen Sachverhalt durchschaute, der musste Vorarlberg lieben, von ganzem Herzen und unbedingt.

Hubert Schmiedle saß also angespannt hinter seinem Schreibtisch vor dem Kreuz mit dem Heiland und wartete angestrengt. Beim angestrengten Warten schnitt er kleine Stücke Bergkäse ab und schob sie sich unter den Schnäuzer. Der Käse wurde immer kleiner. Die Hirschwurst blieb gleich groß. Sie wartete auch, aber nicht darauf, dass ein Anruf kam. Denn es war Sonntag, der Funkensonntag. Wenn die nichtsnutzigen Nachbardörfer den Funken stehlen würden, dann heute, an diesem letzten Tag. Nur mehr diesen Vormittag überstehen, dann wäre alles gut. Denn einen neuen Funken an einem Tag zu errichten, das wäre sogar für die unermüdliche Tüchtigkeit und den Fleiß der Vorarlberger nicht zu schaffen. Auf heute kam es an. Die Funkenwache stand vor Ort, er in seinem Büro. Die Schande von 1987 durfte sich nie mehr wiederholen. Heinz Schmiedle versicherte sich, dass seine Dienstwaffe geladen war. Wenn man ihm einen guten Spaß erklärte, war er manchmal durchaus imstande, ihn zu verstehen, aber beim Funken war Schluss mit lustig.

Da läutete das Telefon. Mit der bedächtigen Behäbigkeit des Alemannen, die schneller ist als jede Hast und Eile, nahm er den Hörer ab und hielt ihn sich ans Ohr.

»Gendarmerieposten, Wachtmeister Schmiedle.«

Er hörte einer aufgeregten Stimme zu.

»Hm.«

Weiters wurde zugehört.

»Hm.«

Er beendete das Gespräch, knöpfte die Uniformhose zu und stand auf. Dann ging er wiegenden Schrittes hinaus zum Dienstwagen.

Drei Minuten später hielt er vor einem kleinen Häuschen, das mit Schindeln gedeckt war und zu dem ein kleiner, ordentlicher Garten gehörte. Zwei Personen standen unter dem kleinen Vordach und warteten im Nieselregen. Der Wachtmeister schritt auf sie zu.

»Mir hättn uns treffa wella«, sagte die eine Person, eine stramme, tüchtig wirkende Hausfrau. »Heute wäre Oppression Workshop gsi«, ergänzte die andere Person, ein langhaariger, dünner Mann in Strickjacke.

»Hm«, sagte Wachtmeister Schmiedle.

»Geh, kennsch mi eh«, sagte die Frau. »Wehrle, Elisabeth.«

»Hm«, sagte der Wachtmeister.

»Jo, i bi Koppes Fred."

»Hm«, sagte der Wachtmeister.

»Mir waren scho in der Schule, da war o niamand. Wenn ihr was passiert isch?«

»Hm«, sagte der Wachtmeister und öffnete die Tür.

Die Wohnung war bestens aufgeräumt, keine Anzeichen eines Kampfes, das Bett war ungemacht.

Der Wachtmeister schaute sich um und machte: »Hm.«

»Geschtert am Abend war sie bei der Agnes. Das isch sicher wegat der Sach mim Bürgermeischter.«

»Sicher, die Leute sind so rückständig im Dorf«, meinte der junge Mann mit der Strickjacke.

»Hm«, sagte der Wachtmeister und ging auf die andere Straßenseite. Dort wohnte Agnes Hinteregger, die Direktorin der Volksschule. Wachtmeister Schmiedle musste nicht klopfen, die Tür öffnete sich von allein.

»Hubert, kumm iha. Was gits?«

»Hm.«

»Bin grad am backen. Aber kein Problem«, sagte Agnes Hinteregger und wischte sich die mehligen Finger ab. »Funkaküachle, und dieses Jahr will ich verdammt sein, wenn meine nicht die besten sind!«

»Hm.«

»Ah, so, ja gestern Abend sind wir zusammengesessen, die Moni und ich. Weißt du, wegen der Sache mit dem Bürgermeister, da war sie ganz aufgeregt. Irgendwer hat ihr eine tote Katze in die Küche geworfen.«

»Hm.«

»Keine Ahnung, wer das war, wirklich nicht, solche Leute kenne ich nicht. Ja genau. Außerdem hab ich ihr gesagt, dass sie sich als neu Zugereiste ein bisschen zurückhalten sollte. Gerade jetzt, nachdem das mit dem Bürgermeister war.«

»Hm.«

»Ja, aber weißt eh, wie die jungen Mädchen sind, die wollen heute nicht mehr hören. Du, ich muss unbedingt weiter-

219

machen, sonst krieg ich den Vortrieb nicht mehr schön in den Teig hinein und dann, weißt eh, dann geht er nicht ghörig auf und, dieses Jahr ...«

Doch das hörte Hubert Schmiedle gar nicht mehr, er war schon bei der Tür draußen. Er ging die kleine Gasse entlang, ums Hauseck und wollte schon in den Dienstwagen steigen, als sich aus dem Regenschatten eine dünne Strickjackengestalt löste. Sie trug jetzt ein kleines Nylonsackerl in der Hand.

»Hm«, sagte der Wachtmeister.

»Na, die Agnes, die wird Ihnen nichts sagen, die ist die beste Freundin von der Frau vom Bürgermeister! Nach dera Sach, da hat sie die Moni nicht mehr haben wollen!

»Hm?«

»Im Säckle? An Tofu, ganz frisch ausm Bioladen.«

»Hm?«

»Ich bin vegan.«

»Hm?«

»Ja, genau, ich esse kein Fleisch und keine Milchprodukte.«

»Hm!«

»Auch kein Schnitzel.«

Wachtmeister Schmiedle stieg unter schwerem Kopfschütteln in den Dienstwagen. Dass die Türken im Dorf kein Schweinefleisch aßen, wusste er, aber dass es Leute gab, die freiwillig gar kein Fleisch mehr aßen, das überstieg seine Vorstellungskraft. Was aßen sie dann? Jeden Tag Käsknöpfle? Für die geistige Gesundheit des Wachtmeisters war es gut, dass ihm nicht klar war, dass Veganer auch keinen Käse aßen. Das hätte der gute Mann nicht verkraftet.

Drei Straßen später stand er vor dem Haus des Bürgermeisters und klingelte. Ein junger Mann öffnete die Tür.

»Ja, was gibt's?«

»Hm.«

»Ah, so, kommen Sie rein.«

Drinnen wurde der Wachtmeister beinahe von der Frau Bürgermeister über den Haufen gerannt.

»Ka Zit, ka Zit. Ich muss rüber zum Dorfladen, das Butterschmalz holen für die Funkaküachle von der Agnes. Des Jahr sind üsere besser als dia vo der Margit!« Sie nahm eine Börse von der Kommode und rief dem jungen Mann, ihrem Sohn, zu: »Und lass die Finger von den eingekochten Pfluma!«

»Ja, Mama.«

»Hm?«, fragte der Wachtmeister.

»Nein, der hat lieber süße Sachen.«

Der Wachtmeister blickte traurig drein. Was würde nur aus der Welt werden. Die einen waren vegan und die anderen aßen Süßes. Wie sollte ein Mann zu Kraft kommen mit Tofu und solchen Sachen? Er verstand die Welt nicht mehr.

»Hm?«, fragte er daher konkret weiter.

»Die ist verschwunden? Ha, super, ich hoffe, die ist tot. Von mir aus kann sie auf den Funken kommen, damit sie dort verbrennt, die Schlampe.«

»Hm«, stimmte der Wachtmeister zu. Es war eine Schande, dass der Kasseroller Erwin, der Bürgermeister, wegen dieser Frau nach Bregenz in die Landesparteizentrale zur Anhörung musste. Damit war seine Karriere erledigt..

»Du kennst mich, Hubert, wir sind Jahrgänger, ich bin ein guter Mensch, aber dieser Frau, der wünsch ich alles Böse!«

»Hm«, machte Hubert.

»Aber jetzt muss ich wirklich los, sonst komm ich zu spät wegen dem Butterschmalz, und die Margit kauft mir was weg! Oder ihre Tratsche, die Liese!« Mit diesen Worten rannte die Frau Bürgermeister zum Audi hinaus.

Wachtmeister Schmiedle stand im Regen, seine Ermittlungen waren im Sand verlaufen, ohne dass sie richtig begonnen hatten. Natürlich hatte die Frau Bürgermeister ein Motiv, aber eine Entführung – niemals.

Kopfschüttelnd überquerte Hubert die Straße und klopfte an einem Schuppen an.

»Kumm iha«, dröhnte es von drinnen. Schmiedle trat ein.

»Schnäpsle?«, fragte die Stimme.

»Hm.«

»Ich weiß, dass du im Dienst bist, aber ein Verdauerle nachm z' Nüne?«

»Hm«, machte Hubert und trank das hingehaltene Glas aus.

»Ja, die Hexe ist bald fertig.« Der Dorftischler Edwin kicherte. »Luag her!« Er zog ein Tuch von einem Arbeitstisch, und darunter kam die Hexe zum Vorschein, die am Abend den Funken zieren würde.

»Hm«, sagte der Wachtmeister.

»Genau, ich hab mir extra ein Foto von der Volksschullehrerin besorgt und ich hab sie genau erwischt.«

»Hm.«

»Genau. Man könnt fast meinen, dass sie es selbst ist.«

»Hm.«

»Glasaugen.«

»Hm?«

»Die bewegen sich, weil ich Flüssigkeit drinnen hab, die...«, weiter kam er nicht. Die Tür flog auf, gerade als er zwei Stamperl einschenken wollte.

»Edwin, du versoffnr Krüppl. Lass die Suferei und mach, daschd witer kummscht! 's Butterschmalz holt sich net vo sel!«

»Ja Margit-Schatzi.«

»Und was macht der da?«

»Er sucht die Volksschullehrerin, die ist verschwunden.«

»Da hinten ist sie eh!«, rief die Frau, auf die Puppe zeigend, die ihre Augen wild hin und her bewegte.

»Ach, Margit-Schätzle, das isch do meine Arbeit fürn Funka!«

»Hm«, sagte Hubert.

»Für so was han ich ka Zit! Mine Funkaküachle machn sich net vo sel! Der Teig muss noch zweimal gehen, bis es so weit isch. Ich hoff bloß, die Amalia kummt mit dem Zimt i dr Zit füra!«

»Aber sicher doch, Margit-Schatzi, du weißt doch, dass ...«

»Bisch no all do?«, fragte die große Frau mit dem enormen Busen und den buschigen Brauen streng. Der Tischler duckte sich und lief hinaus.

»Und wegat dir, Schandarm, vo mir aus musst sie nicht finden, die Lehrerin. Dass sie unserem Bürgermeister so was antut, nachdem er die Kanalisation gemacht hat und die neue Feuerwacht! Der ghört's, egal was, der ghört's!«, klang die Stimme der Hausfrau, gleichsam die Verderbnis auf die Lehrerin herabrufend. Damit ging sie zurück ins Haus, wo der Teig darauf wartete, dass die Hefebakterien sich genug vermehrten, um ihn aufgehen zu lassen.

Hubert Schmiedle hielt nicht viel von Germteig, aber zugedeckt auf dem Kachelofen zu ruhen, das hätte ihm jetzt auch Spaß gemacht. Nur dass er in seiner warmen Milch lieber Rum gehabt hätte statt Honig und Vanillezucker.

Hubert stapfte hinaus in den Regen. Er blickte auf die Uhr. Vor halb zwölf musste er wegen dem Mittagessen gar nicht nach Hause kommen. Also was sollte er tun? Er stieg in den Wagen und fuhr ums Eck. Er parkte und klingelte an der Tür eines schönen weißen Hauses, das aussah wie eine Schuhschachtel. Ein Mann trat heraus, den Arm voll mit Feuerwerkskörpern und Sprengstoff. Das ganze Dorf war stolz auf Georg Amann, den Hauptmann der Freiwilligen Feuerwehr, der nebenbei auch staatlich geprüfter Sprengmeister war und deswegen jedes Jahr ein Feuerwerk zustandebrachte, von dem die Nachbardörfer neidisch behaupteten, es nicht gesehen zu haben.

»Hür hemma ganz was Bsundriges, ganz was Bsundriges!«, sagte er stolz. »So a Explosion hämmr noch gär nia gha!«

»Hm«, sagte der Wachtmeister.

»Da kann ich nicht helfen«, sagte der Feuerwehrhauptmann, der zugleich Direktor der örtlichen Bank war. »Seit zwei Wochen kümmere ich mich nur mehr um den Funken. Hast ghört, im Nachbardorf deren ihren hat man gestohlen.« Die beiden Männer lachten. Dass direkt hinter ihnen ein Traktor mit einem riesigen Hänger stand, unter dessen Plane Holz hervorlugte, schien keiner der beiden zu bemerken.

»Nein, bemerkt hab ich nichts, auch nicht auf der Bank, du weißt, das Bankgeheimnis, aber ich kann dir sagen, auf ihrem Konto gibt es keine größeren Bewegungen. Da ist nichts. Tut mir leid, dass ich dir nicht helfen konnte.«

»Hm«, sagte Hubert.

»So eine fesche Person, schade, dass sie Feministin war, hoffentlich ist ihr nichts passiert, aber das mit dem Bürgermeister war keine feine Sache.«

»Hm«, sagte Hubert und verabschiedete sich. Fünf Minuten später stieg er zu Hause aus. Seine Frau hatte das Mittagessen fertig, es gab Riebl. Das ist Weizengrieß, der mit Wasser und Milch gekocht und dann so lange in einer großen eisernen Pfanne geröstet wird, bis er krümelig und trocken ist. Dann gießt man entweder Milch, Kaffee oder ausgelassenen Speck darüber. Milch mochte Hubert nicht, Speck gab es nicht wegen der Fastenzeit, also musste es Kaffee sein.

»Hm«, sagte seine Frau.

»Hm«, sagte Hubert. Und dann aßen sie schweigend.

Am Abend, es war schon dunkel, der Funken brannte, heiß spürten die Menschen die Flammen in den Gesichtern, während die Kälte ihnen in den Allerwertesten biss. Der Geruch von heißem Butterschmalz hing in der Luft, fast stärker als der trockene, harzige Geruch von gut gelagertem Holz, das verbrennt. Stolz blickte das Dorf, mit frisch frittierten Funkaküachle in der Hand, auf den Funken. Bald wäre es soweit und die Hexe würde explodieren.

Hubert nahm einen Schluck von seinem Glühmost. Neben ihm stand der Pfarrer.

»Herr Inspektor?«, fragte eine Stimme.

»Hm.«

»Das war einmal, jetzt sind Sie Inspektor, nicht mehr Wachtmeister, die Gendarmerie ist nun ein Teil der Polizei.«

»Hm.«

»Das können Sie halten, wie Sie wollen. Moratti und Molnar, von der Bundeskriminalpolizei, Sie haben uns verständigt.«

»Hm.«

»Gut. Wer hat denn ein Motiv, der Frau zu schaden, die den Bürgermeister wegen Frauenfeindlichkeit angeschwärzt hat?«

»Den Bürgermeister, der den Fussballklub in die Vorarlberg-Liga gebracht hat!«, sagte der hagere Pfarrer.

»Hm«, antworte Wachtmeister Schmidle ergänzend.

»Ah, so, das ganze Dorf?«

»Alle sind wir Sünder in Christus«, merkte der Pfarrer an.

In dem Moment trat eine Gestalt aus dem Halbdunkel heraus.

»Obacht, jetzt erwischt's die Hexe! So eine Explosion haben Sie noch nie gesehen, 6.000 Grad, heißer als die Oberfläche der Sonne!«, sagte er. Andere traten hinzu.

»Unser Funken ist der beste.«

»Und so eine Hexe ...« Doch in dem Moment explodierte der politisch unkorrekte Funkenschmuck in einer weißglühenden Nova, aus der sich Raketen lösten, die in den Himmel aufstiegen, um am Firmament farbenprächtig zu verglühen. Ohne auch nur ein winziges Teil übrig zu lassen.

Das ganze Dorf machte »ahhhhhhh.« Vereinzelte Freudenschreie drangen ans Ohr, und so manch ordentliche Hausfrau machte einen Luftsprung, als ob sie von einem großen Übel befreit worden wäre. Jeder biss in seine Funkaküachle, den flaumigen Teig genießend. Die Backen glänzend im wohligen Zusammensein.

»Huraguat«, sagte der Pfarrer mit vollem Mund. »Huraguat.«

Anmerkung des Autors: Dienstgrade und Namen von Personen sowie Ortsbezeichnungen wurden aus Pietät verändert.

Original Vorarlberger Funkaküachle

(Wie bei allen solchen Rezepten hat jede Hausfrau ihr
eigenes, über Generationen vererbtes Rezept,
hier ein Grundvorschlag.)

Zutaten (für etwa 4 Portionen):
250 g Mehl
80 g Butter
1 Ei
100 ml Rahm (Sahne)
eine Prise Salz
etwas Milch
ein Schuss Rum

Zubereitung:
Schritt 1: Teig anrühren und ausrollen
*Mehl, Butter, Ei, Salz, Rahm und Milch vermischen und zu
einem festen Teig kneten, bis dieser Blasen wirft. Den Teig 30
Minuten bis eine Stunde am warmen Ort rasten lassen und
anschließend ausrollen – nicht zu dick, etwa der Dicke eines
Messerrückens entsprechend.*

Schritt 2: Funkaküachle formen und backen
*Den ausgerollten Teig in vier kleine eckige Stücke schnei-
den (circa 10 Zentimeter breit). Diese dann in Fett (Butterschmalz) backen, bis sie schön gelb sind. Die Küchle müssen
im Fett schwimmen und das Fett darf nicht zu heiß werden.
Während des Backens mit einer Gabel die Küchle vorsichtig
umdrehen.*

*Schritt 3: Funkaküachle mit Zimtzucker bestreuen und ge-
nießen, Zwetschgenröster dazu servieren, falls gewünscht.*

Anmerkung:

Für ein perfektes Resultat am Vortag einen Reifeteig aus etwa 60 Gramm Mehl, einem Esslöffel Honig, einem Teelöffel Hefe (Germ) und gerade so wenig Wasser, dass der Teig bindet anrühren. Über Nacht (10 bis 18 Stunden) zugedeckt stehen lassen, am nächsten Tag in den Grundteig einarbeiten. Verbessert Biss und Aroma der Küchle!

Kurzbiografien der Autoren

Berta Berger, geboren 1969, lebt mit ihrer Familie in Niederösterreich und arbeitet und bekocht Kinder und Jugendliche in einer sozialpädagogischen Wohngemeinschaft in Wien. Gestorben ist an ihren Kochkünsten noch keiner. Ihre kriminellen Ideen beschränkt sie auf Thriller, die sie unter verschiedenen Pseudonymen schreibt, wie zum Beispiel »Feendrache« (Tamina Berger – Arena Verlag) oder »Das Böse in euch« (Rhena Weiss – 2016 bei Goldmann erschienen). www.schriftsteller.co.at

Oskar Feifar, 1967 in Wien geboren, verbrachte den größten Teil seiner Jugend in der Großstadt, bevor seine Familie ins niederösterreichische Weinviertel übersiedelte. Das packende Landleben trieb ihn dazu, eine Kellnerlehre zu absolvieren und in die Welt hinauszuziehen. 1995 wechselte Feifar dann zur Exekutive, wo er bis heute in seiner Wahlheimat Salzburg als Kriminalbeamter tätig ist. Neben dem Kurzgeschichtenband »Wer mordet schon in Salzburg?« und diversen Beiträgen in Anthologien veröffentlichte Feifar die Kriminalromane »Dorftratsch«, »Saukalt«, »Fingerspitzengefühl« und »Zwergenaufstand« (alle bei Gmeiner). Im Juli 2016 erscheint mit »Maulwurfhatz« sein fünfter Roman.

Helmut Gekle wurde 1959 in Knittelfeld (Steiermark) geboren. Nach vielen Wanderjahren, die ihn u.a. nach Graz und Wien führten, lebt er nun in Eisenstadt. In seiner Brust schlagen zwei Seelen: einerseits die heiter-satirische und andererseits die kriminell-böse. Eine Mischung, die sich bis dato in 17 Büchern niedergeschlagen hat. Seine unverblümte Wortwahl verbunden mit einem unkonventionellen Schreibstil hat ihm eine eingeschworene Fangemeinde beschert. Zahlreiche Auslandsaufenthalte nährten seinen kulinarischen Entdeckergeist, der sich auch in seinen Krimis und Satiren wiederfindet. www.gekle.at

Edwin Haberfellner studierte berufsbegleitend Jura und später Datentechnik. Der Schriftsteller ist nach wie vor leitender Beamter der Stadt Linz und Chef vom Dienst der Linzer Stadtpresse. Er schreibt Kriminalromane, Thriller und Kurzgeschichten. U.a. ist er Schöpfer der Krimiserie um Hauptkommissar Michael Schröck sowie zahlreicher anderer Romane (derzeit 15), Juror für internationale Kriminalliteraturpreise und Preisträger des ersten deutschsprachigen Hörbuchpreises *Totenschmaus*. Beim Essen ist er nicht heikel. Er isst alles – was gut ist und was ihm wirklich schmeckt. www.edwin-haberfellner.com

Peter Hiess ist unsagbar alt, lebt in Wien und will dort nicht weg. Arbeitet als Autor, Übersetzer und Verleger. Trinkt am liebsten einen südafrikanischen Rotwein, der »Allesverloren« heißt. Dazu speist er seit fast 13 Jahren vegetarisch, kann sich aber noch sehr gut an die Wiener Innereienküche erinnern. (Es geht nix über ein gutes Beuschel!) Existiert als Untermieter zweier Katzen und weigert sich nach jahrzehntelanger Mittäterschaft, weiterhin für die Lügenpresse zu schreiben. www.evolver-books.at

Christian Klinger wurde 1966 in eine Zeit geboren, als Kindersitze und Sicherheitsgurte in Automobilen unbekannt waren. Mit dem Aufkommen eines überbordenden Sicherheitsbedürfnisses entschied er für sich, einen Kontrapunkt zu setzen, die natürliche Auslese zumindest literarisch wieder herzustellen und ein paar Leute umzubringen. Auch, weil er nicht so viel essen darf, wie er möchte. Seit 2005 ist er beim schreibenden Mord hängen geblieben und schickte seine Ermittler Alfons Seidenbast und Marco Martin in jeweils drei Romanen auf Mördersuche. Details dazu unter www.christian-klinger.at und www.steinverlag.at.

Mirella Kuchling wurde in Graz geboren. Schon als Kind liebte sie gutes Essen. Nach der Matura studierte sie Deutsch und Geschichte, ihr erstes Buch, »Literarische Spaziergänge durch Graz« basiert auf ihrer Dissertation. Im Oktober 2011 erschien ihr Roman »Frauenzimmer unmöbliert« (edition keiper). Darin kocht eine junge Journalistin Männer ein, um Möbel für ihre Wohnung zu ergattern. Aufgrund des großen Erfolges folgten 2012 »Frauenzimmer teilmöbliert« und ein Jahr später »Frauenzimmer vollmöbliert«. Neben mehreren Beiträgen für Anthologien erschien 2016 ihre erste Sammlung von Kriminalgeschichten unter dem Titel »13 x Mord«. www.mirella-kuchling.at

Paul Martin erblickte 1958 das Licht der Welt. Nach einer rund 40 Jahre dauernden Karriere vom Maschinenschlosser bis zum Geschäftsführer internationaler Konzerne studierte er Germanistik und schreibt nun laufend Kriminalromane für namhafte Verlage. 2014 begründete er mit seinem Autorenkollegen Roland Zingerle die *Kärntner Schreibschule*, mittlerweile die größte ihrer Art in Österreich. 2015 folgte die *Kärntner Literaturagentur*. Martin schreibt Theaterstücke und veranstaltet Krimi-Dinner, deren Vorstellungen stets ausverkauft sind. Immer mit gutem Appetit gesegnet, hat er sich gern auf diesen lukullisch-literarischen Anthologiebeitrag gestürzt. www.paul-martin.at, www.krimidinner-shop.at

Ilona Mayer-Zach wuchs als gebürtige Grazerin mit österreichisch-ungarischer Hausmannskost auf. Bevor sie sich in Wien einkochen ließ, genoss sie mehrere Jahre die italienische Küche und lernte auf ihren Weltreisen auch Spezialitäten kennen, die sie kein zweites Mal probieren möchte. Wenn sie nicht isst, schreibt die Autorin Kriminalromane, Rätselkrimis, Kurzgeschichten, Bühnenstücke, historische Anekdoten- und Jahrgangsbände etc. In ihrem kürzlich erschienenen Roman »Eine Leiche für Helene« sowie im Rätselkrimi-Band »Helene Kaiser ermittelt in Graz« (beide Gmeiner) wird steirisch geschlemmt. www.imnetzwerk.at

Harald Mini wurde 1960 in Linz geboren, wo er auch im Hauptberuf als Richter arbeitet. Als Autor ist er vielseitig tätig, neben juristischer Fachliteratur schreibt er vor allem Satiren und Krimis: zwei ORF-Tatort-Krimis, zwei Thrillersatiren (»Der Da-Linzi-Code« und »Innominati«), Ratekrimis in der *Presse am Sonntag*, ein Sammelband (»Doblhofer ermittelt in Wien«). Auch wenn sein Beitrag im Buch (als Linzer) von der Linzer Torte handelt, bevorzugt er auf dem Süßwarensektor die weniger trockenen, vielmehr cremigeren Varianten.

Martin Mucha, Jahrgang 76, lebt und arbeitet in Wien. Er ist freiberuflicher Schriftsteller mit vielfältigen Veröffentlichungen – zuletzt »Liebessiegel« bei Gmeiner – und außerdem leidenschaftlicher Koch. Geboren in Graz, verbrachte er seine Jugend in einem schönen Dorf im Vorarlberger Walgau. Sein Herz hängt an Ribl, Käsknöpfle und Schwieesbrota. Viele Reisen in Asien und Afrika zeigten ihm aber, dass gutes Essen noch viel mehr sein kann. Nur halbrohes Ziegenhirn im Schädel gereift würde er nicht noch einmal bestellen.

Peter Natter: »Wäre ich eine Flasche Wein, würde es langsam Zeit, mich zu öffnen. Doch wo ich herkomme, wächst eher wenig Wein, mehr Gras (Vorarlberg). Ob es das Land mit dem vielen Käse ist, das einen Philosophen aus mir gemacht hat und einen Koch – also einen, der das Gegebene schätzt, ohne ihm ganz zu trauen, einen brandstifterischen Biedermann?« Peter Natter wurde 1958 in Alberschwende in Vorarlberg geboren. Heute lebt er in Dornbirn, träumt vom Burgund und von der Loire und betreibt eine philosophische Praxis. Seit 2010 sind von ihm fünf Kriminalfälle um den Bregenzer Kriminalinspektor Isidor Ibele im Haymon Verlag erschienen. www.natterphil.at

Günter Neuwirth wuchs in Wien auf. Nach dem Studium der Philosophie und Germanistik zog er für mehrere Jahre nach Graz. Der Autor wohnt und arbeitet heute am Waldrand der steirischen Koralpe. Nach Liebeleien mit der Jazzmusik und dem Kabarett widmet er sich nun vor allem der Literatur. www.guenterneuwirth.at

Robert Preis (43) ist Schokoladenspezialist und Palatschinkenkoch. Er schreibt nie mit Hungergefühl und kann als Krimiautor mit dem

Satz »der Tod ist ein Gericht, das kalt serviert wird« sehr gut leben. Als Steirer sowieso nur das Beste gewohnt, hat er kein Problem damit, stets alles zu essen, was auf den Teller kommt. Eine lieb gewonnene Unart: Essen und dabei Lesen. Und dann noch ein Glas Wein. Perfekt! Literarisch bisher von ihm serviert: »Trost und Spiele«, »Graz im Dunkeln«, »Die Geister von Graz«, »Der Engel von Graz«. www.robertpreis.com

Claudia Rossbacher Die geborene Wienerin studierte Tourismusmanagement und darf sich seither auch diplomierte Köchin und Kellnerin nennen. Die Küchen der Welt lernte sie als Model, Texterin und Kreativdirektorin internationaler Werbeagenturen kennen, ehe sie Geschmack an einer kriminellen Laufbahn bekam. Ihr Erfolgsrezept fand sie mit ihren »Steirerkrimis«, die Stammgäste in den österreichischen Bestsellerlisten und TV-Programmen sind. www.claudia-rossbacher.com

Eva Rossmann, 1962 in Graz geboren, lebt im Weinviertel. Verfassungsjuristin, Journalistin, Autorin, ORF-Moderatorin (*Café Sonntag*, Ö1). Sachbücher, Drehbücher, Kochbuch »Mira kocht«. In ihren Mira-Valensky-Krimis geht es um aktuelle gesellschaftspolitische Themen. Zahlreiche Auszeichnungen wie *Krimi-Liebling* und *Leo-Perutz-Preis*. Für ihrem Krimi »Ausgekocht« begann sie in Buchingers Gasthaus *Zur Alten Schule* zu kochen, nun ist sie staatlich geprüfte Köchin und steht noch immer, wenn sie Zeit hat, in dem unkonventionellen Haubenlokal am Herd. www.evarossmann.at, www.buchingers.at

Ernst Schmid wurde in Jenbach / Tirol geboren und lebt heute in Linz. Der leidenschaftliche Hobbykoch, der vor allem heimische und mediterrane Küche liebt, hat bisher fünf Gedichtbände und zehn Kriminalromane veröffentlicht, zuletzt die »Himmelreichtrilogie«. Regelmäßig erscheinen seine Rätselkrimis in der *Presse am Sonntag*. Eine Auswahl davon wurde im Gmeiner Verlag unter dem Titel »Denk ermittelt in Linz« herausgegeben. www.ernstschmid.at

Susanne Schubarsky wurde geboren, ist schon länger her. Kann sich nicht mehr an Details erinnern. Arbeitet sporadisch, wenn das Schmerzensgeld dafür eine akzeptable Höhe erreicht. Ist dann aber nicht wählerisch. Findet Kartenlegen, alte Fernsehserien, Strippen, Killer-Sudoku, Gartenzwergesammeln, Taxidermie, Rotweintrinken und Extremsportarten aus den unterschiedlichsten Gründen faszinierend. Betreibt aber im Selbstversuch nur eine Auswahl davon. Spielt Lotto. Raucht. Schreibt. Und glaubt an das grundsätzlich Gute im Menschen. www.schubarsky.at

Jutta Siorpaes stammt aus Bayern, lebt in Tirol und schwärmt nicht nur für bayerische Kartoffel- oder Semmelknödel, sondern auch für Tiroler Speckknödel. Promovierte Historikerin, Journalistin. Veröffentlichte bisher die beiden historischen (Kriminal-)Romane »Als die Welt in Bewegung geriet« und »Wo ist die Leiche?« (Berenkamp Verlag), zahlreiche Kurzkrimis sowie mehrere Kurzgeschichten für Kinder. Im April 2016 erscheint bei Dotbooks Verlag »Der perfekte Mord«. Wenn sie nichts Kriminelles ausheckt, betätigt sie sich als Textdichterin für deutschsprachige Sänger(innen), u.a. für Heino.

Werner Skibar, Jahrgang 1969, liebt nicht nur die Wiener Küche, sondern auch die mystische Seite der Stadt. Daher überprüft er auch den Wahrheitsgehalt alter Wiener Sagen bzw. Legenden – und schafft selber ständig neue. Wenn er sich nicht gerade Nierndln, Hirn oder Leber einverleibt, verfasst er unter dem Pseudonym Charly Blood die Gruselkrimiserie »Morbus«, die bei Evolver Books erscheint. www.evolver-books.at, www.facebook.com/MORBUSdieSerie

Ingrid Sonnleitner wurde in Krieglach in der Steiermark geboren, machte eine Ausbildung zur Krankenschwester und im sozialpädagogischen Bereich. Seit rund 25 Jahren genießt sie mit ihrer Familie die traditionelle burgenländische Küche. Auch in ihren Krimis agieren sympathisch-skurrile Charaktere, die den Leser in spannende Kriminalfälle mit viel Lokalkolorit entführen. Die Autorin ist aktives Mitglied der Schreibwerkstätte Mattersburg, der Österreichischen KrimiautorInnen und Vorstandsmitglied der Burgenländischen BibliothekarInnen. www.ingridsonnleitner.at

Thomas Askan Vierich lebt in Wien und leitet dort eine gastronomische Fachzeitung. Neben mehreren Krimis und diversen Kurzerzählungen ist er auch Autor des Fachbuchs »Aroma. Die Kunst des Würzens« (gemeinsam mit Thomas Vilgis, Stiftung Warentest). Letzte Veröffentlichungen: »Tödliche Delikatessen« (Atlantik bei Hoffmann und Campe, 2016) und »Praterglück. Eine Imbiss-Groteske« (gemeinsam mit Berndt Anwander, Atlantik bei Hoffmann und Campe, 2015). www.thomasvierich.net

Jennifer B. Wind, geboren 1973 in Leoben, wohnt mit ihrer Familie in Niederösterreich. Die ehemalige Flugbegleiterin mit einem Faible für Australien und die vegane Küche schreibt Romane, Drehbücher und Kurztexte, die bereits mit Preisen ausgezeichnet wurden. Ihr Debütroman »Als Gott schlief« stand unter anderem in den Top 10 der Krimi/Thriller-Bestsellerliste bei Thalia in Österreich, Deutschland und der Schweiz, auf Platz 1 bei Amazon und Weltbild und wurde für den Wiener Kriminachwuchspreis nominiert. Sie ist Mitglied im *Syndikat*, bei den österreichischen Krimiautor/innen und bei den *Mörderischen Schwestern*, deren Website sie auch betreut. www.jennifer-b-wind.com

Roland Zingerle wurde 1973 geboren und studierte Germanistik und Kommunikationswissenschaften. Er arbeitete als Journalist und Kulturmanager, ehe er sich als Schriftsteller selbstständig machte. Zuletzt erschienen von ihm »Ein Mord am Wörthersee« (Haymon) und »Der Bauer und der Tod« (Emons). Gemeinsam mit seinem Autorenkollegen Paul Martin gründete er die *Kärntner Schreibschule*, eine Erwachsenenbildungseinrichtung für kreatives Schreiben, die beide bis heute gemeinsam leiten. Roland Zingerle lebt mit seiner Familie in Klagenfurt am Wörthersee; er isst gerne Fleisch. www.rolandzingerle.at, www.schreibschule.at

GLOSSAR ÖSTERREICHISCHER BEGRIFFE:

abbröseln – Butter und Mehl so lange verreiben, bis beides zu kleinen Bröseln verbunden ist

abmachen – einen Salat mit Essig und Öl mischen

Abkrageln, das; abkrageln – erwürgen

Achterl, das – ein achtel Liter Wein

Achtl Butter, das – ein achtel Kilo Butter

ausfratscheln – aushorchen, intensiv ausfragen

Beisl, das – klassisches Wiener Wirtshaus

Beuschel, das – Lungenragout

Bist du gelähmt! – Ein Wahnsinn, kaum zu glauben!

Blunzen, die – Blutwurst

Blunzenradl, das – in Scheiben geschnittene Blutwurst

blunzenfett – total betrunken

Blutlacke, die – Blutlache

Budl, die – Theke

dag – Dekagramm, zehn Gramm

deppat – deppert, vertrottelt, blöd. Sads deppat: Seid ihr denn wahnsinnig?!

Dulliäh, der – Alkoholrausch

dunsten, jemanden dunsten lassen – warten lassen

eintrudeln – sich einfinden

Faschiertes, das – Hackfleisch

Feinspitz, der – Feinschmecker

Fleckerl, das – österreichische Nudelspezialität mit quadratischer oder rautenförmiger Nudelform; Teigware

Fleischlaberl, das – Hackfleischlaibchen

Ganslverputzen, das – das Verzehren von Gänsen

Gatschkuchen, der – von Kindern gefertigter »Kuchen« aus Erde oder Sand, gemischt mit Wasser

Geimpfte, das G. aufgehen – sich ärgern

Germ, der – Hefe, Backhefe

geselcht – geräuchert

Griaß eich! – Ich begrüße Sie!

Grüner Veltliner, der – trockene Weißweinsorte

Gusto, der – Geschmack

Gusch! – Halt's Maul!

gwuzzelt (von wuzzeln) – Tischfußball gespielt

Haberer, der/die – Freund(e)

hackeln – arbeiten

Häferlkaffee, der – eine große Tasse Kaffee

Heh, die – Polizei

huaraguat – köstlich

Hüttn, die – Hütte, in Wien allgemein für Gastwirtschaft

Jössas! – Herrgott!

Krätzen – Widerling, unsympathischer Mensch

Krauthappel, der – Kohlkopf

kredenzen – servieren von Speisen und Getränken

Krüge(r)l, das – Halbliterglas (Krügel Bier)

Kummens ausse! – Kommen Sie heraus da!

labern – reden

Lacke, die – Lache

latschen – gehen

Maischalan, das / die – kärntnerischer Ausdruck für faschiertes Geselchtes im Schweinenetz

Marille, die – Aprikose

Mein lieber Schwan! – Seufzer, um das Überwältigende des
Erzählten hervorzuheben

Mischung, die – steirische Bezeichnung für Spritzer

Mist raustragen – Müll hinausbringen

Mokka (kleiner oder großer), der – schwarzer Kaffee, stark,
ohne Milch

Oide, die – alte Frau

Popscherl, das – Hinterteil

Pumperer, der – Knall

pudern – den Geschlechtsakt ausüben

Schau oba! – Blick auf uns herunter!

Scherzkeks, der oder das – Witzbold

schiach – hässlich

Schilcher, der – geschützter Handelsname, der Roséwein aus der roten Rebsorte *Blauer Wildbacher* muss aus der Steiermark kommen.

Schleichens Ihnen! – Hauen Sie doch ab!

Schluss mit lustig – jetzt wird es ernst

schmähstad – sprachlos

Schnäuzer, der – Schnurrbart

Schöberl, das – gebackene Suppeneinlage

Selchschopf, der – Schweinekamm

Semmelbrösel (Brösel), die – Paniermehl aus Weizenbrötchen

Sessel, der – Stuhl

Spritzer, der – Wein, gemischt mit Soda oder Mineralwasser. In Deutschland: Schorle

Stoppel, der – Flaschenverschluss aus Kork

Topfen, der – Quark

Tschecherant, der – Gewohnheitstrinker, Säufer

Tschick, der – Zigarette

Tuscha, der – unterbelichteter Mensch

Ungustl, der – unsympathischer, unappetitlicher Charakter

versprudeln – verquirlen

Weißer Spritzer, der – Weißwein gemischt mit Soda oder Mineralwasser

Wimmerl, das – Pickel

Wölli, der – ungehobelter Mensch

Krimis und mehr unter ...
www.wellhoefer-verlag.de